Langenthal, 2015
Schweiz

Ann Voskamp
Tausend Geschenke

Über die Autorin

Ann Voskamp hat Psychologie studiert, ist verheiratet und Mutter von sechs Kindern. Mit ihrer Familie lebt sie auf einer landwirtschaftlichen Farm in einer mennonitischen Gemeinschaft im Südwesten Ontarios. Außerdem ist sie als Botschafterin des christlichen Hilfswerks *Compassion International* unterwegs. Regelmäßig schreibt sie auf www.aholyexperience.com über die kostbaren Momente des Alltags.

ANN VOSKAMP

Tausend Geschenke

Eine Einladung, die **Fülle des Lebens** mit offenen Armen zu empfangen

Aus dem Englischen von Beate Zobel

Dem Farmer, der meine Seele hegt und pflegt

INHALT

Kapitel eins 9
ein leereres, erfüllteres Leben

Kapitel zwei 25
ein Wort zum Leben … und zum Sterben

Kapitel drei 45
erste Schritte

Kapitel vier 69
eine heilige Zeit

Kapitel fünf 89
was – um alles in der Welt – ist eigentlich Gnade?

Kapitel sechs 115
was willst du? der Ort, an dem Gott zu sehen ist

Kapitel sieben 139
der Blick durch Glas

Kapitel acht 161
wie viel mehr wird er …?

Kapitel neun 187
kleiner werden

Kapitel zehn 209
leer sein, um gefüllt zu werden

Kapitel elf 231
vertraute Nähe

Nachwort 255
So geht es weiter 261
Anmerkungen 263

KAPITEL EINS

ein leereres, erfüllteres Leben

Jede Sünde ist ein Versuch, der Leere zu entfliehen.
Simone Weil, Schwerkraft und Gnade

Es ist August. Glutrot steht die Sonne am Himmel. Der Tag, an dem diese Geschichte beginnt, ist der Tag meiner Geburt. Ich beginne zu leben.

Ich komme aus dem Leib meiner Mutter, durchbreche diesen Ring aus Feuer und kämpfe mich heraus. Zum ersten Mal entfalten sich meine Lungen und füllen sich mit der Luft dieser Erde. Wie jeder kleine Mensch komme auch ich mit geballten Fäustchen auf die Welt.

Ich hatte ihren runden Bauch ausgefüllt, nun lasse ich sie leer zurück – blutend. Verschmiert und weinend werde ich ins Licht gehoben.

Sie geben mir einen Namen.

Gibt es einen kürzeren Namen? Nur drei Buchstaben, nicht einmal ein schmückendes *e* am Ende – „Ann" werde ich genannt, ein Trio aus Strichen und Kurven – mein Name.

„Voller Gnade" bedeutet er.

Doch davon bin ich weit entfernt.

Wie lebt man voller Gnade? Wann ist man vollkommen *lebendig*?

Sie waschen meine klebrige Haut. Ich atme und wehre mich. Ich schlage um mich.

Seitdem, jahrzehntelang, mein Leben lang, habe ich nicht aufgehört, mich zu wehren, um mich zu schlagen und zu kämpfen. Und dennoch bleibe ich ... so *leer*. Ich lebe nicht das, was das Christentum mich lehrt.

Vielleicht war es anders, in den ersten Jahren, als mein Leben sich vorsichtig entfaltete, als ich – mit zwei hohlen, aneinandergelegten Händchen – offen war für alles, was Gott in mich hineinlegen wollte. Aber an diese Jahre erinnere ich mich nicht. Das Gedächtnis wird durch traumatische Erlebnisse wachgerüttelt, sagt man. Ich war vier. In diesem Jahr, als sich die Blutlache bildete und meine Schwester starb, verschloss ich mich, genau wie alle anderen, gegenüber der Gnade.

Durch das Fenster neben der Haustüre beobachte ich meine Eltern, die fassungslos am Boden knien, und ich frage mich, ob mich meine Mutter damals, als sie mir meinen Namen gegeben hat, ebenso in ihren Armen gehalten hat wie jetzt meine tote Schwester.

Im fahlen Novemberlicht sehe ich meine Eltern auf den Stufen der Veranda, wie sie den eingehüllten Körper in ihren Armen wiegen. Ich presse mein Gesicht gegen die Scheibe des Küchenfensters, spüre das kalte Glas, beobachte sie. Ihre Lippen formen Gebete, doch sie sind anders als unsere Gutenachtgebete, es sind Schreie zu Gott, ein Flehen um Auferweckung, Wiederherstellung, Wunder. Nichts geschieht. Nur die Polizei kommt. Berichte werden geschrieben, rot sickert das Blut aus dem Bündel. Ich kann es heute noch sehen.

Die Erinnerung verblasst nicht.

Die Farbe ihres Blutes hat sich mir eingebrannt, doch mehr noch ihr Anblick, sie dort, am Boden, totgefahren. Auf kurzen Beinchen ist sie den Weg entlanggelaufen, hinter einer Katze her. Ich sehe den Fahrer des Lieferwagens, er sitzt am Küchentisch, hat seinen Kopf in den Händen vergraben und schluchzt. Er hat sie nicht gesehen. Aber ich sehe sie, immer noch, ich kann den Anblick nicht vergessen. Ihr Körper, klein und zerbrechlich, zerquetscht unter dem Gewicht des Lastwagens, mitten in unserer Einfahrt. Blut sickert in die trockene

Erde, wo Reifen ihre Spuren eingegraben haben. In diesem Moment steht das Universum still. Hände, die entgegengenommen haben, schließen sich. Noch immer höre ich den Schrei meiner Mutter, einer Augenzeugin, sehe die aufgerissenen Augen meines Vaters, riesengroß und voller Entsetzen.

Meine Eltern ziehen nicht vor Gericht. Sie sind Farmer, sie versuchen zu atmen, weiterzuleben, weiterzumachen – in der Hoffnung, dass dabei auch die Seele heilt. Mama weint, während sie die Wäsche aufhängt. Sie stillt unsere jüngste Schwester, die erst drei Wochen alt ist. Ich kann mir nicht vorstellen, wie es ihr geht, meiner Mutter, die gerade erst ihr viertes Kind entbunden hat und ihr drittes Kind blutig auf den Steinen liegen sieht. Sie hat nicht genug Milch für das Baby, sie hat nicht genug Tränen für ihre tote Tochter. Unzählige Male erzählt Papa uns nach dem Essen die Geschichte der kleinen Schwester, deren Augen klar und blau waren wie ein uferloser Bergsee. Er erzählt, wie sie ihn immer so fest umarmte hat, mit kräftigen Ärmchen, mit denen sie sich an seinen Nacken klammerte. Ihr Tod war ein Unfall, das verstanden wir. Aber wie konnte Gott diesen Unfall zulassen?

Jahrelang wandelt meine Schwester durch meine Träume. Immer wieder sehe ich ihren zerschmetterten Körper auf dem steinigen Weg. In manchen Träumen hülle ich sie in die Decke, die Mama für sie genäht hat, hellgrün, mit handgestickten Kindermotiven. Entschlossen schlage ich die Zipfel um sie, fest und sicher packe ich sie ein. Ich warte, dass sie sich aus der Decke befreit und wieder lebendig wird. Doch die Erde tut sich auf und verschlingt sie.

Wir stehen am Abgrund des Grabes, Erde klebt an unseren Schuhen, der Himmel über uns stürzt ein. Erdklumpen treffen auf den Sarg und zerfallen. Erde fällt auf meine kleine Schwester mit den hellblonden Haaren, die kleine Schwester, die mich lachend geneckt hat. Sie warf ihr Köpfchen in den Nacken und lachte laut, ihre hellen Wangen strahlten vor Vergnügen, sie war so lebendig, so voll herzlicher Freude. Der Grabstein wird flach auf die Erde gelegt, schwarzer Granit. Keine Zahlen sind eingraviert, nur die fünf Buchstaben ihres Namens: Aimee, „Geliebte". Das war sie.

Wir haben sie so sehr geliebt. Und als der Stein ihr Totenbett verschließt, verschließen sich auch unsere Seelen.

Wir sind unerreichbar für die Gnade.

Wer ein Kind zu Grabe trägt – oder wer auch nur jeden Tag aufstehen muss, um sein hartes Leben zu leben –, der stellt sich tonlos die Frage, die keiner hört. *Kann es einen gnädigen Gott geben?* Einen Gott, der Gutes gibt, wenn das Kinderbett leer bleibt, Nacht für Nacht, während Würmer sich durch den Sarg fressen? Wo ist Gott *wirklich*? Wie kann dieser Gott gut sein, wenn kleine Kinder sterben, Ehen auseinanderbrechen und Träume verwehen wie Staub im Wind? Wo ist die Gnade, wenn Krebs sich ausbreitet, wenn Einsamkeit an der Seele nagt, wenn Teile unserer Persönlichkeit in uns absterben, lautlos, ohne Grund davongetragen werden wie Erdschichten vom Regen? Wo zeigt sich da die Freude am Herrn? Wo verbirgt sich dieser Gott, der die Erde mit seiner Güte erfüllt? Wie kann ich das Leben in vollen Zügen genießen, wenn ich von so viel Schmerz umgeben bin? Wie kann ich Freude, Gnade, Schönheit, all das Gute wahrnehmen, das zu einem Leben in Fülle gehört, während ich vor Trauer wie taub bin, vor dem Scherbenhaufen meines Lebens stehe und innerlich immer leerer werde, ganz gleichgültig, was ich tue?

Meine Familie – Vater, Mutter, Bruder und jüngste Schwester –, wir alle quälen uns über Jahre mit diesen Fragen, ohne sie auch nur einmal auszusprechen. Jahrelang bleiben wir innerlich leer. Dann füllen sich unsere Seelen allmählich – mit Entfremdung. Unsere Hände bleiben zu Fäusten geballt. Was Gott uns an jenem Novembertag zugemutet hat, reißt tiefe Wunden. Weitere Verletzungen werden wir nicht riskieren.

Jahre später sitze ich am Rand unserer braun karierten Couch, mein Vater hat sich der Länge nach über die restliche Fläche ausgestreckt. Den ganzen Tag ist er mit dem Traktor unterwegs gewesen, Sonne und Wind ausgesetzt, jetzt bittet er mich, seinen Kopf zu massieren. Ich streiche die Haare um seinen Wirbel glatt, über den kreisförmigen Abdruck seiner Mütze, von der Stirn zum Nacken. Während er die Augen schließt, kann ich ihm Fragen stellen, die nie über meine Lippen gekommen wären, hätte er mich angesehen.

„Bist du früher zur Kirche gegangen? Ganz früher?" Zwei benachbarte Familien holen mich sonntags immer abwechselnd zum Gottesdienst ab, wenn ich im gebügelten Kleid und mit der Bibel in der Hand bereitstehe. Papa arbeitet dann immer.

„Ja, als Kind bin ich zur Kirche gegangen. Deine Oma hat dafür gesorgt, dass wir jeden Sonntag nach dem Melken hingegangen sind. Das war ihr sehr wichtig."

Mein Blick bleibt auf seine dunklen Haarsträhnen gerichtet. Mit meinen Fingern glätte ich die zerzausten Stellen.

„Ist es dir jetzt nicht mehr wichtig?" Die Frage, flüsternd nur, scheint zwischen uns zu schweben.

Er schiebt seine karierten Hemdsärmel nach oben, dreht seinen Kopf, lässt die Augen geschlossen. „Na ja …"

Ich warte, kämme mit den Fingern durch sein Haar, lasse ihm Zeit, um Worte zu finden für dieses vage Gefühl, das sich nur schwer in klaren Sätzen mit Punkt und Komma einfangen lässt.

„Nein, ich glaube nicht. Als Aimee starb, habe ich mit dem Thema abgeschlossen." Ich schließe die Augen, krümme mich zusammen. Die Bilder explodieren in meinem Inneren.

„Falls da oben wirklich einer ist, dann war er damals wohl gerade eingeschlafen."

Ich sage nichts. Der Klumpen in meinem Hals brennt. Ich höre nicht auf, über sein Haar zu streichen, möchte seinen Schmerz lindern. Er lässt noch mehr Gefühle zu, versucht, sie in Worte zu fassen.

„Wie kann jemand ein so süßes kleines Mädchen diesen sinnlosen, grausamen Tod sterben lassen? Sie ist nicht einfach gestorben. Sie wurde *umgebracht*."

Die Worte verzerren sein Gesicht. Ich möchte ihn streicheln, bis es nicht mehr wehtut, möchte alles wegwischen. Seine Augen bleiben geschlossen, aber jetzt schüttelt er heftig den Kopf, schreit allem, was an jenem schrecklichen Novembertag mit uns geschehen ist, ein großes, wortloses Nein entgegen.

Papa sagt nichts mehr. Sein Kopfschütteln hat alles ausgedrückt, was noch zu sagen gewesen wäre, hat unsere geschlossenen Hände erklärt, unsere verletzten, geballten Fäuste. Nein. Es gibt keine gute Kraft, keine Gnade, keinen Sinn. Mein Vater, der rechtschaffene Farmer, der seine Kinder so liebt, wie nur Blicke es verraten können, spricht nicht über diese Dinge. Höchstens, wenn er mit geschlossenen Augen auf dem Sofa liegt und ich über seine Haare streiche und die Anstrengung des Tages von ihm streichle. Diese Dinge muss man nicht aussprechen. Man lebt sie, das genügt.

Wir haben sie gelebt.

Nein, Gott!

Kein Gott.

Ist dies das Gift dieser Welt, die Luft, die wir einatmen und die unsere Seelen zerstört, dieses *Nein, Gott*? *Nein, Gott, wir wollen nicht, was du für uns hast. Nein, Gott, deine Pläne sind abscheulich, ein blutiges Chaos. Ich will das nicht. Wie konntest du denken, ich wäre damit einverstanden? Nein, Gott, das ist schrecklich, du zerstörst alles. Warum gibst du nicht besser auf uns acht? Warum lässt du dieses ganze Elend geschehen? Wenn du das Leid aus der Welt schaffen würdest, dann könnte ich mich wieder auf dich einlassen. Ansonsten – brauche ich dich nicht!* So klingt die Menschheit, das ist die Logik, die seit dem Garten Eden gilt.

Ich wache auf, setze meine Füße auf die Holzdielen und glaube den gezischten Lügen der Schlange. Durch die Zeitalter hindurch wiederholt sie ihre Botschaft: Gott ist nicht gut. Das ist die Grundaussage, der Ausgangspunkt ihres Kampfes gegen Gott. Gott enthält seinen Kindern das Gute vor, er liebt sie nicht wirklich, nicht bedingungslos.

Ich zweifle an Gottes Güte, ich traue ihm böse Absichten zu, bin unzufrieden mit dem, was er mir gibt, ich begehre … ich *sehne mich … nach mehr*. Ich will das Leben in seiner Fülle.

Mein Blick schweift über unsere Felder. Das Paradies war nicht groß genug. Nie werden wir genug haben. Gott hat dem Menschen verboten, vom Baum der Erkenntnis des Guten und Bösen zu essen. Seither klage ich darüber, dass Gott mir genommen hat, was ich will. Nein, was ich *brauche*. Ich wage es kaum zu denken, und doch lebe ich in dem Glauben, dass er mir das vorenthält, was mir eigentlich zusteht: vollkommen zufriedene Kinder, eine absolut glückliche Ehe, ein langes, gutes, unsterbliches Leben. Ich betrachte mich im Spiegel und wage es, ehrlich zu sein – was ich habe, wer ich bin, wo ich bin, was ich bin, was ich besitze –, es ist viel zu wenig. Die Schlange zischt mir ins Ohr, ich öffne mich dem Zweifel, betrachte mich selbst und frage: Liebt Gott mich überhaupt? Wenn er mich wirklich und von ganzem Herzen lieben würde, würde er mir dann nicht geben, was mich zufrieden macht? Warum muss ich mit diesem Gefühl der Ablehnung, schlimmer noch, des Schmerzes leben? Will er denn nicht, dass ich *glücklich* bin?

Jedes Leben ist eine Wiederholung der Geschichte, die sich damals im Garten ereignete.

Satan wollte mehr, mehr Macht und mehr Ehre.

Letztlich ist Satan ein zutiefst undankbares Wesen. Dieses Gift seines Wesens hat er im Zentrum des Gartens verspritzt. Satans Sünde, die erste Sünde überhaupt, war *die Sünde der Undankbarkeit*. Auch Adam und Eva waren letztlich schlicht undankbar für das, was Gott ihnen gegeben hatte.

Liegt hier der Ursprung meiner Sünde?

Der Sündenfall ist eine Geschichte der Unzufriedenheit. Menschen waren unzufrieden, sind es immer gewesen und werden es bleiben, unzufrieden mit Gott und dem, was er gibt. Wir sehnen uns nach mehr, nach etwas anderem.

Wir betrachten den Baum, schwer beladen mit köstlichen Früchten, die uns verboten sind, und wir hören das Flüstern des Bösen: „Sobald ihr davon esst, werden euch die Augen aufgehen ..." (1. Mose 3,5). Doch waren unsere Augen nicht von Anfang an geöffnet? Wir konnten perfekt sehen. Vor unseren Augen lag eine Welt, in der alles sehr gut war. Wir konnten die Herrlichkeit Gottes sehen, überall. Wir sahen Gott so, wie er wirklich ist: als einen guten Gott. Doch dann gerieten wir in Versuchung: Gibt es noch mehr? Gibt es noch mehr zu sehen? In der Tat, es gab sehr viel mehr zu sehen: all das Hässliche, das wir bis dahin nicht gesehen hatten, die Sündhaftigkeit, von der wir nichts wussten, die Zerstörung, die wir nicht kannten.

Wir essen. Und im nächsten Augenblick sind wir blind. Gottes Vertrauenswürdigkeit ist nicht mehr sichtbar. Seine vollkommene Güte entzieht sich unseren Blicken. Wir sehen nicht mehr, was uns vom Paradies noch geblieben ist.

Wir essen. Und im nächsten Augenblick sehen wir. Wohin wir auch blicken, sehen wir eine mangelhafte Welt, ein beschädigtes Universum, eine Endlosigkeit von Leid und Ungerechtigkeit.

Wir haben Hunger. Wir essen. Wir werden voll ... und leer zugleich.

Wir hören nicht auf, die Früchte anzustarren, und erwarten von sichtbaren Dingen, dass sie unsere Leere füllen. Dabei verlieren wir den Blick für die eigentliche Funktion der sichtbaren Welt: *Sie wurde uns gegeben, damit wir in ihr mit Gott Gemeinschaft haben.*

Wir starren auf die Früchte und der Schmerz über unseren gefallenen, zerstörten Planeten nimmt zu. Sofern wir überhaupt noch an seine Existenz glauben können, werfen wir dem Schöpfer vor, sich nicht um uns zu kümmern. Dabei vergessen wir, dass unsere Undankbarkeit, unsere Unzufriedenheit, dass unser Griff nach der Frucht die Zerstörung herbeigeführt hat. Das Gift dieser Frucht hat die ganze Menschheit verseucht. Es hat *mich* verseucht. Ich lehne ab, was Gott gibt. Ich verlange nach einem Trost, einem Heilmittel gegen die Angst, Gott könnte nicht gut sein, er könnte mich nicht lieben.

Wenn ich ehrlich bin, habe ich dann nicht zu Gott und dem Christentum Ja gesagt und dennoch ein Nein gelebt? Oh ja! Der Bissen, den ich damals im Garten genommen habe, hat die Netzhaut meiner Seele beschädigt und Löcher verursacht, an denen außer Dunkelheit nichts mehr zu sehen ist. Gleich zu Beginn meines Lebens hat der Tod meiner Schwester ein Loch in die Leinwand meines Lebens gerissen.

Todesfälle bewirken das. Der Tod eines Menschen kann ein ganzes Leben zerstören. Trauer durchsetzt und verdunkelt die Tage, sie verändert die Wahrnehmung und richtet den Blick auf die Schattenseiten dieser Welt, bis nur noch Mangel und Unvollkommenheit zu sehen sind, schwarze Löcher – überall.

Am Rand einer großen Wiese, umgeben von einem alten Lattenzaun aus Zedernholz, steht unsere schlichte Dorfkirche. Dort erlebe ich jeden Sonntag, wie die Löcher plötzlich verschwinden und die Netzhaut meiner Seele heilt. In dieser Kirche mit dem hölzernen Kreuz, gegenüber dem Eingang festgenagelt an der Wand, kann ich Gott begegnen. Hier ist er mir nahe. Die Bibeln sind aufgeschlagen. Der Raum ist erfüllt vom Singen der Frauen, die ihre Babys im Arm halten, und von den Stimmen der Bauern, die ihr Vieh schon früh am Morgen versorgt und ihre Haare sorgfältig zurückgekämmt haben. Auf dem Altar stehen die Symbole der Gemeinschaft mit Gott, der eine Kelch und das Brot. Wenn ich hier bin, dann kehrt meine Erinnerung zurück. Ich weiß wieder um die Liebe, das Kreuz und den Leib, zu dem ich gehöre. Ich weiß, dass ich gehalten werde und vollkommen gemacht bin. Hier gibt es weder Zweifel noch Fragen. Wenn ich zwischen Claude Martin und Ann van den Boogaard, John Weiler, Marion Schefter und der vornehmen Mrs Leary stehe, dann sehe ich, als hätte es die Löcher nie gegeben.

Doch das Sehen bleibt auf diesen Raum beschränkt. Die übrige Zeit verbringe ich unter den harten Bedingungen eines Lebens, das mich zermürbt. Der innere Blick verschleiert sich, und ich sehe diese schwarzen Stellen des Mangels wieder, überall in meiner Welt.

Ich hungere nach Nahrung, in einer Welt, die verhungert.

Von Anfang an, schon damals im Garten, hatte Gott etwas anderes mit uns vor. Als er sich tief zur Erde beugte, um seinen Atem in unsere aus Staub gebildeten Lungen zu hauchen, als er uns mit einem Kuss ins Leben rief, da hatte er gewiss nicht unseren Untergang im Sinn. Ich schlage eine Bibel auf und staune, wie offen er seine Absichten erklärt. Ich kann kaum glauben, was ich lese, kehre immer wieder zu diesem Satz zurück, lasse die Worte auf mich wirken und versuche zu glauben, dass sie die Wahrheit sind. Sein Liebesbrief lässt unsere Zweifel für immer verstummen: „Vielmehr verkünden wir Gottes geheimnisvolle Weisheit, die bis jetzt verborgen war. Schon bevor Gott die Welt erschuf, hatte er den Plan gefasst, uns an seiner Herrlichkeit Anteil zu geben" (1. Korinther 2,7). Er will uns umbenennen – er gibt uns den ursprünglichen Namen zurück, unsere eigentliche Identität. Er schließt die Löcher unserer Seele. Von Anfang an, seit Eden, von Ewigkeit zu Ewigkeit und bis zum heutigen Tag verfolgt er diese eine Absicht – wir sollen *an seiner Herrlichkeit* Anteil haben. *Ausgerechnet das ist sein Plan für uns!* Diesen unglaublichen Plan hat er für uns unwürdige Menschen, die von der Frucht gegessen, ihre eigene Seele verletzt haben und deren Freude ständig durch die Löcher ihrer Seele verschwindet. *Er will seine Herrlichkeit in uns wiederherstellen*, will uns mit Gnade und Ehre füllen.

Gnade bedeutet Gunst. Das lateinische Wort *gratia* steht für eine Bereitschaft, die keine Gegenleistung verlangt, eine Gunst, die gerne und umsonst gewährt wird. Das ist Gnade. Es ist eines, diese Gnade anzunehmen, die uns am Kreuz gegeben wird. Und etwas anderes, ein Leben zu leben, das von Gnade *erfüllt* ist. Können wir uns wirklich dafür entscheiden, unser Inneres mit *all dem zu füllen*, das er uns schenken will? Gibt es eine Möglichkeit, ein Leben der Fülle zu wählen – voller Gnade und Herrlichkeit Gottes?

Ich weiß es, will es aber nicht wahrhaben: Es ist immer eine Entscheidung. Auch wenn Verlust mich trifft, habe ich die Möglichkeit, Ja zu sagen. Ich kann mich dafür entscheiden, alles anzunehmen, was er mir gibt. Möchte ich so *leben* – meine Hände öffnen und alles empfangen, was von Gott kommt? Wenn nicht, dann entscheide ich mich ebenfalls.

Ich sage Nein.

Der Tag, an dem mein Schwager vor unserer Tür stand und seinen Bruder suchte, dem er so ähnlich sieht, wurde für mich der Tag, an dem ich verstand. Wie das Licht des vollen Mondes im Januar über einer Schneelandschaft leuchtet, so hell konnte ich es plötzlich sehen. Es ist nicht nur meine Wahl, ob ich zu allem, was Gott mir gibt, Ja oder Nein sage, es ist der Dreh- und Angelpunkt meines ganzen Lebens, eine Entscheidung, mit der alles steht oder fällt.

Da mein Farmer-Ehemann gerade im Baumarkt ist, stehe ich mit meinem Schwager an der Tür. Er redet über die Erdtemperatur und den Wetterbericht. Ich lehne im Türrahmen, der Hund liegt zu meinen Füßen.

John hebt die Schultern und schaut über unsere Getreidefelder: „Wir Farmer denken manchmal, wir hätten alles im Griff, als könnten wir etwas dafür tun, dass die Ernte gut wird." Er dreht sich zu mir um. „Dabei liegt das meiste nicht in unserer Macht. Als Farmer weiß man das eigentlich. Es liegt nicht an uns. Gott entscheidet alles, nicht wir." Mit einem unbekümmerten Lächeln schiebt er seine großen holländischen Hände in die ausgefransten Hosentaschen: „Alles ist gut."

Ich nicke. Fast hätte ich ihm vorgeschlagen, den neuen Wassertank, den er uns gebracht hat, einfach im Hof abzuladen, statt auf meinen Farmer-Ehemann zu warten. Aber unsere Blicke begegnen sich, und ich weiß, dass ich weiterfragen muss. Behutsam taste ich mich vor, wende meinen Blick nicht von dem seinen ab. Nur selten begebe ich mich auf dieses Terrain.

„Wie kannst du das wissen, John? Bist du dir ganz tief drinnen *wirklich sicher*, dass alles gut ist? Woher weißt du, dass *Gott* gut ist und du alles annehmen kannst, was er gibt?" Ich kenne die Geschichte dieses Mannes, der mir gegenübersteht, und er kennt meine. Sein Blick schweift ab. Ich denke an das Gleiche wie er.

Neujahr. Er bittet uns zu kommen, aber nur, wenn wir es auch wirklich wollen. Ich will nicht daran denken, was das bedeutet. Und doch wissen wir es alle. „Jetzt schon?" Meine Augen blicken forschend in das Gesicht meines Mannes. „Heute?" Er nimmt meine Hand und lässt sie nicht mehr los. Er hält meine Hand, während wir in den Wagen steigen, auf der Fahrt über die Landstraßen und während wir die Treppen der Klinik hinaufeilen, bis wir in dem schwach erleuchteten Zimmer angekommen sind. John erwartet uns an der Tür. Er nickt, seine Augen lächeln tapfer. Nur eine einzige Träne sucht sich ihren Weg über seine Wange. Sie schneidet mir ins Herz.

„Tiff ist heute Nachmittag aufgefallen, dass Dietrich etwas schwerer atmet. Wir haben ihn hierhergebracht, und sie haben uns bestätigt, dass seine Lunge kollabiert ist. Er hat nur noch ein paar Stunden. Es wird genauso sein wie bei Austin." Austin, sein Erstgeborener, ist vor nur achtzehn Monaten an der gleichen Erbkrankheit gestorben. Innerhalb von weniger als zwei Jahren würde er nun auch seinen zweiten Sohn beerdigen.

Ich kann diese Trauer, die ein Lächeln trägt, nicht ertragen und senke den Blick. Der Boden glänzt, polierte Kacheln,

Linien, die vor meinen Augen verschwimmen. Es liegt erst ein Jahr und sechs Monate zurück. Die Pfingstrosen standen in voller Blüte, wir standen auf dem Friedhof und sahen einer Wolke aus Luftballons hinterher, die in den blauen Himmel aufstieg. Die Ballons tanzten im Wind, Symbole der Hoffnung für Austins Leben, das unseren Händen entglitten war. Er war nicht einmal vier Monate alt geworden. Ich war an jenem feuchtwarmen Junitag dort. Ich hatte in der Küche der Farm an seinem Bettchen gestanden. Ein Ventilator brummte und bewegte den Ballon mit dem lächelnden Gesicht über dem kleinen, ruhigen Körper. Ich sehe seine himmelblauen Augen noch vor mir. Er bewegte sich nicht. Sein Blick erschütterte mich. Ich streichelte den entblößten, kleinen Bauch meines Neffen. Seine Brust hob und senkte sich schwer, nach Atem ringend. Dann wurden die Atemzüge flacher … schwächer.

Wie kann ich weiteratmen, während seine kleine Lunge unter meinen Fingern langsam aufgibt?

Ich stürze aus der Hintertür, falle ins Gras, schreie zum Himmel. Es war unser Hochzeitstag. Nie werde ich das Datum vergessen, nie werde ich seine Augen vergessen.

Am Neujahrstag rufen John und Tiffany uns wieder. Ihr zweiter Sohn, Dietrich, ist gerade fünf Monate alt. Hoffnung und Gebete haben seine Geburt begleitet – doch er hat die gleiche unheilbare Krankheit wie sein Bruder Austin.

John gibt mir ein Taschentuch, und ich versuche, diesen Schmerz, der mir die Kehle zuschnürt, aus meinem Gesicht zu wischen. Er will mich trösten mit sanften, festen Worten: „Wir sind so dankbar! Bis heute hatte Dietrich überhaupt keine Schmerzen. Wir konnten ein schönes Weihnachtsfest zusammen feiern. Das hatten wir mit Austin nicht." Die Bodenkacheln bewegen sich auf und ab. Der Schmerz sticht in meiner Brust. „Tiffany hat viele Fotos gemacht. Wir hatten fünf Monate mit ihm."

Ich sollte es nicht tun, aber ich schaue auf und sehe in sein Gesicht, in all die mühsam unterdrückte Verzweiflung. Zorn erfüllt mich. Tränen stehen in seinen Augen, Entsetzen und Hilflosigkeit. Darunter flackert sein beherrschtes Lächeln. Es schneidet mir ins Herz. Ich sehe, wie sein Kinn zittert. Da vergesse ich alle Regeln dieser holländischen Familie, die ihre Gefühle stets im Griff hat. Ich packe seine Schultern und schaue in seine brennenden Augen. Flüsternd stoße ich sie hervor, mit rauer Stimme, Worte, die mir den Atem rauben – voller *Klage* –: „Wenn ich etwas zu sagen hätte …", dann schlagen die Worte zu, verzweifelt und kalt, *„hätte ich diese Geschichte anders geschrieben."*

Sofort bereue ich es. Meine Worte sind so unchristlich, so falsch – so sehr: *Nein, Gott!* Gerne hätte ich sie zurückgenommen, hätte die Knoten der Verzweiflung aus ihnen herausgekämmt und sie in ein Sonntagskleid gesteckt. Aber meine Worte sind ausgesprochen, freigelassen, nackt, roh und echt, frei von jeder Theologie, eine scharfe Anklage vor dem Thronsaal.

„Weißt du …" Johns Stimme holt mich aus der Erinnerung zurück. Sein Blick schweift in die Ferne, dann wandert er über die Weizenfelder, die sich in sanften Wellen wiegen. „Mit unseren Jungs … ich weiß auch nicht, warum das so gekommen ist." Wieder hebt er die Schultern. „Aber ich muss es auch nicht verstehen … Wer weiß? Ich rede nicht oft darüber, aber ich denke immer wieder an diese Geschichte im Alten Testament. Ich weiß gar nicht, in welchem Buch sie steht. Du kennst sie sicher auch, die Geschichte von König Hiskia? Gott verlängerte sein Leben um fünfzehn Jahre, weil Hiskia dafür gebetet hatte. Wäre Hiskia aber früher gestorben, so wie Gott es eigentlich geplant hatte, dann wäre sein Sohn Manasse nie geboren worden. Weißt du, was in der Bibel über Manasse steht? Er verführte Israel zur Sünde, sodass sie es schlimmer trieben als alle heidnischen Nationen rings um sie her. Wenn Hiskia vor Manasses Geburt gestorben wäre, dann wäre all das Böse nicht passiert. Es gibt so viele Dinge, über die wir nichts wissen."

Er betrachtet das weite, grüne Feld, das sich im Wind bewegt. Dann spricht er langsam weiter, mit tiefer Stimme und so leise, dass ich ihn kaum verstehen kann.

„Vielleicht ... vielleicht ist es besser, die Geschichte nicht zu ändern, weil wir nicht wissen, was am Ende dabei herauskommt."

Die Worte, die ich an jenem Tag des Todes ausgestoßen habe, hallen in mir wider. Durchbohren mich. Es gibt einen Grund, warum nicht ich die Geschichte schreibe, sondern Gott. Er kennt das Ende vor dem Anfang. Er weiß, wohin alles führt, kennt jede Bedeutung.

Ich nicht.

Sein Blick kehrt zurück. Er weiß um meine Vergangenheit, kennt manche meiner Albträume. „Vielleicht ... ich denke ... es ist gut, wenn wir uns eingestehen, dass es Dinge gibt, die wir nicht wissen. Er kennt sie."

In diesem Augenblick kann ich es erkennen, deutlicher als zuvor. Während wir uns vorankämpfen, voller Hunger nach Erfüllung, können wir uns entscheiden. Mitten in der Verzweiflung können wir uns entscheiden, so zu leben wie das Volk Israel, das in der Wüste Manna sammelt. Gottes Volk ernährt sich von Manna, täglich, vierzig Jahre lang – von einer Substanz, deren Namen wörtlich übersetzt „Was ist das?" bedeutet. Sie sind hungrig und entscheiden sich, das aufzusammeln, was Gott ihnen vor die Füße legt. Sie füllen sich mit etwas, dessen Bedeutung sie nicht kennen. Über 14.600 Tage lang ernähren sie sich täglich von etwas, das sie nicht verstehen. Das Unerklärliche sättigt ihre Seelen.

Sie essen das Unerklärliche.

Sie essen das Unerklärliche.

Dieses Unerklärliche, das sie nicht verstehen können, schmeckt „wie Honig".

Der Wagen biegt in die Einfahrt. Durchs Fenster beobachte ich die beiden Brüder, die sich begegnen, miteinander reden und sich in ihren Handbewegungen so ähnlich sind. Ich denke an begrabene Kinder und deren Väter, die mit gebrochenem Herzen über den Gräbern weinen, an eine von Schmerz durchsetzte Welt und all das Unerklärliche, das ich zurückgewiesen habe, *zurückgewiesen*, weil ich mich nicht davon ernähren wollte. Wenn es meinen Sohn träfe, meine Tochter? Würde ich das Manna aufsammeln? Ich zittere vor dieser Frage und erinnere mich an Grabsteine und an Finger, die durch zerzaustes Haar streichen. Und ich frage mich: Ist es möglich, dass die Risse in der Leinwand meines Lebens, die Löcher der Trauer, die unsere Welt durchstoßen, die eigene innere Leere, sich in etwas verwandeln, durch das ich hindurchsehen kann – hin zu Gott?

Könnten die schwarzen Löcher auf der Netzhaut unseres inneren Auges zu Durchtrittsstellen werden, durch die wir hinter dem Elend dieser Welt eine unfassbare Schönheit entdecken? Durch die wir Gott sehen, den Gott, nach dem wir uns so unendlich sehnen?

Vielleicht.

Aber wie? Wie können wir uns dafür entscheiden, dass die Löcher des Leids in Orte verwandelt werden, an denen wir Gott sehen? An denen wir mehr von Gott erkennen?

Wie kann ich meine Wut in Dankbarkeit verwandeln, wie kann die Bitterkeit, die mich zerfrisst, zu überfließender Freude werden? Meine Ausrichtung auf mich selbst zur Gemeinschaft mit Gott?

Ein Leben in Fülle, leben in einem Übermaß von Gnade, Freude und all dem Schönen, das ewigen Bestand hat. Es ist möglich, absolut.

Nun kann ich es sehen und bezeuge es.

Dies ist meine Geschichte, die Geschichte vom Wagnis, ein leereres, erfüllteres Leben zu führen.

KAPITEL ZWEI

ein Wort zum Leben
... und zum Sterben

> Eucharistie (Danksagung) ist der Zustand des vollkommenen Menschen; sie ist das Leben des Paradieses und die einzige, vollständige und wirkliche Antwort des Menschen auf Gottes Schöpfung, Erlösung und Himmelsgabe.
>
> Alexander Schmemann

Ich schrecke hoch, bringe das Bett zum Wanken, klammere mich an der Decke fest.

Licht schimmert hinter der Tür. Ich schnappe nach Luft, keuche, draußen erkenne ich Sterne.

Aus der Küche höre ich die Uhr, sie hängt über dem Esstisch und gibt die Zeit vor, mit lautem, zuverlässigen Ticken.

In meiner Brust hämmern die Hufe von tausend Hengsten, die im Galopp davonjagen, doch das Universum vor meinem Fenster – mit Sternen besetzt – ist unerschütterlich. Ich atme schwer.

Ich habe geträumt, ein flimmerndes Trugbild im Mondlicht.

Meine Hände tasten über das Laken. Unter mir ist die Matratze, vor dem Fenster stehen alle Sterne an ihrem Platz, und eine nackte Schulter hebt und senkt sich neben mir im tiefen Schlaf.

Erleichterung pulsiert durch meine Adern, strömt durch meinen Körper, drängt die Angst in die Nacht zurück. Es war nur ein Traum.

Ich sinke ins Kissen zurück, erleichtert liege ich da. Mit offenen Augen starre ich aus dem Fenster. Meine Lungen sind echt, mit richtiger Luft gefüllt, auch Antares, das Herzstück des Skorpions, hängt real unter der abnehmenden Sichel des Mondes. Ich liege hier und sehe das alles. Es war mein vierter Albtraum in dieser Nacht, ein silberner Faden, der sich durch das Dunkel meiner Träume zieht. Habe ich nicht immer behauptet, ich würde nicht träumen?

Ich liege da und versuche, meine Erinnerung zu entwirren, ineinander verschlungene Szenen, eine Abfolge von Albträumen, vorgetäuschtes Leben. Die Fasern meiner Großhirnrinde setzen die wichtigsten Bilder meines Lebens neu zusammen. Ich erinnere mich an die Einzelheiten und denke über sie nach. Sie sind wichtig.

Der Traum hat sich so echt angefühlt. Da war dieser konturlose Arzt – nur eine Stimme –, dieser fahle, fensterlose Raum, der nur aus Wänden bestand, und dieses eine Wort. Ich spüre immer noch, wie mir bei seinem Klang das Blut in den Adern gefriert.

Krebs.

Dieser gefräßige, unersättliche Feind des Lebens, der mit scharfen Zähnen und unaufhaltsamer Energie jedes Gewebe durchdringt, er hat mich befallen, zerstörerisch und unbezwingbar.

Die Diagnose trifft mich wie ein Schlag in die Magengrube. Ich werde blass. Unumwunden erklärt er, dass der Krebs mich nach und nach aufgefressen habe, während ich die sechs Kinder geboren, ihre schmutzigen Fußabdrücke vom Boden gewischt und ihren Vater an der Tür auf die Lippen geküsst hatte. Man kann nichts mehr tun. Alles ist voller Krebs. Ich soll das Beste aus der verbleibenden Zeit machen.

Jetzt schon? Ist es schon vorbei? Das Herz schlägt wie wild, Blut schießt durch die Gefäße, ich schreie tonlos.

Keuchend, Halt suchend, hatte ich mich bemüht, dem Traum zu entkommen. Ich will ins Leben zurückkehren, zurück zu den vier beigefarbenen Wänden und dem matten Licht an der Tür, zurück unter die weiße Decke im edlen Bezug, unter der wir uns unsere Versprechen geben. Ich will auftauchen, Luft holen, in diesem Körper weiterleben, *leben*. Aber die Fesseln der Nacht legen sich erneut um mich und ziehen mich zurück, hinein in die nächste Szene des Albtraums. Nun muss ich Ehemann, Vater und Bruder von meinem bevorstehenden Ende berichten. Entsetzlich und typisch für solche Träume, zucken sie nur mit den Schultern und gehen davon, unbekümmert. *Ich will leben, ein Leben der Fülle.* Was bedeutet dieser Traum? Viermal versuche ich, wach zu werden, viermal zieht sich die Schlinge wieder zu, holt mich zurück zu den erstickten Abschiedsbildern und letzten, todtraurigen Berührungen.

Lange liege ich reglos da, starre an die Decke und lausche dem aufgeregten Schlagen meines Herzens.

Das …

Aber das … das Aufschrecken durch den Albtraum, von Entsetzen erfüllt, ist dennoch besser als alles, was mich sonst erfüllt, wenn ich erwache. Wie lange geht das schon so? Ist es seit … seit ich sechs Kinder habe oder auch schon seit dem dritten Kind, unserem ersten Mädchen, der Kleinen mit den Grübchen, seit meine Aufgaben als Mutter begannen, an meinen Kräften zu zehren? Nein, es ist schon viel länger her, es begann Jahre davor. Es begann, als das Mädchen mit den dicken Brillengläsern im Englischunterricht bei Mr Colquhoun diese Bücher las, um nicht mehr an ihre Mama denken zu müssen, die in der psychiatrischen Klinik saß und sich nach dem Baby sehnte, dessen Blut die Decken getränkt hatte.

Seit damals wäre ich an jedem Morgen, der auf mich wartete, lieber tot als lebendig gewesen. Das Leben selbst hatte sich in einen Albtraum verwandelt. Jahrelang zog ich mir aus Angst vor dem neuen Tag, dem ich wieder nicht gerecht werden würde, die Decke über den Kopf. Jahr für Jahr lag ich am Morgen im Bett und hörte in meinem Inneren die höhnischen

Stimmen. Sie wiederholen die Namen, die aus der Vergangenheit an mir hafteten: Verliererin, hoffnungsloser Fall, Versagerin. Festgenagelt über meinem Kopf, festgenagelt an mir, definieren sie mich. Die Sterne sind erloschen.

Ist es nicht erstaunlich? Gestern, vor nur einem Tag, bin ich wie an jedem Morgen im Bewusstsein all dessen erwacht, was ich alles nicht werde leisten können. Mich selbst zu hassen ist mein erstes Gefühl am Morgen. Wie soll ich das alles nur bewältigen? Die Angst, wieder zu versagen, umklammert mich. Versagen umgibt mich von allen Seiten. Ich schreie meine Kinder an, Bitterkeit dringt aus meiner Seele, ich vergesse Arzttermine, finde ausgeliehene Bücher nicht mehr, bin egoistisch, komme nicht zum Beten, jammere, gehe zu spät ins Bett, habe wieder die Toilette nicht geputzt. Ich bin ständig müde. Ich habe Angst, mache mir Sorgen, bin ausgelaugt – und das seit Jahren. Enttäuschte Hoffnung fließt durch meine Adern. Werde ich jemals den Ansprüchen genügen, werde ich finden, wonach ich suche, werde ich alles tun, was nötig ist? Das war gestern – und all die Jahre davor. Doch heute Morgen ist alles anders. Ich schreie nach Leben. Mein Körper bebt vor Sehnsucht danach, meine Lungen atmen Leben ein, die Sterne am Himmel spiegeln es wider. Ich will *unbedingt* und *ganz* leben. Auf keinen Fall will ich sterben. Ist das die Botschaft von Träumen und Albträumen? Entweder *voller* Leben zu sein ... oder sich im Nichts aufzulösen?

Der Zwischenzustand macht uns verrückt.

Das Leben dazwischen, die leblosen Tage, die versteinerten Jahre mit ihren faden Gefühlen, das Leben im Selbstschutz, im Rückzug, in einem Körper, der nie wach ist, der gar nicht richtig fühlen kann – das Leben dazwischen macht uns zu Schlafwandlern und lebenden Toten.

Die Sonne steigt am Horizont empor. Ich werfe die Decke zurück, atme tief durch und beginne. Ich *muss*. Ich *muss* leben. Der Lockruf einer einzelnen Taube ist aus der Fichte zu hören. In der Küche beuge ich mich über die warme Herdplatte, bewege den hölzernen Löffel langsam im blubbernden Haferbrei und schaue dabei aus dem Fenster und über die Felder. Frischer Schnee glitzert in der Sonne, als wären die Sterne vom Himmel aufs Feld gefallen. Die Bäume am Waldrand werfen lange, blaue Schatten. Unten an der Straße, wo unser Schotterweg in den Asphalt mündet, hat ein gelbes Ungetüm schwer gearbeitet. Feiner Dampf steigt langsam aus dem feuchten, schwarzen Lehm empor.

Das Leben bildet seine eigenen Trugbilder.

Der Albtraum kehrt zurück, meine Nackenhaare stellen sich auf, die Realität hält mich im Würgegriff.

Eines Tages *wird* es so weit sein.

Ob die Ärzte nun eine Diagnose stellen oder nicht, das Ende wird kommen. Die nackten Zehen im Gras, der Frühlingsregen im Gesicht, die Haut ausgestreckt unter den kühlen Laken, das Leuchten der Glühwürmchen in einer dunklen Sommernacht – eines Tages wird das alles zu Ende sein.

Ich schalte den Herd aus.

Ich stecke Wäsche in die Waschmaschine. Nehme das Kochbuch aus dem Regal und plane das heutige Essen, wische die Arbeitsplatte ab, versuche, zu atmen und weiterzuarbeiten. Aber ich bin aufgewühlt, mein Innerstes ist nach außen gekehrt, ich bin rastlos. Ich kann den Traum nicht abschütteln. Den Albtraum meines Lebens.

Was soll ich mit diesem kurzen Leben anfangen? Welchen Weg schlage ich ein? Was ist wichtig? Wie kann ich jetzt und hier ein Leben in Fülle führen, das dann in ein Leben in ewiger Fülle mündet?

Ein Kind stapft in die Küche, die dreckigen Schuhe noch an den Füßen, einen Stapel Post im Arm. Es gibt ein neues Geschäft für Bodenbeläge und ein Angebot für günstige Reifen. Zwischen der Werbung finde ich den Brief meines kürzlich verwitweten Schwiegervaters. An einem heißen Juliabend in dem abgedunkelten Zimmer 117 führte Gott seine an Krebs erkrankte Frau nach über fünfzig Ehejahren in den Thronsaal und die ewige Herrlichkeit. Wir sangen an ihrem Sterbebett „Welch ein Tag wird das sein, wenn einst Jesus uns holt heim". Ich legte den kalten Waschlappen auf ihre von Schweißperlen bedeckte Stirn. Nun öffne ich den Umschlag, entnehme ihm die Grußkarte und lese die schwerfällige holländische Schrift. Die letzten Worte ergreifen mich:

„Zu Beginn des neuen Jahres frage ich mich, wen er als Nächstes heimholen wird. Werde ich es sein, Herr? Möge ich bereit sein. Werden wir es sein? Wer auch immer."

Wieso kommt dieser Brief gerade heute? Die Worte wühlen mich auf, besonders nach meinen Träumen und Kämpfen der vergangenen Nacht, nach all den Jahren des bedrückten Erwachens.

Wer auch immer – man muss bereit sein für das Ende dieser Zeit.

Wer auch immer – bin ich bereit zur ersten Begegnung mit IHM dort oben?

Wer auch immer. *Bald.*

Werde ich mein Leben gelebt haben, in der Fülle – oder mit innerer Leere?

Wie lebt man, wenn man immer zum Abschied bereit ist? Natürlich, letztlich hat alles mit Jesus zu tun. Man stirbt seinem alten Leben, nimmt Jesu Kreuz auf sich, ist von Gnade umgeben und empfängt ewiges Leben. Ohne Jesus ginge das nicht, ohne ihn kann man nicht bereit sein.

Ich glaube an Jesus, bin von Neuem geboren, bin Gottes Kind und sehne mich trotzdem danach, neues, echtes Leben zu finden. Wer kann mir zeigen, wie ich hier leben kann, in dieser Übergangszeit, in meinem Kokon, ehe ich ins ewige Leben hinausfliege?

In den Albträumen der vergangenen Nacht, in diesem realistischen Traum, dieser geträumten Realität, schrie alles in mir nach mehr Zeit. Doch wofür brauche ich zusätzliche Zeit? Die Antwort auf diese Frage wird bestimmen, welchen Weg ich durch mein kurzes, vergängliches Leben wähle.

Ich suche nach Ablenkung von diesen schweren Fragen und öffne mein E-Mail-Postfach. Hier warten die Worte einer Mutter auf mich. Bei ihrer Siebzehnjährigen wurde – schon wieder dieses Schreckgespenst – Krebs diagnostiziert. Ich versuche, weiterzuatmen. Was ist das für ein Tag? Was will Gott mir sagen? Die Worte der Mutter füllen meinen Bildschirm: „Was sagst du dazu?"

Ich taumle zurück.

Ich habe keine Worte. Was soll ich dazu sagen? Ich kenne die Antwort nicht, kenne meinen eigenen Weg nicht. Taste mich verzweifelt voran. Wie lebt man ein Leben richtig, das so vergänglich ist?

Wie kann ich in der Fülle leben, damit ich bereit bin, wenn das Ende kommt?

Ich räume die Wäsche in die Schränke und denke an alles, was ich vermutlich nie tun werde.

So vieles werde ich nicht erleben.

Den jadegrünen Li Jiang im Süden Chinas werde ich wohl nie sehen. Nie werde ich die schwarzhaarigen Jungs mit ihren Strohhüten auf den Bambusflößen beobachten, die gemeinsam mit den Kormoranen Fische fangen, während im Hintergrund der Nebel aufsteigt und die Karstlandschaft unwirklich und düster erscheinen lässt. Ich werde nie die Loita-Berge in Kenia besteigen und beobachten, wie riesige Gazellenherden aus der Serengeti-Savanne heraufziehen. Ich werde wahrscheinlich nicht im saphirblauen Wasser einer pazifischen Grotte schwimmen, werde nicht spätabends unter den majestätischen Mammutbäumen sitzen, um dem Flüstern des Windes in den Blättern zu lauschen, und ich werde meine letzten Jahre auch nicht damit verbringen, den smaragdgrünen Gipfel zu ersteigen, auf dem die sagenumwobene Inka-Stadt Machu Picchu liegt.

Meine Hand streicht über die dicken Frotteehandtücher. Ich bin die Frau eines Farmers. Ich habe sechs Kinder, die ich selbst unterrichte. Statt Diplomen und Urkunden zieren die Abdrücke schmutziger Kinderhände unsere Wände. Gibt es Orte, die man gesehen haben muss, und Dinge, die man erreicht haben muss, um bereit zu sein? Ich weiß, was der Glaube darauf antwortet, aber was sagt mir mein Herzschlag?

Ich erinnere mich an einen Friseurbesuch. Die Kundin neben mir liest eine Zeitschrift, deren Schlagzeile ich im Spiegel entziffere: *Tausend Orte, die Sie besucht haben müssen, ehe Sie sterben.* Stimmt das? Gibt es bestimmte Orte auf diesem Planeten, die ich sehen muss, ehe ich meinen letzten Atemzug tue, ehe ich die Ewigkeit einatme?

Warum sollten bestimmte Dinge so wichtig sein? Damit ich ihnen Respekt zolle? Um sagen zu können, ich hätte wahre Schönheit gesehen? Um fasziniert zu sein? Geht das nicht auch *hier*? Kann ich das nicht auch im Alltag erleben?

Meine Lungen werden an diesem Tag mehr als 11.000 Liter Luft einatmen[1] und heute Abend wird über unserer Farm wieder das Wintersechseck mit den Fixsternen Capella, Aldebaran, Rigel, Sirius, Prokyon und Pollux aus dem Sternbild des Zwillings aufsteigen. Mitten im Sechseck können wir dann Beteigeuze sehen, den roten Riesenstern, der 662-mal so groß ist wie unsere Sonne und zehntausendmal so hell. Ich werde heute Abend mein Kind umarmen, das in meinem Körper aus einer Samenzelle herangewachsen ist. Vor unseren Fensterscheiben werden Schneeflocken vom Himmel herabschweben, unendlich viel mehr, als es Sterne am Himmel gibt, und nicht zwei von ihnen haben die gleiche Form. Die Bäume des nahe gelegenen Waldes werden nicht aufhören zu atmen, trotz der winterlichen Starre der Natur. Der Gott unseres Universums wird Eis hervorbringen, er wird den Himmel mit Kälte füllen, er bindet die Sterne des Siebengestirns zusammen, löst den Gürtel des Orion auf und zählt immer wieder meine Haare (Hiob 38,31; Matthäus 10,30).

Ist das Wunder nicht auch hier? Warum verbringe ich so viele Stunden meines Lebens und sehe es nicht? Sind wir wirklich so blind, dass es diese *blendende* Pracht braucht, damit unsere benommene Seele Schönheit sehen kann? Dabei sind Pracht und Herrlichkeit über jeden unserer Tage ausgegossen. Wer hat die Zeit, wer hat den Blick, um sie zu sehen?

Ständig scheint mein Blick an den Spritzern der Enttäuschungen hängen zu bleiben, die hier und da auftauchen.

Ich schließe den Wäscheschrank im Bad, nehme die Bürste und schrubbe die Toilette. Meine Lebenszeit muss nicht dafür verlängert werden, damit ich mehr interessante Orte sehen, mehr Besitz anhäufen und mehr erreichen kann. Ich bin von Wunderbarem umgeben, wohin ich auch blicke.

Doch warum schreit dann alles in mir nach mehr Lebenszeit in dieser Welt? Wovon will ich *mehr*?

Ich sehe Jesus vor mir. Jesus – Gott und Mensch zugleich. Seine Lebenszeit war begrenzt. Jesus, der Gott-Mensch, kam, um mich aus dem Gefängnis der Angst, Schuld, Depression und Traurigkeit zu befreien. Als Jesus nur noch knappe zwölf Stunden zu leben hat, was hielt er da für das Wichtigste?

„Dann nahm Jesus das Brot, sprach darüber das Dankgebet, brach es in Stücke und gab es ihnen ..." (Lukas 22,19).

Das ist es. Ich lebe hier in diesem Haus, koche Haferbrei, putze Toiletten und sortiere Wäsche. Seit Tagen, seit Wochen stehe ich jeden Morgen tapfer auf und tue meine Arbeit, während ich über die großen Fragen nachdenke. Ich beschäftige mich mit der Suche nach erfülltem Leben und der Frage, was es braucht, um bereit zu sein, wenn das Ende kommt. Gibt es einen Weg, der mich aus meinen Albträumen heraus und zu den Träumen führt? Gibt es diesen Weg?

Ich blättere durch die Seiten der schweren, dicken Bücher und lese langsam, im Original. „Er sprach darüber das Dankgebet" heißt auf Griechisch im Infinitiv *eucharisteo*. Ich unterstreiche das Wort. Kann dieser Begriff einem Leben sicheren Halt geben? Ist er der Schlüssel zum erfüllten Leben?

In *eucharisteo* steckt das Wort *charis*, was „Gnade" bedeutet. Jesus nahm das Brot, betrachtete es als eine *Gnadengabe* und dankte dafür. Er nahm das Brot, wusste, dass es eine *Gabe* war, und dankte.

Doch es steckt noch mehr in diesem Wort. Ich lese weiter. *Eucharisteo*, die Danksagung, enthält nicht nur *charis*, die Gnade, sondern auch das damit verwandte Wort *chara*, die Freude. Wahrhaftig, *Freude*! Wie oft fehlt sie mir. Vielleicht ist dieses Sehnen nach mehr, nach der Fülle, ein Verlangen nach Freude? Schon Augustinus schrieb: „Und ob der eine auf diese, der andere auf jene Weise sein Ziel erstrebt, das gemeinsame Ziel, nach dem sie alle streben, ist die Freude."²

Ich atme tief ein, fühle mich wie ein einsamer Wanderer, der endlich zu Hause angekommen ist. Das erfüllte Leben strebt nach … Freude. Mein Leben zeugt davon, wie rar sich dieses kleine Wort, *Freude*, machen kann. In jener Nacht der Albträume, als ich, vom blassen Mondlicht beschienen, verzweifelt um mehr kämpfte, da wusste ich nicht, von *was* ich mehr wollte. Nun hatte ich es gefunden, mein ganzes Wesen reagierte auf dieses eine Wort. Ich sehne mich nach mehr Leben, nach mehr *heiliger Freude*.

Das war mein Ziel, das wollte ich ergreifen, als ich versuchte, den Albträumen zu entkommen. Freude. Aber wo liegt der heilige Ort der Freude? Wieder schaue ich in das geöffnete Buch. Habe ich hier den Schlüssel auf die wichtigste Frage meines Lebens gefunden? Die tiefe *chara*-Freude findet man am *euCHARisteo*-Tisch – dem Ort der Danksagung. Ich sitze lange über diesen Sätzen … staune … kann es so einfach sein?

Hängt das Maß meiner *chara*-Freude von der Tiefe meiner *eucharisteo*-Dankbarkeit ab?

Solange es etwas gibt, wofür man danken kann … Ich denke weiter. Solange man danken kann, gibt es Freude. Also ist es immer möglich, Freude zu erleben. *Freude ist immer möglich. Wann auch immer* – also jetzt; *wo auch immer* – also hier. Der heilige Gral der Freude ist nicht an einem weit entfernten Ort oder in einer einzigartigen, besonderen Erfahrung verborgen. Das Wunder der Freude kann hier erlebt werden! Mitten in der chaotischen, schmerzhaften Gegenwart ist es auf wunderbare Weise möglich, Freude zu erleben! Es gibt nur einen Ort, den wir gesehen haben müssen, bevor wir sterben: den Ort, an dem wir Gott sehen, im Hier und Jetzt.

Ich flüstere es, meine Zunge soll es fühlen, mein Ohr soll es hören.

Charis – Gnade.

Eucharisteo – Danksagung.

Chara – Freude.

Ein Dreigestirn, drei Sterne, die in der Nacht leuchten.

Eine dreifache Schnur, die ein Leben lang hält. Habe ich den Weg in ein erfülltes Leben gefunden?

Gnade, Dankbarkeit, Freude. *Eucharisteo*.

Ein griechisches Wort … das alle Fragen beantwortet, den Sinn des Lebens offenbart?

Während die Kinder unter ihren bunten Steppdecken schlafen, die Uhr viel zu laut im Dunkeln tickt und die Galaxien sich in ihren vorgezeichneten Bahnen im Universum bewegen, liege ich zugedeckt am offenen Kamin und lese die Worte einer alten Predigt. Wochen sind vergangen, und in meinem Kopf sammeln sich immer mehr Gedanken, die darauf warten, dass Gott sie zu einem Bild zusammensetzt. Ich lese: „Nichts ist wichtiger, als für alles zu danken. Wer das gelernt hat, weiß, was Leben bedeutet … Er hat das Geheimnis des Lebens erfasst: für alles dankbar zu sein."[3] Ich atme aus.

Im Dunkeln flüstere ich: *Eucharisteo*!

Tatsächlich scheint das der geheime Zugang zu einem erfüllten Leben zu sein …

Erleichtert schaue ich ins Feuer. Möglicherweise hatte ich den Heiligen Gral gefunden … und wieder verloren, im Weitergehen. Aber hat Gott seinen Heiligen Gral nicht direkt ins Zentrum des christlichen Lebens gestellt?

Eucharisteo – das Abendmahl – ist das zentrale Symbol des Christentums. Danksagung – der Tisch, mit seinen Symbolen, ist das Herzstück eines Lebens mit Christus. Jeden Sonntag wird in unserer überkonfessionellen, bibeltreuen Gemeinde die Einladung zu Brot und Wein ausgesprochen. Indem wir jede Woche an diesem Tisch des Herrn beginnen, stellen wir da nicht auch unser ganzes Leben unter das Zeichen der Dankbarkeit?

Was wir dabei zu uns nehmen, ist eine ganz und gar alltägliche Speise, gewöhnliches Brot. Auch der Wein gehört seit Jahrhunderten in den unterschiedlichsten Kulturen zum täglichen Essen dazu. Als Jesus das Abendmahl einsetzte, stiftete er damit kein außergewöhnliches, nur einmal jährlich stattfindendes Ereignis, sondern er legte sein Geschenk in den Zusammenhang eines normalen, regelmäßig eingenommenen Essens. Dazu lesen wir im ersten Brief an die Korinther: „Jedes Mal also, wenn ihr dieses Brot esst und von diesem Becher trinkt ..." (1. Korinther 11,26) – *jedes Mal*.

Bedeutet das täglich, jedes Mal, wenn wir essen?

Eucharisteo – jedes Mal, also jetzt. Freude – überall, also hier.

Hat Jesus bei seiner letzten Mahlzeit auf dieser Erde nicht unser ganz gewöhnliches Leben, unser Essen und Trinken, in den Rahmen seines *eucharisteo* gestellt? Vor dem Fenster steht der Große Wagen tief am Himmel. Doch wie kann dieser *eucharisteo*-Rahmen unser Leben einfassen? Je tiefer ich in das Geheimnis einzudringen versuche, desto mehr Fragen tauchen auf. Wie bei der Erforschung der Galaxien.

Am nächsten Morgen stehe ich in dem hellen Licht, das die Sonne auf den Küchenboden wirft, und backe Brot. Hefeteig klebt an meinen Fingern. Immer wieder knete ich in Gedanken dieses eine Wort – *eucharisteo*. Dieses Mal werde ich nicht aufgeben, werde ich das Geheimnis ergründen.

Ich forme Laibe und denke an Jesus, wie er das Brot nahm und dankte ... dann geschah das Wunder und Brot und Fisch vermehrten sich.

Wiederum nahm Jesus Brot und dankte ... dann geschah das Wunder, und Jesus konnte das Kreuz erdulden, in Erwartung der Freude, die danach kommen würde.

Ich denke an Jesus, wie er vor dem Grab von Lazarus stand. Tränen liefen ihm über die Wangen. Dann sah er auf und betete: „Vater, ich danke dir, dass du meine Bitte erfüllst. Ich weiß, dass du mich immer erhörst ..." (Johannes 11,41–42). Und das Wunder geschah: Der Tote wurde lebendig! Danksagung macht Tote lebendig! Der seelenlose, steife Leichnam erhebt sich, die Adern füllen sich mit Blut, Luft strömt in die Lungenbläschen, das Herz fängt kraftvoll an zu schlagen.

Zuerst der Dank ... dann kommt das Wunder! Zusammen mit den Teigkugeln lege ich Jahre der Angst aufs Ofenblech. *Eucharisteo* – Danksagung – *geht dem Wunder immer voraus.* Der Hefeteig geht auf.

Ich stehe in der Küche und rühre in dem Topf mit Linsensuppe, die es zum Mittagessen geben wird. Die Suppe ruft nach Würze, nach Karotten und nach hungrigen Kindern. Während ich rühre, lese ich und muss mich setzen, um die Worte in mich eindringen zu lassen: „Der einzige wirkliche Sündenfall des Menschen ist sein nicht eucharistisches Leben in einer nicht eucharistischen Welt."[4] Das ist der Sündenfall! Die Undankbarkeit, Nicht*eucharisteo*, ist die Ursünde, die Unzufriedenheit des Menschen mit allem, was ihm sein Schöpfer so großzügig gegeben hat. Diese Haltung der Undankbarkeit war es, die auch mich innerlich zersetzt hat. Um den Weg zurück ins Paradies zu finden, muss ich meine *eucharisteo*-feindliche Haltung, mein zerschundenes, elendes, undankbares Leben aufgeben und *eucharisteo*, den Lebensstil der Dankbarkeit, entwickeln. Kann ein *eucharisteo*-Leben wirklich zu dem Wunder der Gemeinschaft mit Gott führen? Ich erhebe mich von meinem Stuhl.

Wann immer ich meine Bibel aufschlage, versuche ich nun, es aufzuspüren. Mit dem roten Stift in der Hand suche ich in Gottes Wort nach *eucharisteo*. Dabei stoße ich auf schmerzhafte Zusammenhänge, die mich ins Wanken bringen.

„*In der Nacht, in der Jesus, der Herr, ausgeliefert wurde,* nahm er Brot, sprach darüber das *Dankgebet*, brach es in Stücke und sagte …" (1. Korinther 11,23–24; Hervorhebung der Autorin). Am nächsten Tag würde ein Hammer das Eisen durch seine Muskeln und Sehnen jagen, dennoch nimmt Jesus hier das, was Gott ihm gibt, als *charis*, als Gnade, an, als Anlass zu *eucharisteo*, als Grund, dem Vater zu danken. Er steht unmittelbar vor dem schrecklichsten Moment seines Lebens, in dem Gott selbst ihn verlassen wird (kann man sich etwas Schlimmeres vorstellen?), und *dankt* für das Zerbrechen seines Leibes, dankt für das, was ihn zerschmettern und verletzen und eine unendliche Freude, *chara*, freisetzen wird. Das Geheimnis gebiert immer neue Geheimnisse.

Will ich diesen Weg wirklich gehen?

Eine ganze Woche lang lasse ich einen Text aus dem 11. Kapitel des Matthäusevangeliums auf mich wirken und versuche, ihn zu verstehen – mit keuchendem Atem, roten Wangen und voller Sehnsucht nach Leben. Dann endlich erfasse ich die Wahrheit.

Dann begann Jesus mit harten Worten über die Orte zu sprechen, in denen er die meisten Wunder getan hatte, und die Menschen hatten sich doch nicht geändert: „Weh dir, Chorazin! Weh dir, Betsaida! … Wenn in Sodom die Wunder geschehen wären, die bei dir geschehen sind, dann würde es heute noch stehen" (Matthäus 11,20–21.24).

Was tut Jesus unmittelbar nach dem offensichtlichen Versagen, im Angesicht der Tatsache, dass seine Botschaft nicht angenommen wurde und sich nichts nach Plan entwickelt hat? Er praktiziert *eucharisteo*: „Danach *(direkt nach dem Eingeständnis seines Scheiterns)* rief Jesus: ‚Vater, Herr über Himmel und Erde, du hast angefangen, deine Herrschaft aufzurichten … Dafür preise ich dich!'" (Matthäus 11,25). Unmittelbar im Anschluss an eine Situation, in der alle seine Erwartungen und Hoffnungen zertreten am Boden liegen, preist Jesus den Vater, dankt er ihm?

Vor dem Wunder kommt der Dank, *eucharisteo*. Dieses griechische Wort, dessen Bedeutung so schwer zu verstehen ist, ist noch viel schwerer zu leben. Will ich mich wirklich auf dieses Wort einlassen?

Am Sonntag, als das gebrochene Brot auf dem Silbertablett herumgereicht wird, von Paula Van de Kemp zu Ron Collins und dann, über die Köpfe ihrer Kinder hinweg, zu Tammi Lindsay, denke ich weiter darüber nach. Setze ich die tiefe Bedeutung von *eucharisteo* nicht jedes Mal um, wenn ich das Abendmahl nehme? Drücke ich dabei nicht meinen Dank für seine Schmerzen auf eine greifbare, körperliche Weise aus? Während ich kaue und schlucke, esse und trinke, Einheit und Gemeinschaft feiere, findet der große Austausch statt, sein Leiden ist mein Gewinn. „Denkt an den Segensbecher, über den wir beim Mahl des Herrn das Segensgebet sprechen: Gibt er uns nicht Teil an dem Blut, das Christus für uns vergossen hat? Denkt an das Brot, das wir austeilen: Gibt es uns nicht Teil an seinem Leib?" (1. Korinther 10,16). Das Abendmahl fordert uns auf, für sein Sterben zu danken. So können wir mit unserem täglichen Sterben an seinem Sterben teilhaben und dankbar dafür sein.

Mrs Klumpenhower reicht mir den silbernen Teller, und ich reiße mir ein kleines Stück Brot ab, Brot aus Getreide, das aus einem gestorbenen Samenkorn gewachsen ist. Ich spüre die Körner zwischen meinen Fingern. Dann lege ich das zerrissene Brot auf meine Zunge und erinnere mich, ich drücke es mit der Zunge gegen den Gaumen, wo es weich wird. Ich danke für das Sterben.

Ich schlucke es.

Dieses Dreigestirn am dunklen Himmel – Gnade, Dank und Freude –, ist es nicht so unerreichbar, als würde ich nach den Sternen greifen? So schwer, so *schwer.*
Gibt es keinen leichteren Weg zu einem erfüllten Leben?

An dem Tag, als ich das 17. Kapitel im Lukasevangelium aufschlage, finde ich meine Antwort. Ich sitze auf der Gebetsbank vor dem Schlafzimmerfenster. Draußen sind unsere Jungs damit beschäftigt, aus Millionen von Schneeflocken eine Burg zu bauen. Ich lese die Geschichte, die ich schon damals, im Kellerraum der Knox Presbyterian Church, im Kindergottesdienst gehört habe. Diese Geschichte kenne ich nun wirklich. Jesus heilt zehn Aussätzige, doch nur einer kommt zurück, um ihm zu danken. Ich kann mich genau erinnern, was wir aus der Geschichte lernen sollten, Mrs Morrison mit dem knallroten Lippenstift hat es eindrücklich vermittelt: „Wie oft denkt ihr daran, Danke zu sagen?" Doch, die Geschichte kenne ich bestens.

Ich überfliege den Text.

„Einer aus der Gruppe kam zurück, als er es merkte. Laut pries er Gott, warf sich vor Jesus nieder, das Gesicht zur Erde, und dankte ihm. Und das war ein Samariter" (Lukas 17,15–16). Ja, er war dankbar, ich weiß. Ich lese den nächsten Vers.

Jesus sagte: „Sind nicht alle zehn gesund geworden? Wo sind dann die anderen neun? Ist keiner zurückgekommen, um Gott die Ehre zu erweisen, nur dieser Fremde hier?" Dann sagte er zu dem Mann: „Steh auf und geh nach Hause, dein Vertrauen hat dich gerettet" (Lukas 17,17–19).

Halt. Noch einmal lese ich die vorherigen Verse. Hatte Jesus ihn nicht bereits geheilt? Genau wie die neun anderen, die nicht zurückkamen, um sich zu bedanken? Was also meinte

Jesus mit dem Satz „Dein Vertrauen hat dich gerettet"? Habe ich diese Geschichte unterschätzt, enthält sie doch noch weitere, verborgene Wahrheiten? Ich nehme mir Zeit und gehe in die Tiefe. Im Griechischen steht hier *sozo*. Das kann mit „heil werden" oder „geheilt werden" wiedergegeben werden, aber wörtlich bedeutet es „retten, erretten, bewahren". Es geht hier also um die Errettung, die vollständige Wiederherstellung. Wer *sozo* erlebt, bekommt das Leben in Fülle. Jesus ist gekommen, um uns das vollkommene Leben, um uns *sozo* zu geben. Doch wann empfing der Leprakranke dieses *sozo*, die Rettung und Heilung seines ganzen Menschen? Es geschah, als er zurückkam und Jesus dankte. Ich lege meinen Stift zur Seite.

Sogar unsere Rettung steht im Zusammenhang mit unserer Dankbarkeit.

Mrs Morrison hatte das nicht erwähnt. Doch eigentlich ist der Zusammenhang klar. Wenn der Sündenfall dem Nicht-*eucharisteo*, der Undankbarkeit, entsprang, dann muss die Rettung mit *eucharisteo*, dem Danken, verknüpft sein.

Wieder wende ich mich dem Text zu. Deswegen steht hier also: „Dein Vertrauen hat dich gerettet." Es war das Vertrauen, der Glaube an Jesus den Heiler, der den Mann bewog, Jesus zu danken. Ist es so einfach? Für Jesus ist Dankbarkeit ein notwendiger Bestandteil des rettenden Glaubens.

Wir können das Leben im Überfluss nur finden, wenn unser Glaube von Dankbarkeit erfüllt ist.

Wie sonst könnten wir das Geschenk der Errettung annehmen? Es geht nur über Dank. Wenn wir uns bedanken, zeigen wir damit, dass wir seine Gabe empfangen haben. Dank ist ein Ausdruck der *Annahme* seiner Gnade.

Dankbarkeit gehört zu der Erfahrung der Errettung dazu, sie ist eine Bedingung, um das gute, wiederhergestellte Leben in Fülle zu leben.

Der orthodoxe Theologe Alexander Schmemann schreibt: „Und wenn die Kirche *in Christus* ist, dann ist ihre ursprüngliche Handlung stets dieser Akt der Danksagung, der

Wiederhinwendung der Welt zu Gott."⁵ Wenn ich wirklich mit Christus verbunden bin, werde ich dann nicht immer mit einem Dank auf den Lippen zu ihm gehen?

Einige Zeit später entdecke ich diese Stelle in den Psalmen. Wir sind im Gottesdienst, Brot und Wein werden gerade wieder zurückgestellt, der Farmer reicht mir seine Bibel und deutet mit dem Zeigefinger auf die Stelle, die er eben gelesen hat. Er weiß, was mich beschäftigt, ich rede davon und versuche, danach zu leben und es zu glauben. Mein Kinn bebt, dann strahle ich. Dies ist der Weg, auf dem Gottes Errettung kommt: „Wer Dank opfert, verherrlicht mich und bahnt einen Weg; ihn werde ich das Heil Gottes sehen lassen" (Psalm 50,23; Elberfelder Bibel).

Dankopfer – Dank in allen Situationen –, das ebnet den Weg, auf dem Gott uns seine *vollkommene* Errettung in Jesus zeigen kann.

Wenn wir Gott Dank opfern – auch für das Brot und den Kelch, wofür Jesus teuer bezahlt hat, auch für Krebs und die Kreuzigung –, *dann* bereiten wir den Weg, auf dem Gott uns seine *vollkommene* Errettung zeigen kann. Er kann uns retten aus einem Leben der Bitterkeit, des Zorns und der Verletzungen, er rettet uns aus allen Sünden, die uns von ihm trennen. Beim Abendmahl bricht Jesus sein Herz, um unser Herz zu heilen. Jesus macht unsere Errettung möglich. Das *eucharisteo*-Wunder geht nie zu Ende: Dank geht auch diesem Wunder voraus, dem Wunder einer Errettung, die sich in allen Bereichen unseres Lebens auswirkt. Danksagung – in allen Dingen – bahnt den Weg für die vollständige Wiederherstellung aller Dinge, wie es in der Errettung geschieht. Wir haben in Christus die Errettung, aber diese Errettung kann ihre Wirkung in unserem Leben nicht voll entfalten, solange wir nicht zur Dankbarkeit hindurchgedrungen sind. In allem?

Ich kann meine Errettung nicht wirklich umfassend erleben, solange ich nicht jeden Tag meinen umfassenden Dank zu Gott bringe. Damit ist *eucharisteo* notwendig, um erlöst leben zu können.

Auch das hatte Mrs Morrison uns nicht gesagt.

Ich sitze immer noch am Schlafzimmerfenster, fasziniert von dem, was ich entdecke. Wie ein Komet erhellt diese Wahrheit das Dunkel meines Lebens. So viele Jahre lang wusste ich, dass ich errettet bin und Ja zu Jesus gesagt habe, aber mein Leben war ein einziges Nein. Ich habe die Fülle meiner Errettung nie erlebt. Ich habe das nicht ausgeschöpft, was Jesus mir gegeben hat. Ich habe nicht alles, was das Leben mir bescherte, mit Dankbarkeit zu den Füßen Jesu abgelegt. Reglos sitze ich da, wie geblendet. Deshalb ging ich jahrelang zur Kirche, ohne dass die Löcher in meiner Seele dauerhaft heil geworden wären.

Eucharisteo, das griechische Wort mit der tiefen Bedeutung, die so schwer zu leben ist, das ist der einzige Weg von der Leere in die Fülle.

Ich beobachte, wie unsere Jungs die Wand ihres Schneehauses formen.

Sie schaufeln und ihre Wangen glühen vor Anstrengung, ihre Haare sind feucht vom Schweiß. Ich denke an die Mutter, deren Tochter Krebs hat, ich denke an meinen Schwiegervater und seine Frage, ob ich bereit bin zu gehen. Nein, ich habe immer noch keine Worte für diese Mutter. Unser Ältester hält die Schaufel, der Jüngste den Spaten, zusammen bearbeiten sie ihre Wand. Ich habe nur ein Wort. Ein Wort, das ich festhalte und dem Albtraum entgegenschleudere, ein Wort gegen die Todesangst, ein Wort für ein errettetes, geheiltes Leben im Überfluss, ein Wort, das Wunder bewirkt, die Seele heilt und die Toten lebendig macht.

Die Schneewand gibt nach, sie haben es geschafft. Eine Tür in der Wand.

Eucharisteo.

Der Weg dorthin ist schwer. Aber gibt es einen anderen Weg zur Erlösung?

KAPITEL DREI

erste Schritte

Dankbarkeit bereitet der Ehrfurcht den Boden und befähigt uns, die lichten Augenblicke jedes Tages zu erleben, diese Momente aus der jenseitigen Welt, die uns in Staunen versetzen und unsere Wahrnehmung für immer verändern.
Sarah Ban Breathnach

Das Fenster des großen Zimmers steht weit offen, der geschnitzte Haubentaucher und die Stockente sitzen still auf dem Sims, das Kernholz eines Baumes wurde zu einem Paar nach Freiheit strebender Flügel.

Ich arbeite in der Küche einer Freundin und schneide Gurken.

Es ist bald Juli, vom Fluss klingt das fröhliche Lachen der Kinder zu uns herauf. Das Wasser strömt ruhig dahin, die samenreichen Gurkenscheiben türmen sich auf dem Porzellan, grüne Scheiben voll sommerlicher Kraft. Eine Vase steht neben der Spüle.

Hoch aufgerichtet stehen die Blütenstände des Fingerhuts darin, Blüten in kräftigem Rosa mit scharlachroten Punkten auf den vollen Lippen. Ich stelle mir vor, wie die Hausfrau Stängel um Stängel sorgfältig abgeschnitten und hierhergetragen hat, Schönheit soll ihre Gäste empfangen, wenn sie zum Waschbecken kommen. Der Fingerhut ist eine Blume gegen Herzschwäche, ich erinnere mich, das einmal gelesen zu haben, die den Herzmuskel mit neuer Kraft für größere Leistung versorgt. Ob sie daran gedacht hat, als sie die Blumen hier arrangiert hat?

Hat sie dabei an mich gedacht?

Nun sind auch die Stimmen der Männer aus dem Garten zu hören. Es brutzelt und qualmt, breite Rücken stehen um den Grill, Fett tropft ins Feuer. Ich habe Hunger. Meine Klinge schneidet grüne Scheiben. Meine Freundin steht am Herd, rührt in einer Soße. Als Eltern kochen wir für die Kinder, die wir geboren haben. Fast hätte ich ihre Worte überhört.

„Du hast dich verändert." Sie dreht sich zu mir um. Überrascht schaue ich auf.

„Wirklich?" Darauf bin ich nicht vorbereitet. Ich weiß nicht, was ich sagen soll. Meine Wangen färben sich rot. Ich greife nach dem Krug, um Gläser aufzufüllen und ihrem Versuch zu entkommen, mich in dieses Gespräch zu verwickeln.

„Doch ... du hast dich wirklich verändert." Shelly stellt ihren Topf auf einen Untersetzer und schaut mich an. Ich spüre ihren Blick und konzentriere mich auf die Gläser.

Vielleicht hat sie recht? Seit Monaten spüre ich eine innere Entwicklung, ein Voranschreiten und Wachsen, ich fühle das Neue, das begonnen hat. Aber ich dachte, das Ganze sei noch unausgereift, embryonal, wie eine Knospe der Hoffnung, die noch nicht zur Blüte gelangt ist. Ich hätte nicht gedacht, dass man das Leuchten in den Augen schon sehen kann.

„Kommt das von der Liste, die du schreibst?" Sie klappert mit den Schüsseln.

Ich konzentriere mich auf meine Arbeit, gieße Wasser in leere Gefäße.

Da streift eine Fliege über ein volles Glas. Ich sehe die Bewegung der Flüssigkeit.

„Ja ..." Ich sehe die Verletzung der glatten Wasseroberfläche. Ja. „Es ist die Liste."

Die Verletzung des Wassers geht zurück ... wird kleiner ... heilt.

Eigentlich ist mir der Gedanke nicht neu. Wer eine Veränderung will, muss sie bewusst herbeiführen. Wer will, dass in seinem Garten etwas wächst, steht täglich am Beet, mit dem Spaten in der Hand und der Entschlossenheit, hier etwas zur Reife zu bringen, das ihm Freude macht und die Seele nährt.

Eigentlich weiß ich, dass eine Veränderung nicht daraus entsteht, dass ich mit mütterlicher Freude beobachte, wie eine Tür in ein Schneehaus geschlagen wird. Veränderung kommt auch nicht, indem ich mir über die Bedeutung eines griechischen Wortes Gedanken mache: *eucharisteo* – der Zugang zum Geheimnis des auf ewig erfüllten Lebens.

Und doch weiß ich lange nicht, was ich praktisch tun soll.

Wie soll ich dieses Wort, *eucharisteo*, das ich so oft unterstrichen habe und das ich zur Grundlage meines Lebens machen will, konkret ausleben? Ich brauche die Antwort – zum Wohl meiner Seele.

Wie kann ich *eucharisteo* einsetzen, um diese hässliche, selbstzerstörerische Angewohnheit der Undankbarkeit zu überwinden? Undankbarkeit hat meinen ewigen Sündenfall ausgelöst und ist für mein tägliches Fallen verantwortlich. Wie kann ich der Undankbarkeit die Rettung bringende Gewohnheit der Dankbarkeit entgegensetzen und damit auch in die tiefe Gemeinschaft mit Gott eintreten? Ich brauche die Antwort – um meiner Freude willen.

Um weiterzuleben, muss ich diese Antworten finden.

Ich las, was Jean Pierre de Caussade, ein weiser Mann, vor langer Zeit schrieb: „Wer Durst hat, stillt seinen Durst, indem er trinkt, nicht indem er Bücher liest, die sich mit seinem Zustand befassen."[1] Wer dem Verdursten nahe ist, dem hilft es nicht, Bücher zu lesen, in denen das Wasser beschrieben wird. Es gibt nur einen Weg, um den trockenen Mund zu befeuchten: Man muss das Buch schließen, die Hand ins Wasser tauchen und das Wasser zu den Lippen führen. Wer Durst hat, muss trinken.

Ich würde etwas *tun* müssen.

An dem Tag, an dem ich die Bücher über *eucharisteo* zur Seite legte, einen Stift in die Hand nahm und anfing, diese Liste zu schreiben, ahnte ich nicht, wohin das führen würde. Ich wusste nicht, dass ich damit zum ersten Mal etwas gegen meinen Durst tat und wie sehr ich mich dadurch verändern würde. Noch weniger konnte ich mir vorstellen, dass diese Veränderung schon bald für andere sichtbar sein würde.

Ich wagte es und betrat unbekanntes Territorium, ähnlich dem Wagnis der Liebe, die sich auf einen anderen Menschen einlässt. Ich tat es an einem klaren Novembermorgen, ähnlich dem Novembermorgen, an dem die Erde ihr Blut aufnahm. Es war die Zeit für Listen: Listen mit Mahlzeiten an den Feiertagen, Listen für handgemachte Geschenke, Listen mit Dingen, die gekauft werden mussten – überall auf meinem Schreibtisch, rund um meine Arbeitsplatte lagen, steckten, klebten sie. Doch dann blinkt die Frage einer Freundin auf, die Worte flimmern über meinen Bildschirm. Sie fordert mich heraus und ich merke es nicht einmal. Kannst du eine Liste schreiben mit tausend Dingen, die dir kostbar sind? Ich lese ihre Frage ein zweites Mal. *Noch eine* Liste? Tausend Segnungen soll ich auflisten – eintausend Gaben –, wie meint sie das?

Ich ahne nicht, dass in diesem Moment Gottes Werk in mir beginnt, das Heilen meiner Seele. Es gibt Momente, da durchschreiten wir unbewusst eine Tür und wissen es erst, nachdem wir im anderen Raum angelangt sind.

Ich greife in den Eimer aus Eschenholz am Ende der Arbeitsplatte und nehme ein Schmierpapier heraus, auf dem ein Kind gemalt hat. Wahrscheinlich hat es versucht, St. Patrick zu zeichnen, auf dem Weg nach Irland, denn der Mann steht in einem Schiff und auf seinem Ärmel ist etwas, das deutlich an das irische Symbol des Shamrocks, des Kleeblatts, erinnert. Ich drehe das Blatt um, überlege nicht lange, wage es und schreibe die Überschrift: Geschenkliste. Sofort beginne ich, sie zu notieren, nicht die Geschenke, die ich gerne hätte, sondern jene, die ich *schon besitze*.

1. Morgenlicht auf den alten Holzdielen
2. eine dicke Marmeladenschicht auf dem Toast
3. der Ruf des Eichelhähers hoch oben in der Fichte
Der Anfang ist gemacht, und ich lächle, ein unglaublich glückliches Lächeln. Ich notiere völlig alltägliche Dinge, die ich bis dahin nicht als Gaben gesehen hätte. Erst als ich sie niederschreibe, erkenne ich sie, die Gaben, die ER mir schenkt. Ich schreibe und fühle mich, als würde ich ... Liebe auspacken.

Es ist die perfekte Medizin.
16. der Duft grüner Pflanzen im Blumenladen
17. das Knacken in ihren alten Knien
18. kalter Wind, der das Haar zerzaust
Als alle im Haus tief schlafen und nur der Hund draußen auf der Wiese dem kalten, runden Mond entgegenbellt, schaue ich auf den ersten Tag zurück, den Tag, an dem ich begonnen habe, tausend Geschenke aufzulisten. Ich streiche über das Blatt und erinnere mich an den Tag, diesen eingerahmten Tag, das Fotoalbum eines Lebenstages. Es macht mich so ... glücklich, diese Dinge aufzulisten. Den ganzen Tag über macht es mich froh. Ich wundere mich, wie das möglich ist. Dieser Strom des Bewusstseins, aus dem ich meinen Durst stille, Strom der Gnade, der mich mit sich reißt. Ich schreibe noch einen Punkt auf die Liste, um es noch einmal zu spüren. Ich staune darüber, was diese einfache Liste bewirkt. Gleichzeitig ... fühlt es sich auch fremd an, seltsam. Ich bin eine Frau, die nur eine Sprache spricht: die Sprache des Sündenfalls. Unzufriedenheit, Selbstanklage, die kritische Betrachtung und das nie zu befriedigende Verlangen sind meine Worte.

Aber das ... war das nicht ... ich spiele mit den Ecken des Blattes, auf dem jede Zeile sorgfältig nummeriert ist.

Wenn all das Gaben von Gott an mich sind – ist dann mein Notieren nicht ein Akt des Empfangens? Ich empfange mit Dankbarkeit. Moment mal.

„Dann nahm Jesus das Brot, sprach darüber das Dankgebet, brach es in Stücke und gab es ihnen ..." *Er sprach ein Dankgebet.*

Diese verrückte, wagemutige Gabenliste – ist sie die sprachliche Umsetzung von *eucharisteo?*

Wirklich?

Aber *eucharisteo* ist das Wort, das Jesus flüsterte, als der Tod sich ihm nahte und die Angst ihm Schweiß und Blut aus den Poren trieb. Er nahm das Brot, *auch das Brot des Sterbens,* und sprach das Dankgebet. Ich betrachte meine Liste. Mein Dank ist so – primitiv, so gewöhnlich. Wenn ich durch diese Liste die *eucharisteo*-Sprache lernen soll, dann bin ich noch bei den Babylauten. Aber vielleicht kann ich die Sprache der „überreichen Gnadengaben" allmählich lernen, wie ein Kind, das Wort für Wort seine Muttersprache lernt.

Gehört das Königreich Gottes nicht gerade den Kindern?

Zunächst ist es die Herausforderung, die mich antreibt, mit der Liste weiterzumachen. Und weil sie mich so froh macht und es mich mit fast alberner Freude erfüllt, all diese schönen, kleinen, liebenswürdigen Kostbarkeiten zu notieren. Doch am meisten motiviert mich das, was ich in meiner aufgeschlagenen Bibel lese, die auf meiner Gebetsbank liegt, von wo aus ich durchs Fenster auf die Schneeburg sehen kann. In der Schneewand ist eine Tür. Ich lese das vierte Kapitel dieses Briefes, den Paulus an die Philipper geschrieben hat. Fast hätte ich es übersehen.

Ich habe gelernt, in jeder Lage zurechtzukommen und nicht von äußeren Umständen abhängig zu sein: Ich kann Not leiden, ich kann im Wohlstand leben; mit jeder Lage bin ich vertraut. Ich kenne Sattsein und Hungern, ich kenne Mangel und Überfluss (Philipper 4,11–12).

Ich lese die Stelle immer wieder, suche den Zugang.

Dann entdecke ich ihn: Das Geheimnis zu einem Leben, das immer von Freude erfüllt ist, ist ein Leben in der *eucharisteo*-Fülle. Im Nebensatz gibt Paulus uns den Schlüssel: „Ich habe gelernt …" Er hat es gelernt. Ich werde *eucharisteo* lernen müssen. Ich muss *eucharisteo* üben, um es leben zu können. Ich muss es kennenlernen, so wie ich mich selbst, meinen Körper, mein Gesicht, die Worte auf meiner Zunge und meinen Namen, kennengelernt habe. Dankbarkeit kann man lernen, ich kann lernen, in allen Umständen dankbar zu sein, ob ich erfüllt bin oder leer. Kann die Liste mir helfen, auch die schwere Sprache zu lernen? Mit der Zeit? Dankbarkeit angesichts des Todes, trotz Scheidungen und Schulden, diese Sprache möchte ich lernen, denn das ist meine Welt, darin muss ich leben. Wenn *eucharisteo* der Schlüssel zum geheimniserfüllten Leben ist, dann will ich ihn kennenlernen. Ich bin bereit, mich auf die Suche zu machen, die Spur zu verfolgen, die Teile zusammenzusetzen. Ich möchte lernen, dankbar und glücklich zu sein, mit vollen und mit leeren Händen. Ich bin bereit, mein ganzes Leben dafür zu investieren. Auch wenn es Jahrzehnte dauern und ein Stein von Rosetta nötig sein wird, um mir diese Sprache zu entschlüsseln.

Am nächsten Morgen greife ich, kaum dass ich wach bin, nach Papier und Stift, um mit der Tinte den Geheimcode zu knacken.

Mr Klumpenhower lässt die Post in den großen Briefkasten am Ende unserer Einfahrt fallen. Eigentlich wollte ich ihn in der Farbe von Martha Stewarts dunklem Ahornsirup streichen, doch er ist eher so rot wie unser Scheunendach geworden. Ich stehe am Fenster, den Stift in der Hand, und führe meine Liste fort.

22. Post im Briefkasten

Gegen Mittag, als Großmutters zuverlässiger, alter Dampfkochtopf aus den Fünfzigerjahren mit seinen Holzgriffen auf dem Herd steht und die Kartoffeln kochen und alle Küchenfenster sich mit Dampf beschlagen, nehme ich den Stift und notiere:
23. Omas Kochtopf dampft noch immer
Dank vermehrt die Freude und macht das Leben weit. Danach sehne ich mich.

Später, im Supermarkt, wähle ich gerade ein paar schöne, gelbe Bananen aus. Da sehe ich den alten Mann mit dem krummen Rücken und dem weißen Bart. Er steht am Postkartenregal und sucht nach einer passenden Karte. Ich ziehe das Blatt aus meiner Einkaufstasche, nehme den Stift und schreibe in krakeligen Buchstaben:
24. ein alter Mann sucht nach den richtigen Worten
Allmählich verstehe ich, was ich fühle. Ich fange an, es zu begreifen. *Eucharisteo* geht jedem Wunder voraus, auch dem Wunder, sich im Supermarkt freuen zu können.

Insofern überraschen mich die Worte Martin Luthers nicht, des Mannes, der die fünfundneunzig Thesen an die Tür der Schlosskirche zu Wittenberg nagelte: „Willst du die Welt verändern, so schreibe."[2] In gewisser Weise erlebe ich gerade meine persönliche Reformation, all die Dinge, die so unveränderlich schienen, weichen zurück. Ich notiere Gottes Gaben und werde reformiert. Ich führe meine Liste über all die Gaben, die Gott mir gibt, all die Dinge, denen ich keine Aufmerksamkeit geschenkt habe. Meine Liste ist der Ausdruck meines Dankes und *eucharisteo*, da bin ich mir sicher, führt mich ins Weite.

Wie eine Jägerin benutze ich meinen Stift und finde immer mehr, wofür ich dankbar bin. Auch John Piper bestätigt meine Entdeckung. Die Tinte auf dem Papier öffnet einem die Augen, so formuliert er es, unerklärlich, wie viel Licht von ihr ausgeht, wie scharf sie gewisse Themen beleuchten kann. Er weiß, „dass Stifte Augen haben".[3]

Stifte haben Augen. Ich nehme meinen Stift, der Augen hat, der sehen kann. Es ist gut möglich, dass er mir das Geheimnis von *eucharisteo* zeigen kann.

Ich lasse nicht locker.

Schreiben tut nicht weh, Tinte ist eine billige Medizin, und es ist gut möglich, dass ich auf dem Weg zum Leben bin.

Ich nehme den Stift, mein getrübter Blick gewinnt an Klarheit.

37. das Brummen der Windmühlen im letzten Wind des Tages
38. ein Rollkragenpullover aus Wolle
39. der Geruch von Rindern und Stroh

„Ein Nagel treibt den Nagel aus, Gewohntes wird durch Gewohnheit überwunden."[4] Dieser Satz stammt von Erasmus, Zeitgenosse und Bewunderer Luthers. Überrascht denke ich darüber nach und werde traurig. Wie schade um alles, was hätte anders sein können, wenn ich diese Wahrheit schon früher gewusst hätte.

Entschlossen schaue ich auf meinen Stift. Ich werde diesen Stift benutzen und mich vorwärtsschreiben, bis ich bei Tausend angelangt bin. Dieser Stift macht *genau*, was Erasmus gesagt hat, er treibt die Nägel aus. Die Nägel meiner gewohnten Undankbarkeit werden herausgeschlagen und der neue *eucharisteo*-Nagel wird hineingetrieben. Ich schlage neue Nägel ein, um alte herauszutreiben, hässliche Nägel, mit denen Satan die Welt und auch mein Herz durchbohrt hat. Wie ein Licht das Dunkel erleuchtet, wie eine Tür, die sich öffnet, so entfalten sich die Zusammenhänge vor mir. In all den Jahren, in denen ich versucht habe, die Stacheln der Unzufriedenheit herauszuziehen, ist mir das nicht gelungen. Diese tief verwurzelte Unzufriedenheit lässt sich nur entfernen, indem man sie durch etwas Stärkeres ersetzt, durch den glatten Nagel der Dankbarkeit.

Ich schwinge meinen Hammer.

54. das Mondlicht auf den Kissen
55. lange, geflüsterte Gebete

56. *Küsse in der Nacht*
Das ganze Haus schläft und mein Herz jubelt.

Am Morgen kommt mein Farmer-Ehemann aus dem Stall, der Geruch von Schweinen haftet noch an ihm.
„Wir haben heute Morgen wieder einen Wurf verloren."
Er wäscht sich an der Spüle und trocknet seine großen, rauen Hände, die sonnenverbrannt und abgearbeitet aussehen, an dem karierten Handtuch, das über dem Schrank hängt. „Alle sind tot geboren."
Ich unterdrücke ein Stöhnen und versuche zu lächeln, schwach und resigniert. Er erwidert es dennoch. „Ja ..." Er lächelt sanft, seine Hand berührt mich, unsere Blicke begegnen sich.
Am Frühstückstisch gieße ich Milch über den Haferbrei. Der Farmer lässt sich auf seinen Stuhl an der Stirn des Tisches fallen und senkt seinen Kopf zum Gebet. Er dankt für unseren Lebensunterhalt. Ich schließe mich ihm an.
Ich schaue ihm beim Essen zu. In seinem Dreitagebart sehe ich Spuren der zerkleinerten Maiskörner, die er heute Morgen an die Schweine verfüttert hat. Sein T-Shirt vorne am Hals ist schweißgetränkt. Er arbeitet vier Stunden lang im Stall und füttert Hunderte von Schweinen, ehe die Sonne überhaupt aufgeht. Das Glas mit Orangensaft steht unberührt neben seinem Teller. Es verrät mir, was er mir nie sagen würde: Er hat wieder wunde Stellen auf der inneren Mundschleimhaut. Das kommt vom Stress.
Das Verrückte ist, dass diese Krankheit, die unter den Schweinen grassiert und auch ihn angreift, keinen Namen hat. Seit Monaten geht das schon so. Er hat Futterproben an ein internationales Labor geschickt, hat das Wasser untersuchen lassen, hat den Tierarzt gerufen, der eine Vielzahl von Proben genommen hat. Alles war negativ. Es gibt keine Erklärung

dafür, dass die Schweine in der Endphase der Trächtigkeit so viele Totgeburten haben, ganze Würfe, so viele Würfe, mit schwach entwickelten Ferkeln.

„Ich habe mit Greg darüber gesprochen. Vermutlich ist es eine virale Geschichte, keine umweltbedingte." Er nimmt eine zweite Scheibe Toast. Der Farmer und der Tierarzt kennen sich seit der Grundschule, von den Fußballspielen und dem Good-News-Bibelklub.

„Er meint, wir sollten die Betriebsdaten noch einmal neu erfassen, um die Symptome mengenmäßig analysieren und einander gegenüberstellen zu können." Ich gebe ihm seine beiden Vitamin-C-Tabletten. „Es ist seltsam. Manche Symptome sind völlig unerklärlich. Wir testen die Mutterschweine, ob sie trächtig sind. Und obwohl der Test positiv ist, sind sie nicht trächtig. Wenn man sie mit dem Ultraschallgerät untersucht, hört man das typische Geräusch eines trächtigen Tieres. Aber es sind keine Ferkel da. Was ist das bloß?"

Mein schwaches Lächeln ist schon Routine.

Ich wische den Tisch ab und er liest die Bibel. Das tun wir immer am Ende einer Mahlzeit, momentan befinden wir uns beim Propheten Amos. Der Prophet, der Hirte, dessen Name „Lastenträger" bedeutet.

Am späten Nachmittag höre ich die Hintertüre zufallen und am Waschbecken das Wasser rauschen. Das muss er sein, er geht immer zuerst zum Waschbecken. Ich sehe auf die Uhr. Er ist früh dran, vor Einbruch der Dunkelheit. Wir begegnen uns zwischen Waschküche und Arbeitszimmer. „Vielleicht bin ich der Sache auf die Spur gekommen", sagt er.

Schon beugt er sich über die Tastatur und tippt etwas ins Suchfeld ein. Ich bleibe in der Küche, schneide Zwiebeln, habe meinen eigenen Geruch an mir. Ich höre das Klicken der Maustaste. Er ist etwas auf der Spur. Ich brate die Zwiebeln an, lösche sie mit Brühe ab, gebe Gemüse in den Topf. Die Sonne hat ihr Licht ausgeschaltet und ist zu Bett gegangen. Im dunklen Arbeitszimmer ist sein Gesicht blau vom Licht des Monitors. Die Suppe kocht vor sich hin, Düfte entströmen dem Topf. Ich schleiche mich zu ihm, der immer noch vor dem Bildschirm sitzt. Seine Schultern sind verspannt, ein Mann, der eine Spur verfolgt. Ich massiere ihn, vorsichtig, bis in die tiefen Muskelschichten. „Hast du etwas gefunden?"

„Es sieht so aus …" Gedankenverloren murmelt er vor sich hin, als führe er Selbstgespräche. „Wenn es das nicht ist, dann weiß ich auch nicht … Alles passt, es passt genau."

Meine Daumen ziehen Kreise auf seinen Sehnen. Ich überfliege die Worte auf dem Bildschirm und zucke zusammen. „Ist es das?"

Sein Mauszeiger verharrt am Ende eines Abschnitts … dann dreht er sich im Drehstuhl zu mir um und zieht mich auf seinen Schoß. „Ich glaube, das ist es – das ist der Name." Er flüstert es, nahe an meinem Ohr.

„Wenn es das ist …" Ich zeige auf das Wort, auf diesen Namen, der so lang ist, dass ich ihn nicht aussprechen kann. „Wenn wir das in unserem Stall haben, ist das nicht schrecklich für dich?"

Ich spüre seine Erleichterung, gleichzeitig steigt meine Sorge.

„Schon … aber eigentlich nicht. Lieber wäre mir, wir hätten das nicht, zumal es sich nur schwer bekämpfen lässt, aber weißt du was?"

Ich wende mich ihm zu, um ihm in die Augen sehen zu können. Wir treffen uns, berühren uns. Seine Arme umschließen mich fest und nehmen mich mit hinein in seine Hoffnung.

„Ich bin seltsam glücklich."

Und wirklich. Die Sorgenfalten auf seiner Stirn sind verschwunden. Seine Augen sind tiefblau und ruhig.

„Gott ist so gut. Er hat mir den Namen gesagt … ich kenne den Namen. Wenn man den Namen nicht kennt, dann ist es, als würden einen Schatten jagen. Das geht an die Substanz."

Ich lehne meine zerfurchte Stirn an seine.

„Aber wenn man etwas benennen kann …"
Wenn man etwas benennen kann.
Auf der Arbeitsplatte liegt die Liste, auf der ich Gottes Gaben benenne.
117. warme Eier waschen
118. das Knacken der Holzscheite im Feuer
119. Kekse, die noch warm sind
Den Dingen Namen geben ist eine Tätigkeit des Paradieses. Ich benenne die Geschenke und kehre dabei in den Garten Eden zurück. Ich bin dort, wo Gott am Anfang die Dinge erschuf, indem er sie bei ihrem Namen rief. Auf diese Weise füllte sich die anfängliche Leere. Gott benannte das Licht, das Land und den Himmel und alles entstand. Die erste Aufgabe des ersten Menschen war es, zu benennen. Adam vollendete die Schöpfung, indem er allen Kreaturen Namen gab, und so entstand göttliche Ordnung, wo zuvor ein großes Chaos geherrscht hatte. Das Gleiche erlebe ich bei meiner Liste, sehe ich im Gesicht des Farmers: Was man benennen kann, kennt man. Wenn ich den Augenblick beschreibend benenne, handle ich wie Adam. So kann ich, während ich die Wäsche aufhänge, das Benennen des Augenblicks in ein Gebet fassen: *Herr, ich danke dir für die Bettwäsche, die sich im Wind bläht, für die flaumige Feder eines Spatzen, die auf der Wäscheleine landet, für die warme Wintersonne und für das letzte Blatt, das noch hier am Obstbaum hängt.* Ich bin wie Adam im Garten Eden, ich erkenne meine Bedeutung und die Gottes. Ich lerne die Sprache des Paradieses. Der Auftrag, Namen zu geben, ist noch gültig und schließt alle Nachkommen Adams mit ein. Darin finden wir unsere eigene Identität und die Identität Gottes.

Es ist spät geworden und ich komme endlich zur Ruhe. Im Licht der Lampe lese ich und stoße ganz unerwartet auf diese Zeilen.

In der Bibel ist ein Name unendlich viel mehr als eine Möglichkeit, eine Sache von einer anderen zu unterscheiden. Das Wesen eines Dinges wird enthüllt, ja, mehr als das: Sein innerster Kern erscheint als Gottes Gabe. Etwas benennen heißt, ihm Sinn und Wert nach Gottes Maßstab zuzumessen, und wiederum noch mehr: Im gottgeschaffenen Kosmos ist ihm sein Platz bestimmt und seine Funktion zugewiesen.

In anderen Worten: Die Namensgebung bedeutet schon Dank an Gott für das empfangene Geschenk; ihn zu preisen, ist in der Bibel jedoch nicht ein „religiöser" oder „kultischer" Akt, es ist einfach ein Ausdruck des Lebens selbst.[5]

Ich lese die Worte noch einmal. Mein Herz klopft wie wild. Ich höre weder das Ticken der Uhr noch das Brummen und Plätschern des Geschirrspülers. Alles, was ich sehen und denken kann, ist die Erkenntnis, dass mein schlichtes Notieren der tausend Gaben, das Benennen des Augenblicks, eine heilige Angelegenheit ist.

Indem ich den Augenblick benenne, *mache* ich ihn zur Gabe, zu einer Gabe Gottes. Ich lese es noch einmal: „Einer Sache einen Namen zu geben ist gleichbedeutend mit einer Aussage über die Bedeutung und den Wert, den Gott dieser Sache beimisst." Ich denke an den vor mir liegenden Tag, ich betrachte einen Gegenstand, ich denke an ein bevorstehendes Ereignis und alles erscheint mir rätselhaft wie Manna: „Was ist das?" Doch dann benenne ich es und mache damit eine Aussage über seine Bedeutung: Ich weiß, es kommt von Gott. *Welch ein Geschenk!* Indem ich einer Sache einen Namen gebe, erkenne ich deren Funktion im Kosmos – ich gebe einen Namen und *löse* zugleich *ein Rätsel*.

Während ich das benenne, was mich direkt umgibt und was ich sonst vielleicht übersehen hätte, wird etwas, das ansonsten unsichtbar geblieben wäre, sichtbar.

Aus meiner eigenen inneren Leere heraus entspringt ein Name.

Ich gebe einen Namen. Und ich weiß, wem ich gegenüberstehe.

Gott! Gott ist in jedem Detail zu finden, Gott erfüllt den Augenblick, Gott ist in allem, das an uns vorbeizieht – auch in den leidvollen Erfahrungen des Lebens.
GOTT!
Wie sollte ich da keine Namen geben? Vielleicht verändern sich, während ich den Augenblick benenne, auch die hässlichen Namen, die ich mir selbst gebe.
Ich setze den Stift auf die leere Seite und benenne die Geheimnisse. Ich schüttle den Stift, wenn er austrocknet, und male Kreise, bis die Tinte wieder fließt.

Es gibt Tage, da will die Tinte nicht fließen. Ich bin so müde. Liegt es an dem honiggelben Licht, das an den Wänden herabfließt und die Staubschicht auf allen Oberflächen sichtbar macht? Behindert eine Nebelwand meine Sicht? Werde ich wieder in die Irre geführt? Doch an diesem Morgen ist es noch ganz früh, als die Waschmaschine bereits läuft und die Kinder, alle sechs, über ihren Büchern sitzen. Ich besinne mich wieder auf *eucharisteo*, denn ich weiß es ja, dass darauf das Wunder der Freude folgen kann, hier und jetzt.
243. saubere Bettwäsche, die nach Wind duftet
244. heißer Haferbrei, der nach Zuhause schmeckt
245. nackte Zehen im ersten Morgenlicht
Ich fühle es wieder. Es macht mich glücklich, die Dinge beim Namen zu nennen. Aber während der Topf in der Spüle einweicht, werde ich unsicher. Wird meine Zunge, dieser Auswuchs meines Herzens, jemals die wirkliche, echte *eucharisteo*-Sprache lernen? (Da ahnte ich noch nicht, was mir bevorstand.) Der Garten Eden, Namen geben, Nägel einschlagen … ich vergesse das alles wieder, es ist mir zu … kindisch.
Bilde ich mir da nicht etwas ein? Kann das wirklich alles sein, was es zu lernen gibt? Trotz allem, was ich dabei schon gesehen, gefühlt und geschmeckt habe, kommt es mir lächer-

lich vor. Ich sehne mich nach den Erfahrungen der Heiligen, den tiefen Begegnungen, nach der fließenden Dankbarkeit in allen Dingen, selbst in den hässlichen Momenten des Lebens, wenn mir das Herz zerreißt. Ich will das Leben im Überfluss. Vorsichtig, ängstlich frage ich mich, ob ich nicht einem lächerlichen Experiment auf den Leim gegangen bin. Da sind diese Tage voll mit schmutziger Wäsche, Kindern und Geschirr in der Spüle, an denen ich zweifle, ob diese schlichte Übung mir wirklich zeigen wird, wie *eucharisteo,* das Wichtigste im Leben, funktioniert. Es ist so frustrierend normal – fast zu einfach.

Fühlt es sich so an, wenn Nägel in ein Leben geschlagen werden?

Ich nehme mein Notizbuch. Paulus sprach davon, es *gelernt* zu haben, das möchte ich nicht vergessen. Zum Lernen gehört das Üben. Auch das Zählen will geübt sein. Als C. S. Lewis mit einem Mann sprach, der nach Erfüllung im Leben suchte, sagte er: „Wenn Sie diese Welt nur als einen Ort betrachten, der geschaffen wurde, damit Sie darin glücklich sind, dann werden Sie sehr unzufrieden sein. Betrachten Sie die Welt jedoch als einen Ort, an dem Sie Dinge lernen können und Veränderung erfahren, dann ist er gar nicht so übel."[6] Vielleicht sogar richtig gut. Wie unsere Kinder, wenn sie Latein lernen, kann auch ich es tun. Jeden Tag wiederholen sie die Formen, als wären sie Gedichte: *amo, amas, amat.* Die Waschmaschine meldet piepsend, dass sie fertig ist, und mir geht ein Licht auf. Habe ich deshalb die Sprache der „Dankbarkeit in allen Dingen" nie verstanden, trotz all der Predigten, die ich darüber gehört habe? Ich kam aus den Gottesdiensten zurück und lebte undankbar weiter. Ich hatte es nie *geübt.* Vermutlich hätte ich es so lange üben müssen, bis es zu meiner wahren Natur, zu meinem eigentlichen Wesen geworden wäre. Das Üben ist der schwerste Teil des Lernens, aber es ist die Grundlage der Veränderung. Üben, üben, üben – hämmern, hämmern, hämmern.

Diese Übung ist vielleicht die schwerste meines Lebens. Möglicherweise wird sie mir das Leben retten.

An manchen Tagen nehme ich meine Kamera, sie ist mein Hammer.

Die Linse ist mein Stift, mit ihrem Sensorauge hält sie die Momente in Pixeln fest. Ich stecke sie in meine Tasche. Sie ist klein, ein einfaches Modell. Ich will einen neuen Weg beschreiten, um Protokoll zu führen und die Augen zum Sehen zu zwingen. Einen neuen Weg, um den Augenblick mit ehrfürchtiger Dankbarkeit anzunehmen. Als der Farmer aus dem Stall kommt, trifft er mich dabei an, wie ich mich mit meinem neuen Hammer über einen Teller mit geriebenem Käse beuge, den ich ins Sonnenlicht gestellt habe. Wie dumm ich mir vorkomme! Mozzarella- und Cheddar-Kringel türmen sich zu einem Berg auf, der im goldenen Sonnenlicht glänzt. Ich verändere den Hintergrund für die Großaufnahme und gehe ganz nahe an mein Objekt. Er hat mit seinen starken Armen heute Morgen schon 650 Schweine gefüttert und das Schweißgerät benutzt, um Stahl flüssig zu machen. Es kann gut sein, dass sich ihm die göttliche Herrlichkeit in meinem Käseberg nicht erschließt.

Doch ich täusche mich.

„Es ist schön, dich so zu sehen", sagt er und legt seinen Arm um meinen vornübergebeugten Oberkörper. Er hält mich fest und zieht mich kräftig an sich heran.

„So verrückt, wie ich mich gerade aufführe?" Ich werde rot vor Verlegenheit. Mit seinem Viertagebart kommt er ganz nahe an mich heran und lacht.

„So *vollkommen*, wie du gerade bist", korrigiert er mich und deutet mit einer Kopfbewegung auf den Käseteller. „Du hast Freude an all den kleinen Dingen, die Gott uns gibt. Das macht mich sehr froh."

Ich bin glücklich über all die kleinen Dinge, die Gott uns gibt. Lächerlich glücklich über Käsekrümel. Ich freue mich und ich spüre das Leben in mir. Ich muss lachen, herzlich und heftig. *Ich bin verändert! Ich lache! Die Freude hat mich überrascht!*

Freude ist so real, sie ist das überfließende Leben, und sie ist immer wieder ein *Geschenk*, das man nicht festhalten kann. Gott schenkt mir seine Gaben, ich gebe ihm meinen Dank und dabei empfange ich das Geschenk der *Freude*.

Es stimmt, ich wollte immer den anderen Teil von *eucharisteo* lernen, die Dankbarkeit am Sterbebett, unter einem dunklen Himmel und angesichts verlorener Söhne. Doch ich gebe mich damit zufrieden, dass dies der Anfang ist. Wie alles Schwere im Leben wird die richtige Zeit dafür kommen, und ich werde üben müssen. Im Moment flüstern mir die Käsestückchen sanft zu, dass ich den ersten Schritt hinein in das Geheimnis und das Wunder von *eucharisteo* gemacht habe. Dankbarkeit für das scheinbar Unbedeutende – ein Samenkorn –, woraus ein großes Wunder erwachsen kann. Das *eucharisteo*-Wunder ist, wie beim Abendmahl, zunächst klein und unbedeutend. Man schluckt ein paar Krümel, nur einen Bissen Brot. Doch man sollte die kleinen Anfänge nicht verachten. Das ganze Leben – auch in seinen schweren Abschnitten – besteht aus vielen kleinen Teilen. Wenn ich diese verschwindend kleinen Bausteine nicht beachte, kann das große Werk nicht entstehen. Ich lerne eine neue Sprache und ich lasse mich darauf ein. Der große Anspruch, in allem dankbar zu sein, lässt sich leben, indem man für diese eine kleine Situation dankbar ist. Die kleinen Augenblicke der Dankbarkeit fügen sich dann zu dem großen Ganzen zusammen.

Ich hatte diesen Vers schon oft gelesen: „Dankt Gott, dem Vater, zu jeder Zeit für alles im Namen unseres Herrn Jesus Christus" (Epheser 5,20). Genau wie die meisten Bibelleser nicke ich an dieser Stelle und bestätige: „Ja, ich bin für alles dankbar." Doch seit ich angefangen habe, tausend Geschenke aufzulisten, erkenne ich: Solange ich mit einem groben, allgemeinen Pinsel der Dankbarkeit über alles in meinem Leben streiche, bin ich in Wahrheit nur für sehr wenige Dinge wirklich dankbar. Ich habe mein Leben lang Predigten über Dankbarkeit gehört, mein Regal ist voller Bücher zu diesem Thema, und doch bin ich der beste Beweis dafür, dass sich lebensverändernde Dankbarkeit auf diese Weise nicht erwerben lässt. Sie wird im Leben erst verankert, wenn sie Nagel für Nagel eingeschlagen wird.

Kleine Nägel und ein fester Hammer können ein Leben verändern – *eucharisteo* geht dem Wunder voraus.

Und ich fotografiere den Käse.

Ich belege den Teig für die Pizza und bedecke ihn mit geriebenem Käse. Dabei spüre ich die Wärme der Sonne auf meiner Hand und Dankbarkeit dringt in meine Poren. Gottes Herrlichkeit in Käseraspeln, profaner geht es doch kaum. Ist es nicht falsch, die Aufmerksamkeit des Herzens auf einen solchen Augenblick zu richten, während die Welt haltlos taumelt und in schier unerträglichem Leid versinkt?

Ich weiß um das schreckliche Leiden der Armen, ich habe die Hungernden gesehen und die Waffen des Krieges. Ich habe selbst Schmerz erlebt, aber ich weiß, dass ich mit meinem Leiden die Not der Welt nicht lindern kann. Vielmehr trage ich zum allgemeinen Elend bei, wenn ich nicht dankbar bin für das Morgenlicht, das durch die Baumkronen fällt, wenn ich mich nicht erfreue an dem schweren Duft der Rosen am Beginn des Sommers, wenn ich das Lied der Grillen in einer feuchten Nacht nicht beachte, das Rauschen der Flüsse, die Sterne am Himmel, den Regen, der fällt, und all die unzähligen guten Gaben, die Gott uns gibt. Die Welt braucht nicht noch mehr Wut, nicht noch mehr Verzweiflung. Es wird der Welt nicht helfen, wenn ich die Freude zurückweise, wo sie doch die Kraft ist, die uns zu retten vermag. Wer sich aus Solidarität mit den Leidenden der Freude verschließt, der hilft ihnen nicht. Das Gegenteil ist der Fall. Die Tapferen, die auf all die guten und schönen Dinge achten – und seien sie auch noch so klein –, die dankbar sind und Freude im Alltag entdecken, sie sind die Botschafter der Hoffnung, die das Licht in die Welt tragen. Wenn wir unsere harten Herzen dem lieblichen Regen der Gnade aussetzen und der Freude erlauben, unsere trockene, rissige Erde aufzuweichen, dann wird Leben hervorsprießen. Das ist es, was die Welt braucht. Der Himmel öffnet sich, wenn wir unseren Dank bringen.

Dieser Dank für den Augenblick findet sich auch im Gebet Marias, der gesegneten Frau, die an der größten Verwandlung der Geschichte beteiligt war. Während Gott als Embryo ihren Leib füllt, jubelt sie leise: „Mein Herz preist den Herrn, alles in mir jubelt vor Freude" (Lukas 1,46–47).

Genau das kann auch ich tun, genau dort, wo ich gerade bin.

Irgendetwas wird immer die Leere füllen. Wenn ich jedoch danke für das, was noch kaum zu sehen ist, dann gebe ich Gott Raum, in mir zu wachsen und meine Leere zu füllen. Das, *das allein,* wird mich innerlich erfüllen und ich werde „seine Größe verkünden durch meinen Dank" (Psalm 69,31). Dann kann Gott auf die Welt kommen. Wodurch kann ein Leben an Größe gewinnen? Durch zermürbenden Stress, die Last des Tages, all das Falsche und Kaputte? Oder durch Gott? Niemals sind Gottes Allmacht und Allwissenheit zu gering. Gott hat es nicht nötig, von uns kleinen Wesen erhöht zu werden, genau das Gegenteil ist der Fall. Wir haben versucht, unser kleines Leben aufzublähen, aber wenn wir danken, schrumpfen wir, und die Welt ist wieder in Ordnung. Wenn ich danke, wachse ich mit ihm, nehme ich gemeinsam mit der Welt an Größe zu, werde von ihm bewegt, und alles ist von Freude erfüllt.

Dies ist eine andere Form des Gebets.

Indem ich die Momente der Gnade benenne und die Liste der Gaben Gottes führe, trage ich Gott nicht mehr nur meine Wünsche vor, wie eine Einkaufsliste, sondern erlebe eine ganz andere Art des Betens. Ich betrete den Thronsaal, das Zentrum seines mächtigen, von Liebe erfüllten Herzens. Ich schreibe an *seiner* Liste, Ausdruck seiner Liebe – die Liebe, die freudig meine Gebete erwartet. Auf einmal kann ich klar erkennen, was mit mir geschieht. <u>Wenn ich aufschreibe, was ich liebe, dann halte ich fest, auf welch vielfältige Weise *Gott* mich liebt.</u> Das ist das Wagnis der Liebe. Ich komme in seine Gegenwart, höre auf seine Liebe und weiß, dass hier unendlich viel Gnade zu finden ist. So entstehen Wunder. Es gibt nur eine Kraft, die mich und die ganze Welt verändern kann, und das ist seine Liebe. Ich darf mich von der Schlichtheit des *eucharisteo*-Konzeptes und dem einfachen Listenschreiben nicht täuschen lassen. Es geht um Käse, die Sonne, mein Notizbuch, Benennen und Liebe, inmitten meines Alltags. Alles fühlt sich heilig an und ich atme flach. Mir ist danach, wie Mose meine Schuhe auszuziehen.

Ich bin die Glocke, er ist der Wind, er bewegt sich und ich läute. Das ist die Art des Gebets, die Daniel gelebt hat. Daniel, ein Mann, der Einfluss auf Königreiche hatte, der Dinge bewegte und erschütterte, der zweite Mann nach dem König, der ruhig zwischen hungrigen Löwen schlief. Daniel, ein Mann des Gebets, nicht weil er dreimal täglich seine steifen Knie vor Gottes Thron beugte, um immer wieder seine Wünsche einzureichen. Seine Gebete beeinflussten Könige und Löwen, denn Daniel „fiel täglich dreimal auf seine Knie, betete, lobte und *dankte seinem Gott*, wie er es bisher zu tun pflegte" (Daniel 6,11, Luther; Hervorhebung der Autorin). Dreimal täglich *dankte* Daniel seinem Gott. Er dankte für die alltäglichen Dinge seines Lebens, für Gottes Liebe, die aus Gottes Herzen ausgegossen war. Echte Gebete kommen immer von dankbaren Lippen. Dankbarkeit öffnet uns den Zugang zu jenem anderen Beten, bei dem wir zum Herzen Gottes kommen. Es führt uns zu dem Ort, an dem alles Nötige vorhanden ist, um die Welt zu verändern – um mich zu verändern –, während ich an seinem Herzen ruhe. Gebet, wirksames Gebet, das Dinge verändert, beginnt mit Dank: „Wendet euch in jeder Lage an Gott und bringt eure Bitten vor ihn. Tut es *mit Dank* für das, was er euch geschenkt hat" (Philipper 4,6; Hervorhebung der Autorin). „Das Erste und Wichtigste, wozu ich die Gemeinde aufrufe, ist das Gebet, und zwar für alle Menschen. Bringt Bitten und Fürbitten *und Dank* für sie alle vor Gott!" (1. Timotheus 2,1; Hervorhebung der Autorin). Unablässiges Beten ist nur möglich in einem Leben, das von Dank geprägt ist. Wie konnte ich nur glauben, ich könnte mich ihm nähern ohne Dank auf meinen Lippen?

Dieser erstaunliche Berg aus geriebenem Käse, der im Sonnenlicht glänzte und den ich als Bild verewigt habe, hat mich vieles gelehrt. Auch die englische Mystikerin des vierzehnten Jahrhunderts, Juliana von Norwich, schrieb darüber:

Die höchste Form des Gebets ist die Anbetung der Güte Gottes … Gottes einziges Verlangen ist es, dass unsere Seele mit aller Kraft an ihm hängt, vor allem an seiner Güte. Von allen Eigenschaften Gottes, über die wir nachsinnen können, freut es ihn am meisten, wenn wir uns mit seiner Güte beschäftigen, und das bringt auch unserer Seele den größten Gewinn.[7]

Meine Liste *ist* eine Form des Nachdenkens über Gottes Güte und *genau das* gefällt ihm am meisten! Nicht nur, dass es Gott gefällt, auch ich selbst fange an, die wohltuenden Auswirkungen zu erkennen. Und doch stehe ich noch ganz am Anfang. Wenn die Beschäftigung mit seiner Güte die höchste Form des Gebets ist, dann ist es ein denkbar heiliger Vorgang, seine Güte mit einem Stift oder einer Kamera und mit einem Wort des Dankes zu betrachten. Ich betrachte die Zeichen seiner Güte, die jeder sehen kann, überall und inmitten von allem. Mit *eucharisteo* betrete ich den Raum seiner Liebe. Ich bin fasziniert und voller Sehnsucht: Daniel war ein Mann des Gebets, weil er ein Mann der Dankbarkeit war. Wenn ich eine Frau des Gebets werden will, muss ich eine *dankbare Frau* werden. Dabei geht es nicht um gelegentlichen Dank, sondern um ein dreimal tägliches *eucharisteo*. War es die Kraft der *täglichen Dankgebete*, die den Löwen das Maul verschloss? Der Dank für die Löwen zählt ohne Zweifel zu den größeren Herausforderungen, wenn es um *eucharisteo* geht.

Ich ziehe die Pizza aus dem Ofen. Der geschmolzene Käse ist verlaufen und bedeckt alles. Eines Tages werde ich Shelly sagen, dass Veränderung dann möglich ist, wenn wir das Leben mit Dank annehmen, wenn wir dankbar sind für alles, ohne eine Veränderung herbeizusehnen.

Ich schneide die runde Pizza in Stücke. Die Taube aus Porzellan, in die das Wort *Friede* eingraviert ist, hängt als Zeichen der Hoffnung über dem Eckfenster meiner Küche – sie sieht aus, als warte sie auf kräftigen Wind, um sich von ihm nach oben tragen zu lassen.

KAPITEL VIER

eine heilige Zeit

Wir müssen nur entscheiden, was wir mit der Zeit anfangen wollen, die uns gegeben ist.
J. R. R. Tolkien

Aprilsonne fällt in mein Spülbecken, Licht fließt über meine Hände.
    Das Wasser ist heiß. Ich wasche Geschirr ab. An meinen Armen kleben Schaumhäufchen aus glitzernden Seifenblasen, bis hoch zu den aufgekrempelten Ärmeln meiner Bluse. Über den Töpfen, die im Wasser einweichen, türmt sich der Schaum. Ein Gebirge, zart und massiv, unzählige Schichten von Bläschen, die ständig in Bewegung sind, zusammenkleben und sich neu formieren.
    Licht trifft auf die Wasseroberfläche.
    Und ich nehme es wahr, weil ich darauf achte. Sonnenstrahlen brechen sich an der Außenseite des Schaumberges … erleuchten das Innere der Bläschen … überlagern sich, schillern in allen Farben. Mein Schaumberg funkelt violett, tiefrot, blau-grün und gelb-gold, so schön wie das metallische Glänzen von Rabenflügeln, ausgegossene flüssige Farben, schimmerndes Licht auf Spülwasser-Wellen.
    Vorsichtig berühre ich den zerbrechlichen Berg. Er bebt … und bewegt sich. Blasen verschmelzen ineinander, lösen sich auf, schwellen an zu großen Kugeln und vergehen flimmernd wieder.
    Seifenblasen platzen.
    Die Wissenschaft erklärt so vieles, aber was weiß sie über die Sehkraft der Seele? Ich greife nach dem Stift, um wieder

etwas zu notieren. Schaum kleckert von meinem Arm aufs Geschirr, ich halte den Atem an, mit krakeligen Buchstaben schreibe ich meinen Dank in das Notizbuch, das immer griffbereit liegt.

362. bunte Seifenblasen im Sonnenlicht

Ich lege den Stift aus der Hand, trockne meine Hände am Geschirrtuch ab und tupfe die Wasserflecken weg, unter denen die Tinte verschmolzen ist.

Das ganze Haus ist ein einziges Chaos.

Schmutzige Töpfe stapeln sich, Zeugen der Mittagessenmühe. Kartoffelreste kleben an der Arbeitsplatte. Bücher, Zettel, Blätter, Bleistifte und Buntstifte liegen über den ganzen Schreibtisch verstreut, Ideen – verloren und vergessen. Der Fußboden ist mit Dominosteinen übersät. Die Kinder sind nach dem Essen hinausgestürmt, hinaus an die frische Luft, hinaus in die Weite. Ich bleibe zurück auf meiner ruhigen Insel und wasche ab. Meine Schultern sind noch verspannt vom Lärm und von der Hektik des Vormittags. Die Waschmaschine dreht ihre Runden und die Taube aus Porzellan, mit dem Schriftzug „Frieden" auf den Flügeln, hängt an einem unsichtbaren Faden und schwingt im Wind. Während ich an der Spüle stehe, beobachte ich, wie sie sich dreht, hierhin und dorthin und dann wieder im Kreis, ein wilder Tanz.

Damals, nach dieser albtraumerfüllten Nacht, wusste ich, dass ich keine zusätzliche Zeit bräuchte, um etwas Besonderes zu tun oder zu sehen. Doch während ich jetzt versuche, die Spuren des Vormittags zu beseitigen, sehne ich mich verzweifelt nach mehr Zeit: Zeit, um das ganz normale Leben zu bewältigen. Die Arbeit, die Kinder, die Mahlzeiten, die Wäsche, der Dienst für Gott – ein Leben kann so voll sein, dass es sich leer anfühlt. Wer hat noch Zeit, eine zusätzliche Aufgabe zu übernehmen und eine Liste des Dankes zu schreiben, ein Notizbuch der Gaben? Wer möchte sich die Zeit nehmen, tausend von ihnen aufzulisten? Lässt sich in unserem vollgestopften Leben *noch eine weitere Aufgabe* unterbringen?

Ich lasse das Spülwasser ablaufen, vom glitzernden Schaum bleibt nur ein fettiger Rest zurück.

Ich lasse neues Wasser einlaufen. Das Spülbecken füllt sich wieder. Ich beobachte, wie unter dem Strahl des Wasserhahns ein neues Schaumgebirge wächst. Ich sehe es nur, weil ich darauf achte …

362. bunte Seifenblasen im Sonnenlicht

Ich lasse die runde Schüssel ins Wasser gleiten, Teig löst sich und schwimmt auf dem Schaum. Ich spüle sie ab. Das Aluminium der Spüle spiegelt mein Gesicht. Ich kenne dich, diese suchenden Augen. Du bist die Person, die dringend mehr Zeit braucht, Zeit, die es für Geld nicht zu kaufen gibt. Wir tauschen unsere Zeit ein für Dinge, die wir angeblich brauchen und die uns Gewinn versprechen. Zeit sei Geld, so sagt man, doch das ist nicht wahr. Zeit ist Leben. Wenn ich ein Leben der Fülle suche, dann brauche ich erfüllte Zeit. Ich wische eine Wasserpfütze von der Spüle. Wieder sehe ich mein Spiegelbild. Ja, ich kenne das Gesicht: „Dein Leben ist so *geschäftig*, dir bleibt keine Zeit, zur *Quelle* des Lebens zu gehen." Das Gesicht sieht traurig aus.

Gott schenkt uns die Zeit. Aber wer hat Zeit für Gott? Das macht doch keinen Sinn.

Besitzen wir nicht durch Jesus eine *ewig* währende Existenz? Gehört den Christen nicht die ganze Zeit der Ewigkeit, das ewige Leben? Wenn uns Christen die Zeit ausgeht – verlieren wir dann nicht unsere Existenz? Wenn es überhaupt jemanden gibt, der Zeit hat, sollten das dann nicht die Christen sein?

Ich halte die Schüssel in der Hand, nehme den groben Lappen und reibe den Schüsselrand sauber. Ich erinnere mich an jenen Vormittag im Mai, als ich bei den Toten saß. Das tue ich immer dienstags, aber diesen einen Dienstag werde ich nicht vergessen.

Während die Kinder im Klavierunterricht die Tasten bearbeiten, verbringe ich die Zeit ein paar Schritte entfernt auf dem Friedhof und hänge meinen Gedanken nach.

Ich sitze am Rand des Friedhofs auf einer Bank und lese, als mir zwei weißhaarige Damen auffallen. Ganz alleine stehen sie an einem ausgehobenen Grab, auf der anderen Seite des Friedhofs. Worauf warten die beiden hier, im zarten Frühlingslicht, die Jacken fröstelnd um sich geschlungen? Da kommt ein weißer Lieferwagen mit einem baumelnden Hebezug und fährt rückwärts an die Grube heran. Ein Mann mit grüner Arbeitshose steigt aus dem Wagen, befestigt die Haken des Krans an einem Betonkasten und senkt ihn langsam in das Loch. Dort wird er später den Sarg aufnehmen.

Langsam kommt ein schwarzer Leichenwagen angefahren, fährt über das Gras. Der Sarg kommt – die Überreste eines Lebens. Ich lege mein Buch zur Seite.

Ist denn kein Pfarrer da? Niemand außer diesen beiden alten Damen, dem Bestatter und dem Totengräber? Ein schwarzer Rabe gesellt sich dazu, setzt sich kurz auf den Erdhügel, der neben dem Grab aufgehäuft worden ist, und betrachtet die Szene von oben, ehe er wieder weiterfliegt.

Wer liegt da in dem Leichenwagen und wartet auf sein Begräbnis, zu dem nur zwei ältere Damen gekommen sind? Ob die Person, die hier gestorben ist, auch jeden Tag alles gegeben hat, um mit der Zeit Schritt zu halten, um schnell voranzukommen und als Erste über die Ziellinie zu kommen? Geschafft, das Leben ist vorbei. Hat sie mit gierigen Händen nach dem Leben gegriffen, um die innere Leere zu füllen … um die Leere eines Sarges zu füllen?

„Sie [die Menschen] gehen wie ein Schattenbild einher und machen sich viel vergebliche Unruhe" (Psalm 39,7; nach Luther).

Die Frauen stehen eng zusammen und verjagen die Fliegen. Der Bestatter und der Totengräber öffnen die Ladefläche des Leichenwagens und ziehen den Sarg heraus. Die

Vergänglichkeit des Lebens könnte nicht deutlicher sein. Da höre ich den Widerhall einer Frage, die ein Pastor einst gestellt hat und die sich jetzt an den Grabsteinen bricht.

Was bereute er im Rückblick auf sein Leben am meisten? Sie tragen den hölzernen Kasten über den Friedhof. Das Gewicht der Reue ist es, das einen Sarg so schwer macht. Ich höre die Worte des Pastors an meinem Ohr.

*In Eile sein. Schnell zur nächsten Aufgabe zu hetzen, ohne mich der Aufgabe, die direkt vor mir liegt, richtig gestellt zu haben. Mir fällt kein einziger Vorteil dieser Eile ein. Doch ich erkenne Tausende zerbrochener, versäumter Dinge, die dadurch auf der Strecke geblieben sind ... In dieser ganzen Hetze habe ich wirklich geglaubt, ich würde Zeit aufholen. Doch es hat sich gezeigt, dass ich sie nur vergeudet habe."*¹

In unserer Hektik bewegen wir uns wie Elefanten im Porzellanladen und zertrümmern das eigene Leben.

Eile mit Weile.

Ich halte noch einmal inne, ehe ich den Friedhof verlasse, und sehe zurück zu dem Totengräber und dem Leichenbestatter, die an den Grabsteinen entlanggehen. Dabei kommen mir Worte in den Sinn, die einmal eine andere Suchende gesagt hat: „In allen Bereichen des Lebens, von der Hausarbeit bis zu den Höhen des Gebets, bei allen Entscheidungen und Mühen, erkennt man den Amateur an seiner Eile und Ungeduld."²

Ich reinige meine Schüssel und versuche, die schmerzliche Trauer über mein ganzes amateurhaft gelebtes Leben wegzuschrubben.

Denn genau so habe ich gelebt. Von dem Augenblick, in dem der Wecker läutet und ich auf unsre beiden Kissen schaue, die sich berühren. Ich strecke mich über seinen nackten Rücken und greife nach dem Wecker, dessen rastlose Zeiger die Zeit vergehen lassen. Die Zeit, immer geht es um die Zeit. Amateurhaft versuche ich, die Zeit einzuholen. Die sechs Kinder stehen auf. Wir sind in Eile. Der Stall ... die Zeit läuft. Das Frühstück ... *die Zeit läuft.* Die Bücher und Ordner ... die Zeit läuft! Unsere Welt ist süchtig nach Geschwindigkeit, und ich lasse zu, dass die heiligen Augenblicke zu einem einzigen, verschwommenen Schmutzfilm zusammenfließen. Ich habe das früher getan. Ich tue es heute noch. Die Zeiger auf der Uhr peitschen mich voran. Also strenge ich mich an, gebe alles und bin entsetzt, wenn ich die Traurigkeit in den aufgerissenen Augen der Kinder sehe und ihr Kinn zittert. Auch ich selbst bin ausgelaugt und reizbar, spüre die Müdigkeit der Kinder am eigenen Leib und bin kurz vor dem Zusammenbruch. Meine Augen spiegeln den Schmerz der Kinder wider.

Wir sind in Eile und verletzen uns gegenseitig.

Vielleicht ist es genau dieser Schmerz, der uns weiter vorantreibt? Wie verrückt rennen wir hinter etwas her. Könnte es sein, dass wir eigentlich auf der Flucht sind, verzweifelt versuchen, dem Schmerz zu entkommen, der uns verfolgt?

Wie sehr wir uns auch beeilen, die Zeit hält mit, wir können ihr nicht entkommen. Durch unsere Eile beschleunigen wir sie nur. Wenn wir schneller rennen, vergeht sie umso schneller. Sie hält unser Tempo. Das Wettrennen gegen die Zeit hat einen Haken, es macht uns innerlich leer. Je länger ich dieses Rennen mitmache, desto tiefer wird die Wunde, die mir der Haken reißt. Ich blute und vergehe.

Eile höhlt die Seele aus.

Ich liebe diese sechs jungen Seelen, die hier unter den Fichten vor meinem Fenster spielen. Zwölf Arme sammeln heruntergefallene Zapfen, zwölf Beine beugen sich dabei. Der kindliche Mann rafft einen Armvoll abgestorbenen Grases zusammen, das der Winter zurückgelassen hat. Das große Mädchen hilft dem kleinen Mädchen, die blonden Strähnen unter die Kappe zu stecken. Zwei kleine Jungs bücken sich und werfen Zapfen in einen Eimer, ihre Köpfe berühren sich. Ich sehe das Lachen ihrer Gesichter, ihre Schultern zucken vor Vergnügen. Dieses Geräusch ist mir nur zu vertraut und ich lächle.

Die verkrustete Form, an der die Schokolade klebt, rutscht vom Geschirrstapel und kracht auf den Boden. Ich bücke mich, hebe sie auf und lasse sie im Spülwasser versinken.

Ich rede mit Gott über meine Gedanken: Ich will nicht *mehr* Zeit, nur *genug* Zeit. Ich wünsche mir Zeit zum Atemholen, Zeit zum Staunen und Lachen, Zeit, um Gott die Ehre zu geben, mich auszuruhen und lauthals zu singen. Genug Zeit an jedem Tag, um mich nicht so gehetzt zu fühlen, so bedrückt, gejagt und panisch, Zeit, um alles Notwendige zu schaffen und den Terminen nicht hinterherrennen zu müssen. In einer Welt, in der Kühe gekauft und Felder besichtigt und viel gearbeitet werden muss, im ständigen Pfeifen und Blinken des 21. Jahrhunderts und dem Anspruch, „im Hier und Jetzt" zu leben, von dem keiner weiß, wie das praktisch gehen soll – wie kann ich mir in dieser Welt Zeit nehmen? Mit mir selbst, meinem Körper, meiner Seele und mit Gott im Einklang leben? Ich wünsche mir Zeit, um die Jacke zu nehmen und hinauszugehen, in die Luft, unter den Himmel, ins Grüne, um mich an allem zu erfreuen und das Licht in all seinen Farben genießen zu können.

Ich wünsche mir genug Zeit, um mein eigenes Leben richtig leben zu können.

Eine Seifenblase zerplatzt auf meiner Haut.

Eine Seifenblase mit ihrer Haut aus Licht und Wasser, die einen Teil des Universums umschließt – wer hat für so etwas Zeit?

Ich sehe sie nur, weil ich darauf achte. Die Liste der eintausend Gaben lässt mich ständig auf der Suche sein, immer in der Hoffnung, einen weiteren Punkt zu finden, einen weiteren Moment zu bemerken, über den ich staunen kann.

Das Wunder liegt in meinem Spülbecken. Ich habe es gesucht und gefunden. Nun tauche ich meine Hand ins Wasser. Als ich sie langsam hebe, trägt sie eine Membran, eine Lebensspanne an Momenten. Die Blase funkelt im Licht, transparente Streifen in Rot und Blau, flüssiges Licht.

Ich kann hindurchsehen und erkenne das Prinzip. Plötzlich weiß ich, wie ich mein Leben gestalten kann. So lange hatte ich es nicht bemerkt.

362 ist die Antwort.

362. bunte Seifenblasen im Sonnenlicht
Meine Antwort auf das Problem mit der Zeit.

Die Zeit drängt voran wie ein mächtiger Strom. Sie fließt unaufhaltsam und reißt alles mit sich. Nur wenn ich mich in die Strömung der Zeit hineinstelle, mit dem ganzen Gewicht meiner Aufmerksamkeit, kann ich den Lauf der Zeit bremsen. *Ich kann die wilde Flut aufhalten, indem ich voll in sie eintauche.* Das Leben der Fülle findet sich dort, wo ich mich vollständig in die Gegenwart begebe. Während ich nach dem nächsten Augenblick des Staunens Ausschau halte, verringere ich mein Tempo und tauche ein in die Flut. Die Zeit verlangsamt sich. Der Fluss fließt langsamer. Er wird tatsächlich immer langsamer.

Die Blase in meiner Hand bebt. Ein Regenbogen säumt ihren Rand.

Blinde Augen sehen: Während ich Momente der Herrlichkeit aufspüre, verlangsamt sich mein Leben auf herrliche Weise. Es ist so klar, wie die Seifenblase. Indem ich für tausend Dinge dankbar bin – durch meine Achtsamkeit auf die kleinen Dinge –, bremse ich das Tempo meines Alltags. Ich achte auf das Schöne und verharre in Raum und Zeit. Hellwach lege ich mein ganzes Gewicht in den Augenblick.

Ich halte meine Hand näher ins Licht. Die Erschütterung der Bewegung wandert wellenförmig an der Blase entlang zu ihrer Kuppel, die Farben vertiefen sich. Blaue Flammen verwandeln sich in grelles Rot. Vor mir liegt ein Planet mit einer unendlichen Vielfalt von Formen und Lichtbrechungen. Ungeteilte Aufmerksamkeit heilt den Schmerz der Leere.

Ist *eucharisteo* der Weg zu einem erfüllten Leben, das ganz im Augenblick aufgeht? Die Worte einer Schwester fordern mich heraus, wenn die Angst vor der Zukunft mir schwer im Magen liegt und der Blick in die Vergangenheit mit Reue erfüllt ist: „Wo du auch immer bist, dort musst du *ganz* sein."[3] Stattdessen jagte ich durchs Leben, ließ mich von Sorgen vorwärtspeitschen, sah keuchend und voller Reue auf die Vergangenheit zurück und war getrieben von der Angst vor der Gegenwart. Ein Leben im Hier und Jetzt stellt die schwerste aller Anforderungen: sich weit zu öffnen, um zu empfangen.

Das Licht auf meiner Seifenblase, Energiewellen, die auf die kaum sichtbare Membran prallen, spiegeln sich in der hauchdünnen Wand, brechen hindurch, stoßen zusammen, werden zurückgeworfen und dringen ein. Gelbe Strukturen verwandeln sich in sattes Blau. Das alles geschieht vor meinen Augen, auf meiner Hand.

Gott ist hier.

Gott ist in meiner Gegenwart. „Ich bin" ist sein Name. Ich möchte meine Schuhe ausziehen. Ich erlebe „Ich bin" in seiner vollen Präsenz. Der Fluss wird langsam, steht still … Gott ist der Zeit nicht unterworfen. Die Seifenblase bewegt sich, oder ist es meine Hand, die zittert? Entscheidend sind nicht die Gaben Gottes, es ist seine Heiligkeit, die meinen Augenblick erfüllt. Gott ist in meiner Zeit. Die Rundung der Blase bewegt sich, Violett rinnt an ihr hinab. Ich habe die größte Gabe empfangen, ich halte die Zeit fest, Gott selbst ist darin. Ich wage kaum zu atmen … Zeit ist wesentlich, weil sie das Wesen Gottes ist. Ich bin. Zeit ist heilig.

Vielleicht werde ich meine Schuhe nie wieder anziehen.

Die Blase ist für mich zu einer Kathedrale geworden, mitten in meinem Alltag. Was soll ich jetzt tun? Jeden Augenblick zu einem heiligen Ort werden lassen, zu seiner Ehre ... Ich bin Jakob und der Herr ist an diesem Ort und ich wusste es nicht (1. Mose 28,16). Und *eucharisteo* ist das Instrument, um die Kuppel der Gnade und das Bauwerk der Heiligkeit hervorzubringen[4] – den Ort, an dem Gott wohnt. Dank bildet das Heiligtum. Ich bin fest entschlossen: Ich werde diesen Augenblick nicht durch blinde Eile entweihen, auch nicht durch erbärmliche Undankbarkeit. Wie Jakob werde ich diesen Augenblick „Haus Gottes" nennen (1. Mose 28,19). Wie Kristall glüht meine Kugel im Licht, das durchs Fenster fällt.

Die Uhr tickt langsam. Ich erlebe die Zeit als gut, heilig. Sie war das Erste, das Gott für heilig erklärte (1. Mose 2,3). Gott sei Dank für die Zeit, die er selbst erfüllt und mit seiner Gegenwart heiligt. Meine ungeteilte Aufmerksamkeit verlangsamt tatsächlich den Fluss der Zeit und ich empfinde den Augenblick in seinem gesamten Ausmaß. Aber es gibt noch mehr. Ich erkenne, was „Ich bin" in meinem Alltag bedeutet. Wenn ich in der Gegenwart lebe, begegne ich dem großen „Ich bin", der Nähe des gegenwärtigen Gottes. In seinen Armen verliert die Zeit ihren Druck ... ich verharre bei ihm, in der Zeit, in der Heiligkeit.

Dies ist der Ort, an dem ich ihn lieben kann. Es gibt keinen anderen.

Die Blase glitzert und schimmert wie eine Perle, aus der Muschel geborgen.

Ich halte sie, solange es sie gibt. Dann trockne ich nachdenklich meine Hände ab, greife nach meinem Notizbuch und setze den Stift aufs Papier. Ich ramme die Stange in die Erde, nehme neues Land in Besitz, die Fahne flattert fröhlich im Wind. Dies ist der Ort, an dem ich ihn lieben kann. Ich habe Zeit für Gott ...

363. bunte Strahlen, die sich in der durchsichtigen Kugel brechen

364. Fichtenzapfen, die im Frühling in den Eimer geworfen werden

365. das Krächzen der Raben hoch oben in den Zweigen, das Glänzen ihrer Flügel

Ich bin auf der Jagd nach Schönem, bewege mich langsam, mit offenen Augen, jede Muskelfaser angespannt, ich fühle und staune. Das Jagdfieber hat mich gepackt, ich möchte das erfüllte Leben in allen Facetten entdecken und die Schönheit sehen, die in jedem Augenblick steckt.

Ich will das Leben.

Dankbarkeit.

Gott.

Ich schneide den Nachtisch, das Messer gleitet hindurch. Ein Marienkäfer landet auf der Fensterbank. Er hat sich für seinen Spaziergang frühlingshaft herausgeputzt, flaniert im roten Frack mit schwarzen Punkten. Sein Hinterteil teilt sich zu Flügeln, schon ist er fort. Auch er wird notiert, unter der Nummer 366. Ich kann die Zeit anhalten! Verrückt, wie viel Freude ich in einem Augenblick erleben kann.

Das Geschirr weicht ein. Das Ticken der Uhr klingt jetzt wie eine fröhliche Melodie an einem unbeschwerten Tag. Schokolade klebt an meinen Fingern, ich lecke sie ab, schlucke die Süße, öffne mich, mache mich weit.

Wie kann *eucharisteo* die Antwort auf leere Zeit und eine ausgehungerte Seele sein?

Ich hole einen Stapel weißer Porzellanteller. Auf jeden Teller setze ich ein Schokoladen-Quadrat. Ich zähle noch einmal, langsam. Habe ich genügend Teller?

So zählte damals auch der Gott-Mensch seine knappen Brote und Fische. Ich kenne das von den Flanelltafeln mit den Papierbildern. „Jesus nahm die Brote, *sprach darüber das Dankgebet* und verteilte sie an die Menge. Mit den Fischen tat er dasselbe, und alle hatten reichlich zu essen" (Johannes 6,11; Hervorhebung der Autorin).

Er sprach das Dankgebet. Auch in dieser Situation kommt es vor. Schon wieder – ich habe es an dieser Stelle noch nie wahrgenommen.

Dieser Halbsatz, der zwei andere Satzteile verbindet, ist wie eine Brücke. Er steht in der Mitte, zwischen dem Mangel und der Fülle.

Er sprach das Dankgebet.
Eucharisteo.
Jesus nahm den Mangel an … *dankte* … und dann kam der Überfluss. *Es gab reichlich für alle!*
Eucharisteo geht immer, immer dem Wunder voraus.
Brauchen wir nicht alle dieses Wunder, jeden Tag?
Durch Danken gewinnen wir Zeit.

Ist das wirklich wahr? Danken verschafft uns Zeit? Ich danke … halte die Zeit an, indem ich der Gegenwart meine ganze Aufmerksamkeit schenke – und wo zu wenig Zeit war, wird es „reichlich für alle" werden.

Ich habe noch Stücke übrig und reihe sie auf einer Platte auf. Gleichzeitig wird mir bewusst, was mir noch nie in meinem Leben gefehlt hat.

Das wahre Problem des Lebens ist nie die fehlende Zeit.

Das wahre Problem des Lebens – *meines Lebens* – ist die fehlende Dankbarkeit.

Dank führt zum Überfluss. Die übernatürliche Vermehrung kommt, nachdem ich gedankt habe. Ich nehme den einen Laib, erkläre, dass er genug ist, danke dafür – und auf übernatürliche Weise schafft ER daraus Überfluss. Ich habe Seifenblasen im Sonnenlicht gesehen, ich kenne auch Vermehrungswunder.

Ich bin eine erschöpfte Mutter. Aber wenn meine Seele Gott lobt, dann wird meine Zeit mit Herrlichkeit erfüllt. Vor dem Fenster sehe ich die sechs, die ich auf meiner Hüfte und in meinem Herzen getragen habe und für die ich all meine Stunden brauche. Doch die Nummer 362 und all das *eucharisteo*, das ich zuvor schon erlebt habe, lehren mich: Ich kann die Zeit vor ihrer Verschwendung, vor Gleichgültigkeit und Unachtsamkeit bewahren, wenn ich mich mit Dank fülle und mein ganzes Gewicht in den Augenblick lege. Wenn ich Gott für den Augenblick danke, dann vermehrt er meine Zeit, bis ich genug davon habe.

Ich bin voller Dank. Ich bin voller Zeit.

Ich lehne mich gegen die Tür, schaue ins Licht, ich halte die Glocke in der Hand und läute zum Abendessen. Die Dankbarkeit lädt mich ein, die Schönheit der Gegenwart zu kosten, mich vom „Ich bin" umfangen zu lassen, meine knappe Zeit zu genügend Zeit vermehren zu lassen und die Herrlichkeit des Augenblicks zu schmecken. Ich läute den Kindern, sie dürfen kommen.

Der Tisch ist gedeckt. Es gibt genug, mehr als genug.

Doch gleich würde ich neu auf die Probe gestellt werden.

Laut poltern sie herein und schälen sich aus ihren Jacken wie Zikaden, die ihre Kokons sprengen. Stiefel liegen übereinander, hinterlassen eine Schmutzspur auf dem Boden.

Das große Mädchen lässt die Tür zufallen, die Finger des kleinen Mädchens werden eingeklemmt. Sie vollführt einen Schmerzenstanz voll salziger Tränen.

Beim Versuch, schnell aus einem engen Ärmel zu kommen, stößt ein großer Bruder heftig gegen den Kopf eines kleinen Bruders. Wütend benutzt der Jüngere seine Fäuste. Jacken und Schuhe gesellen sich zu den Dominosteinen, die noch immer auf dem Boden liegen, zu dreckigem Geschirr, Büchern – wer hat Zeit für *noch mehr davon*? Mehr Arbeit? Mehr Gegenstände? Mehr Stress? Mein Puls beschleunigt sich fühlbar. Es überwältigt mich, diesen Augenblick in seiner Fülle zuzulassen. Der Strom reißt mich mit sich fort. Fast hätte ich es vergessen, wie schon so oft. Aber heute erinnere ich mich. Mitten in dem Strudel, der mich erfassen will, atme ich, kämpfe, behaupte das Feld und halte meine Zunge zurück. Ich habe das Land beansprucht, das Wunder gehört mir. Ich kenne den Weg zum verheißenen Land.

Ich mache es so wie immer und predige mir selbst – ich rede laut zu der Person, die es am dringendsten hören muss. Zeitdruck zerrt an meinen Nerven. Ich spreche es mir laut zu, hinein in die tosende Strömung: *Bleib ruhig. Eile mit Weile. Dies hier ist kein Notfall. Das Leben ist kurz und vergänglich, aber kein Notfall.* Ich bücke mich nach einer Jacke und danke Gott für meine Arme, die dazu in der Lage sind. *Notfälle sind plötzliche, unerwartete Ereignisse – aber für Gott gibt es nichts Unerwartetes.* Ich rufe einen Sohn zurück, reiche ihm einen Kleiderbügel und danke Gott, dass der Junge das schon selbst tun kann. *Bleib ruhig, lebe ganz in der Gegenwart, bleib dankbar.* Ich danke Gott für Schuhe und wir stellen sie alle in einer Reihe auf. Ich danke Gott für die kleinen Hände, die mir dabei helfen. *Ich habe immer Grund zu danken, weil der allmächtige Gott all diese Dinge* – alle Dinge – *immer unter Kontrolle hat.* Ich hole tief Luft und höre seine Stimme. Er beruhigt meine flatternde Seele mit dem geflüsterten Strom der Gnade.

Das Leben ist kein Notfall. Leben ist eucharisteo.

Eucharisteo.

Ich beruhige und streiche die Wange des Kindes, das wütend die Fäuste schwingt. Dankbar achte ich auf diese eine Locke, die immer in seine Stirn fällt und zum Anfassen einlädt. Ich halte ihn fest im Arm und weiß es. Das Leben ist so von Dringlichkeit erfüllt, dass man es nur langsam leben kann.

Nur die Amateure denken, „langsam" und „dringend" wären zwei entgegengesetzte Eigenschaften. Ich war eine von ihnen und es war sehr unschön.

Er lehnt seinen Kopf an meine Schulter. Ich streiche über sein Haar und spiele mit dieser einen Locke. Seine Wangen glühen. Allmählich lässt der Druck in meinen Adern nach …

und verschwindet. Habe ich das Geheimnis der Lebenskünstler entdeckt?

Bei Gott *wird* Dringliches langsam getan.

Was besonders dringlich ist, wird bei Gott in einer ruhigen, langsamen Haltung der Anbetung verrichtet.

Ich verharre noch einen Moment, bleibe etwas länger stehen, halte meinen Sohn, halte das Leben und halte es ganz bewusst … aufmerksam … dankbar. Das ist das Leben in Fülle, diese empfindsame, explosive Atmosphäre. Nur wer den Augenblick ohne Eile und mit Ehrfurcht vor Gott lebt, kann diese zarte Blase staunend in den Händen halten.

Ich trage den kleinen Sohn zum Tisch.

Hungrige Augen und leere Mägen versammeln sich um den Tisch. Ihre Gesichter strahlen wie das ihres Vaters, wenn er etwas Köstliches auf dem Tisch entdeckt. Sie sind voller Geschichten, erzählen laut durcheinander und können es kaum erwarten, bis mein Nicken endlich das Signal zum Anfangen gibt. Ich lächle: „Ihr dürft …"

Sie stürzen sich darauf.

Ich beobachte, wie sie eintauchen. Sie werden leise. Geschmacksknospen brauchen Zeit zum Genießen. Es ist das Rezept, das schon meine Mutter verwendet hat, als ich ein Kind war. Auch meine Haare hatten damals diese Wirbel in der Stirn.

Der kindliche Mann seufzt, mit einem Mundvoll klebriger Krümel: „Ich esse mein Stück ganz langsam." Mit der Zunge leckt er sich die Schokolade von den Lippen. „Ich will den Geschmack genießen."

„Als ich so alt war wie ihr, da habe ich das Essen in mich hineingeschaufelt." Ich ziehe einen der fleckigen Stühle mit den spindelförmigen Füßen zurück. Wir haben ihn gebraucht bekommen. Er stand mit vielen anderen an den Wänden des

Gemeindesaals, wo vor langer Zeit am Sonntagabend zum Tanz aufgespielt wurde. Er wackelt nur ein bisschen. „Großmutter Ruth hat sich immer über mich geärgert. Das sah dann so aus."

Ich zeige es ihnen und erhebe tadelnd meinen Finger, genau wie sie es früher getan hat. Schokoverschmierte Gesichter lächeln mich an.

„Dann sagte sie: ‚Meine Güte, Kind! So *isst* man doch nicht. Es hat viel Zeit gebraucht, um dieses Essen zuzubereiten. Nun solltest du dir auch Zeit lassen, es zu genießen. Iss langsam, und zwar so.' Dann kaute sie extra langsam, um mir zu zeigen, wie es richtig geht, und sagte noch einmal, damit ich es nicht vergaß: ‚Man muss das Essen genießen.'"

Die Kaubewegungen des großen Mädchens werden langsamer. Ich zwinkere ihr zu. Sie lächelt und wischt sich den Mund mit den Fingern ab.

„Schweinekotelett, Kartoffeln, Erbsen – das war alles nur Essen für mich."

Ich lasse die Platte mit den zusätzlichen Stücken herumgehen. Die Söhne schauen gierig aus. Sie knien auf ihren Stühlen, um genau zu sehen, welches Stück am größten ist. „Aber wenn Oma Apfelkuchen gemacht hat oder Karamellbonbons, dann musste mir niemand sagen, dass ich langsam essen sollte." Ein Junge nimmt einen zu großen Bissen und lächelt verschämt. Ich schaue in die Runde, alle Geschmacksknospen sind hellwach, ihre Augen spiegeln die Freude über den süßen Genuss.

Wann habe ich aufgehört zu denken, das Leben sei ein Nachtisch?

Ich rücke vom Tisch ab. Schiebe mich weg von der Wehmut. Sie brauchen etwas zu trinken. Ich hole die Metallbecher und fülle sie mit kalter Milch. Dabei denke ich an die Männer, die zügigen Schrittes nach Emmaus gingen und sich lebhaft unterhielten. Sie bemerkten nicht, wie nahe Gott ihnen gekommen war. Erst als sie zur Ruhe kamen, am Tisch Platz nahmen, als seine Hände das Brot hielten und der Dank von seinen Lippen aufstieg, da erst erkannten sie mit geweiteten Augen, wem sie gegenübersaßen (Lukas 24,13–35). Wer zu schnell geht, ist langsam im Geist.

Ich trage die Becher zum Tisch.

Mein ausgelaugter Körper ist ruhig geworden, meine Seele kann wieder Schritt halten und ich danke. Wem könnte ich hier begegnen? Ich reiche zwei Becher weiter. Nachdem der Magen voll ist, braucht es zwanzig Minuten, ehe das Gehirn Sättigung meldet. Wie lange braucht eine Seele, ehe sie feststellen kann, dass das Leben erfüllt ist? Je langsamer das Leben gelebt wird, desto tiefer können die Erfüllung und Befriedigung wahrgenommen werden. Dann können Körper und Seele im Gleichschritt gehen. Ich bin im Begriff, das zu erfassen. Ich reduziere das Tempo. Meine Sinne finden Zeit, Erinnerungen zu speichern.

Das große Mädchen sammelt mit ihrer Fingerspitze die Krümel auf. Dabei bringt das Licht die Kontur ihrer Wangen zum Leuchten. Die Hände des jungen Mannes greifen nach dem Becher und führen ihn zum Mund. Diese Hände, die sich zu Beginn seines Lebens an meinem Finger festgehalten haben. Der kleine Sohn erzählt einen Witz und alle lachen fröhlich. Der Geschmack von Schokolade, der Geruch von Kindern – ich denke nicht an nachher, ich denke nicht an vorher, ich lege mich mit meinem ganzen Gewicht in die Wahrnehmung dieses Augenblicks.

Das Leben ist ein Nachtisch – zu kurz, um es durch Eile zu vergeuden. Du schlingst es nicht hinunter. Die Zunge der kleinen Tochter sucht nach Schokoladenkrümeln, die sie auf der Haut ihrer Wange fühlen kann.

„Magst du noch Milch?"

Mit großen Augen nickt sie ein frohes Ja.

Ich gieße Milch ein. Mir ist nach *Feiern* zumute. *Ja, lasst uns Kuchen essen!* Ich will an nackten Zehen knabbern, will meine Arme mit Mohnblumen füllen, will ein Herz gegen meine

Brust drücken, kraftvoller, bestimmter, ich will mit meiner Mutter lange im letzten Licht der Abendsonne sitzen. „Wo du auch immer bist, dort musst du *ganz* sein." Nur mithilfe von *eucharisteo* kann man so leben. *Ich will langsam werden, das Leben schmecken, danken und Gott sehen.*

Im Kalender stehen vier Termine für diese Woche, dazu kommen noch zwei Termine am Abend, außerdem haben alle sechs Kinder Schwimmunterricht und Klavierstunden und am Ende der Woche müssen Tests geschrieben werden. Die Flut will mich wieder davonspülen – aber wenn ich meine volle Aufmerksamkeit in den Augenblick lege, kann ich die Strömung verringern. Kann ich mich nicht in jeder Situation dafür entscheiden, mit meiner ganzen Kraft präsent zu sein? Ob Schlichtheit möglich ist, hängt von meinem Blickwinkel ab. *Eucharisteo* hilft mir, meinen Blick auf das Einfache, das Heilige zu richten.

Ich sehe die Zeiger der Uhr und erkenne in ihren Bewegungen den Ausdruck von Gnade. Ich werde älter. Die Kinder wachsen heran. Aber die Zeit wird uns nicht ausgehen. Wir verlieren heute keine Zeit. Mit jeder Minute, die verstreicht, mit jedem weiteren Jahr wächst meine Wahrnehmung für alles, das mein Leben reich macht. Zeit, die vergangen ist, wird mir zum *Gewinn*. Ich stehe am Tor zur Ewigkeit.

Der kleine Sohn hört auf zu kauen und bewegt mit der Zungenspitze einen Wackelzahn. Ich beobachte ihn dabei und lächle. Er bemerkt meinen Blick und erwidert mein Lächeln. Genüsslich kaut er das letzte Stück geschmolzener Schokolade und mit einem Mund, der süß und klebrig ist, seufzt er aus tiefstem Herzen: „Ich hab dich lieb, Mama ... und das alles hier."

Und das alles hier.

Das alles hier, das ist die Kathedrale, das ist Gott, ist die Seifenblase auf meiner Hand, ehe sie zerplatzt.

Das alles hier.

Ich bin Jakob und dieser Augenblick ist das Haus Gottes. Ich greife nach der Platte.

Mein Entschluss steht fest – ich werde mir alles genüsslich auf der Zunge zergehen lassen, was die Zeit mir bringt.

KAPITEL FÜNF

was – um alles in der Welt – ist eigentlich Gnade?

Ein Dank im Angesicht widriger Umstände ist mehr wert als tausend Danksagungen in guten Zeiten.
Johannes von Avila

Die Fahne, die meine Mutter für mich in Burveys Kaufhaus gekauft hat, flattert vor unserem Hauseingang im sanften Wind dieses Julimorgens.

Es ist noch früh, die Sonne ist eben erst aufgegangen und ich gieße die rote Blütenpracht. Die Erde soll feucht sein, ehe die Hitze des Tages hereinbricht. Ich gieße Petunien, Begonien vom Markt und Geranien, die ich überwintert habe. Das Wasser sickert in die Erde, ich sehe ihm hinterher. Wasser dringt ein, Blumen brechen hervor, ein Wunder hier auf meiner Veranda. Mit leerer Gießkanne bleibe ich am Geländer stehen. Nektarbeladene Bienen schwirren über dem Violett des Sonnenhutbeetes, arbeiten fleißig für ihre Königin. Da, plötzlich, ein Schwirren – ich sehe einen bunt schillernden Kolibri. Reglos beobachte ich ihn. Er soll mich nicht bemerken. Pfeilschnell besucht er eine Blüte nach der anderen.

Mit seinem langen Schnabel trinkt er den Nektar, den die Julisonne hervorgebracht hat. Ich sehe ihm zu, versetze mich in ihn hinein, werde wie er. Gemeinsam saugen wir die Süße des Augenblicks auf.

Ich bin immer noch ganz in diese Welt versunken, als die Worte sich in mein Bewusstsein hämmern.

„Levi hat seine Hand im Stall in den Ventilator gesteckt!"

Meine Knie werden weich. Unser Ältester kommt schreiend näher, sein T-Shirt zeigt Spuren der morgendlichen Arbeit, gehäckseltes Futter klebt daran.

Die Gießkanne fällt mir aus der Hand.

Ich raffe den Rock zusammen und fliege mit nackten Füßen über den steinigen Hof. Die Angst sitzt mir im Nacken. Meine ungeschützten Fersen treffen hart auf kantige Steine, genau wie damals. Die Erinnerung reißt mich fort. Wieder bin ich vier Jahre alt, ein Kind, das hinter seiner Mama herläuft. Mama rennt zur kleinen Schwester, die zerquetscht ist und davonblutet. Jetzt bin ich die Mutter. Von Entsetzen erfüllt suche ich mein verstümmeltes, blutendes Kind. Während ich renne, achte ich bewusst darauf, langsam zu atmen. Wenn ich ihn gefunden habe, muss ich ruhig bleiben. Er wird schreien vor Schmerz. Er wird … ich darf gar nicht daran denken, was der Rotor dieses Ventilators anrichten kann. Jedes der Blätter ist über einen halben Meter lang und gut zwei Pfund schwer. Der Propeller dreht sich mit höchster Geschwindigkeit und ist in der Lage, Hunderte von Schweinen mit frischer Luft zu versorgen. Er kann eine kleine Hand mit Leichtigkeit zerfetzen.

Oder abhacken.

Ich weiß es, während ich den Weg zum Stall entlangrenne, während mein Zwerchfell sich heftig hebt und senkt: Der Zeitpunkt ist gekommen, um auch das schwere *eucharisteo* zu lernen. Lieber hätte ich damit noch gewartet … für immer.

Wie kann ich meine Hand öffnen und das Brot empfangen, das der nächste Augenblick mir geben wird – wenn es doch so wehtut?

Drei Stunden später knirschen die Steine unter den Autoreifen. Levi und ich kommen von der Notaufnahme zurück. Wimmernd krümmt er sich über seinen verbundenen Arm, schaukelt vor und zurück. Die Mutter, die ihr totes Kind weinend in den Armen gewiegt hat, ehe man es ihr abnahm, erwartet uns in der Einfahrt. Sie steht vor dem Haus, die Angst hat tiefe Furchen in ihr Gesicht gegraben.

Schnell gehe ich zu ihr. Ich habe mein Kind noch.

„Er wird seine Hand behalten."

Dann öffne ich meinem Siebenjährigen die Tür und helfe ihm aus dem Beifahrersitz. Ich stütze meine Mutter und berichte ihr die Einzelheiten. „Er hat alle zehn Finger." Erleichtert entspannt sie sich, legt die Hand auf die Brust, atmet aus.

„Er hat sich schlimm geschnitten. Aber nur der Zeigefinger ist gebrochen. Sobald sie Zeit haben, werden sie ihn operieren." Der Chirurg hat uns erklärt, dass der schwere Propeller mit seiner hohen Geschwindigkeit den Knochen zweigeteilt und einmal um die eigene Achse gedreht hat. Er würde sehr vorsichtig operieren müssen, um den Nerv nicht zu verletzen. Der Knochen müsste wieder zurückgedreht werden. Ohne diese Operation würde der Finger krumm bleiben und nicht mehr zu gebrauchen sein.

Levis Augen sind immer noch voller Entsetzen, während er seine verbundene Hand hochhält, um sie seiner Oma zu zeigen. Sie ist blass.

„Er hat seine Hand noch!" Ich streichle Hoffnung in den Rücken meines kleinen Jungen und hinein in die Angst meiner Mama.

Ihr Gesicht glättet sich. Sie tritt zu mir, legt ihre Hand fest auf meine Schulter und sagt leise, mit Gewissheit: *„Gottes Gnade."* Sie flüstert es fast: *„Gottes Gnade."* Sie streicht mir über den Rücken, ich spüre ihre Erleichterung … Aber da ist auch etwas Dunkles … Zorniges … Hässliches.

Ich bringe Levi ins Haus. Mit einem Arm stütze ich seinen verletzten Arm, den anderen Arm lege ich um seinen Rücken. Eine Frage kriecht lauernd an mir hoch. Sie will über meine Lippen kommen, doch ich weigere mich. Ich erlaube meinen Lippen nicht, diese Frage auszusprechen. Trotzdem ist sie in mir, hart und finster, sie hält mich mit eisernem Griff umklammert.

Was wäre gewesen, wenn seine Hand abgetrennt worden wäre?

Wo wäre Gottes Gnade dann gewesen?

Kann ich mich dieser Frage stellen?

Ich hole ein Kissen für Levi, der vom vielen Weinen ganz erschöpft ist. Vorsichtig hebe ich seinen Kopf an, schiebe das Kissen darunter, streichle sein Haar. Er ist voller Schmerzen. Dann werden seine Augenlider ruhig, seine Brust hebt und senkt sich gleichmäßig. Meine Gedanken kehren zu den Nachrichten zurück. Auf der Rückfahrt von der Notaufnahme kamen sie aus dem Autoradio. Der Ansager berichtete mit unbewegter Stimme, der Empfang war schlecht. Auf die Zwölfuhrnachrichten folgten die Todesmeldungen. Es handelte sich um den dreizehnjährigen Jungen einer mennonitischen Familie. Sie wohnen ganz in der Nähe des Milchviehhofes mit den roten Ziegeldächern, auf dem mein Mann aufgewachsen ist. Der Sohn eines Farmers, es war ein Unfall. Das Datum des Ereignisses, die Zahl der Geschwister und nähere Angaben zur Beerdigung. Kein Wort über die Verfassung der Mutter. In welchem Zustand mochte ihr Herz sich befinden?

Warum begegne ich ständig dem Tod, wohin ich mich wende, welche Seite ich auch aufschlage? Ich sehne mich nach frohen, hellen, gut gelaunten Nachrichten, dringend. Ich will ein frohes, helles, gut gelauntes Leben führen. Mein Notizbuch mit der Liste liegt aufgeschlagen auf der Arbeitsplatte. Ich greife danach, blättere darin, streiche mit den Fingern über die Zahlen. Das sind meine Erinnerungen an die schönen Augenblicke. Im Rückblick erkenne ich, wie diese tägliche Übung der bewussten Dankbarkeit mir hilft, mich an meinem Gott und an seinen Gaben zu erfreuen. Im Frühjahr war es die Freude am Seifenschaum, notiert unter Nummer 362. Weitere Einträge folgten in den Wochen und Monaten danach. Ich lese sie nach.

457. braune Eier, direkt aus dem Hühnerstall
485. Locken, die von einem Haarreif zurückgehalten werden
513. die Jungs lassen die blaue Götterspeise zittern
526. neue Zahnbürsten

Und ich erinnere mich, wie ich plötzlich mehr als die Hälfte geschafft hatte, mehr als fünfhundert Punkte auf meiner Liste. Eifrig suchte ich nach noch einer Sache mehr, für die ich dankbar sein konnte, verlängerte meine Liste der Gnadengeschenke und hielt dabei unseren Alltag in kleinen Bildausschnitten fest.

613. ein Puppentheater aus Papiertüten
647. rosarote Haut neugeborener Ferkel
663. Kompottgläser öffnen und leer essen
664. eine Feinstrumpfhose ohne Laufmaschen

Doch die Liste markierte nicht nur die Spuren unserer Tage, sie öffnete mir auch den Zugang zum Geheimnis der Freude. Freude ist „das gigantische Geheimnis des Christen",[1] Freude, die in der Dankbarkeit zu finden ist. Ist Dankbarkeit nicht ein Kennzeichen der Nachfolger Jesu? Dann ging es plötzlich ganz schnell:

748. Mama bringt uns Hühnersuppe an die Hintertür
783. eine Schwester, die vergibt
882. zahnloses Lächeln
891. Geruch der Erde im Wald

Es war Winter geworden, doch ich notierte unaufhaltsam weiter:

904. das Knirschen des ersten Frostes
924. dampfenden Kartoffelbrei austeilen
943. über einen Hund stolpern, wenn man aus der Dunkelheit kommt
971. das Pfeifen des Teekessels an einem kalten Nachmittag

Und als ich zum tausendsten Geschenk kam, schrieb ich es sorgfältig auf:

1000. Auferstehungs-Blüte der Amaryllis, jährlich wiederkehrendes Geschenk
Meine Schwiegermutter hatte uns diese Amarylliszwiebel im vorigen Jahr geschenkt. Ich hatte sie auf die Fensterbank in der Küche gestellt, unter die Taube aus Porzellan. Dann wartete ich. Die Erde bewegte sich einmal um die Sonne, während ich wartete. Der Krebs hatte den Körper meiner Schwiegermutter zerfressen, ihre sterblichen Überreste wurden tief in die Erde gelegt. Und dann. Ihre Blumenzwiebel erwachte zu neuem Leben und jubelte es in die Welt hinaus: *Leben im Überfluss! Erfülltes Leben!*

Tief bewegt empfing ich mein tausendstes Geschenk. Gott gab es mir, nachdem er mich diesen langen Weg der tausend Schritte geführt hatte. Er gab mir *üppig blühendes Leben,* die Stimme meiner Schwiegermutter aus dem Grab. Ein Jahr lang hatte ich auf diese Blüte gewartet. Doch das Warten wurde belohnt. Meine Liste besteht aus Kostbarkeiten, für die es sich lohnt, ein Jahr lang zu warten, die es wert sind, auf Tausend zu zählen, die mit unvorstellbarer Kraft aus dem Dunkel des Todes hervorbrechen. Es lohnt sich immer, auf die Freude zu warten. Es lohnt sich, an das Leben der Fülle zu glauben. Ich musste einen langen Weg zurücklegen. Doch die Blüte belohnte mich wochenlang.

War nun alles vorbei?

Ich hatte eine neue Seite aufgeschlagen, ein neues Jahr begonnen. Ein neuer Frühling kam, wieder wuchsen Bohnen, Mais und Weizen im Licht der Sonne und ich schrieb weiter. Ein Notizbuch befand sich immer in meiner Handtasche, ein weiteres neben meinem Bett, eines neben der Spüle und noch eins auf dem Computertisch. Ich hatte *tausend* Geschenke notiert, nun war daraus das Wagnis geworden, mich an *unendlich vielen* Gaben zu erfreuen. Gott hatte dieses Instrument gebraucht, um mich zu verändern. Es war zunächst wie ein Spiel gewesen, täglich die schönen Dinge zu notieren und dabei auf Tausend zu kommen. Doch ich war dabei eine andere Person geworden. Ich hatte einen neuen Namen bekommen. Gott hatte mich „Ann – die mit Gnade Erfüllte" genannt. Es war unmöglich, nun damit aufzuhören.

Würde ich jetzt endgültig und für immer verwandelt werden?

Die tägliche Übung ist der Weg zur vollkommenen Freiheit. Die tägliche Disziplin, auf Tausend zu zählen, hat mich in die Freiheit des Staunens geführt. Ich will wach bleiben, will Gottes Augenblicke sehen, die Freude in der Gegenwart wahrnehmen.

Aber während ich mich für die Freude öffne, spüre ich auch den Schmerz.

Freude und Schmerz sind wie zwei Arterien des einen Herzens, durch die das Leben zu all denen gepumpt wird, die noch nicht taub dafür geworden sind. Meine Dankeslisten füllen viele Seiten des Notizbuches. Gleichzeitig weiß ich tief in mir: *Verlust gehört dazu.* Das Wissen bedrängt mich, jeden Tag ...

Was könnte ich verlieren? Gesundheit? Bequemlichkeit? Hoffnung? Gott hat uns zugesagt, dass wir zuletzt *jeden* irdischen Besitz verlieren werden.

Wann werde ich mit Verlust konfrontiert werden? Heute? In einigen Wochen? Wie viel Zeit bleibt mir noch, bis ich loslassen muss?

Wen werde ich verlieren? Ohne Einschränkung: Ich werde *jede* einzelne Person verlieren, die ich jemals geliebt habe. Alle werden gehen, entweder plötzlich oder allmählich. Jede menschliche Beziehung wird enden. Bin ich darauf vorbereitet?

Jeder Schritt, den ich im Leben mache, ist mit Verlust verbunden. Ich lebe im Wartezustand. Was werde ich heute verlieren? Wie wird es mir genommen werden?

Ich gehe wieder zu Levi und ziehe die Decke zurecht, unter der sich unser Sohn in seinen Schmerzen zusammengekrümmt hat. Er schläft und ich beobachte ihn.

Wird im Haus des verunglückten Jungen auch jemand flüstern: „*Gottes Gnade … Gottes Gnade*"?

Was – um alles in der Welt, in einer Welt des Verlustes – ist Gnade?

Je mehr Segnungen ich notiere, desto mehr beschäftigt mich diese Frage. Sie erfüllt meine Gedanken beim Frühstück und ist abends, wenn ich das Licht lösche, immer noch da. Ich habe Augenblicke des Segens gezählt, bin bis Tausend gekommen, entdecke seither immer mehr – und frage mich, was Segen letztlich bedeutet. Wenn dieser Augenblick jetzt ein Geschenk, eine Gnadengabe ist, *was ist dann mit dem nächsten Augenblick?* Ist er ein Fluch? Wie kann ich ein ganzes Leben sortieren, aufteilen nach Segen und Fluch? Nach welchen Kriterien geschieht das?

Was ist gut? Was zählt zur Gnade? *Was entspringt dem Herzen Gottes?*

Glaube ich an einen Gott, der sich gelegentlich erhebt und Gnadentropfen über die leidende Menschheit sprengt? Einen Gott, der hin und wieder Raum und Zeit durchbricht, um uns mit kleinen Geschenken zu erfreuen, eine Genesung hier, eine Arbeitsstelle dort und ein eigenes Häuschen im Vorort – um sich dann wieder zurückzuziehen, weil er zu unfähig ist, mit dem Leid und Elend umzugehen? Einen Gott, der manchmal, willkürlich und punktuell seine Güte verteilt – gerade oft genug, um sie in einer Liste notieren zu können? Gibt es eine Antwort auf die Frage, *was mit all den anderen Augenblicken ist?*

Levi stöhnt. Sanft streichle ich seine Wange. Irgendwo in der Küche muss ich doch noch ein Schmerzmittel haben? Meine Bibel liegt aufgeschlagen neben dem Notizbuch mit der Dankesliste. Ich suche die Tabletten, um Levis Schmerzen zu lindern, und erinnere mich an jenen Sommer, als ich zwölf Jahre alt war.

In einer Staubwolke fuhren wir über den Schotterweg, und ich betrachtete ein Schild, das die van Veens am Waldrand aufgestellt hatten. Ich fragte Papa, wozu dieses Schild gut war, wenn man den Text doch nicht lesen konnte? Er sah mich überrascht an und meine Mutter ging mit mir zum Augenarzt. Als wir das nächste Mal an dieser Tafel vorbeifuhren, trug ich eine Hornbrille. Ohne Mühe konnte ich die Schrift lesen: „Jesus ist der Herr! Erkenne ihn als Herrn an und setze dein Vertrauen auf ihn, dann wirst du gerettet und die Deinen mit dir!" (Apostelgeschichte 16,31).

Die Worte standen dort am Waldrand. Aber ich brauchte Vergrößerungsgläser, um sie erkennen zu können.

Jeder dunkle Wald hat eine Botschaft. Jeder Augenblick enthält Worte des Gottes, der uns eine Nachricht seines Herzens mitteilen will.

Doch wer kann seine Botschaften lesen?

Ich taste im Arzneischrank nach den Schmerztabletten. Sosehr ich meine Augen auch anstrenge, ich kann den Text nicht entziffern, er ist zu unleserlich, zu unverständlich – was will Gott durch verletzte Farmerssöhne, gescheiterte Ehen, krebskranke Mütter … durch Krieg, Hungersnot und Krankheit sagen? Was bedeuten die Worte auf den Schildern, die er überall in der Welt aufgestellt hat? Im Buch Hiob hatte ich sie gelesen. Dort ist die göttliche Botschaft in kunstvolle Worte gefasst, die spürbar Gottes Leben enthalten. Ich lese, dass Gott verschiedene Sprachen gebraucht, um mit uns zu reden: „Gott redet doch! Er tut es immer wieder, mal sanft, mal hart – man achtet nur nicht drauf!" (Hiob 33,14). Manchmal schreibt Gott seine Botschaft mit Sternen an den Himmel (Psalm 19,2–3). Überall in der Schöpfung ist er wahrzunehmen (Römer 1,20). Doch es gibt auch die Worte, die er mit scharfem, heiligem Messer tief in ein Leben ritzt. Vorsichtig legt die geschliffene Klinge seines Wortes dort das Gewebe frei, wo Geist und Seele sich begegnen, deckt die geheimen Wünsche und Gedanken des Herzens auf (Hebräer 4,12).

Die Packung mit den Tabletten habe ich gefunden, aber wo finde ich ein Mittel gegen den Schmerz?

Um in allen Momenten meines Lebens seine Botschaft hören zu können, muss ich dort von seiner Leidenschaft lesen, wo sie aufs Papier gedruckt ist. Ich brauche das Vergrößerungsglas seines Wortes, um seine Schilder in der Welt verstehen zu können. Nichts außer seinem Wort kann mir helfen, die Welt zu verstehen. Das Wort hat von Nägeln durchbohrte Hände, die unser Gesicht umfassen und unsere Tränen abwischen, das Wort hat Augen, die sich vor unserem brennenden Schmerz nicht verschließen, das Wort flüstert: „Ich weiß. Ich *weiß*." Die Leidenschaft, über die auf Papier geschrieben wird, ist eine *Person*. Wenn ich die Brille des Wortes trage, dann ist das keine abstrakte Idee, sondern ich sehe mit den Augen des Gott-Menschen, der zu uns kam, der den Schmerz *kennt*.

Wie versteht das *Wort* die Welt?

Ich nehme zwei Schmerztabletten aus der Packung und lege sie in Levis Hand. Er stöhnt, bevor er schluckt. Während ich ihm das Wasserglas gebe, verspreche ich, dass der Schmerz bald nachlassen wird. Ich will nicht an die Operation denken, wenn neuer Schmerz in seiner Wunde pochen wird.

Müde schließt er die Augen. Ich ziehe seine Decke noch einmal zurecht, im abgedunkelten Zimmer soll er Ruhe finden. Dann suche ich nach Medizin für mich. Als Lesezeichen in Büchern, in den Fächern meiner Brieftasche, am Kühlschrank und am Spiegel, über der Spüle … überall sind die vergilbten Karteikarten. Es sind die verstreuten Überreste jenes Tages, an dem ich von der geschlossenen psychiatrischen Abteilung nach Hause kam, in der meine Mutter untergebracht war. Mein Bauch war gefüllt mit unserem ersten Kind, ihr Herz war gefüllt mit dem Kummer um das Kind, das vor ihren Augen verblutet war. Beim Abschied, ehe die Stahltür sich zwischen uns schloss, gab sie mir ihren Ehering. Er sollte nicht gestohlen werden. Ich steckte ihn an meinen Finger, zu meinem eigenen Ring. Die ganze Heimfahrt über war ich blind vor Tränen. In der folgenden, schlaflosen Nacht schrieb ich Kärtchen, Brillengläser, durch die ich die Welt verstehen wollte.

Seit über zehn Jahren lese ich sie schon.

Ich stehe in unserem Schlafzimmer am Fenster und halte eine der Karten ins Licht. Die Schrift ist kaum noch zu entziffern, das Papier ist fleckig geworden. „Es bleibt dabei: Was ich geplant habe, trifft ein; was ich beschlossen habe, wird ausgeführt!" (Jesaja 14,24).

Was Gott plant ... das steht fest.

Ich lese, was mit verblasster Tinte darunter steht, ich kann mich noch gut erinnern, wie es mir damals ging, als ich die Worte niederschrieb: „Trifft ein Unglück die Stadt und der Herr hat es nicht geschickt?" (Amos 3,6). Ich spüre es wieder, atme es. Wenn Gott gut ist, dann plant er alles. Er plant *alles*. Kann nun ein guter Gott nur ... gute Pläne machen? Kann er nur Gutes geben? Kann ein guter Gott etwas Böses schaffen?

Durch das Schlafzimmerfenster sehe ich einen Schatten, der über die Wiese gleitet und dann langsam das Feld überquert. Ein Schatten ist wie ein leerer Raum, eine Stelle ohne Licht. So ist auch das Böse – eine Stelle ohne Gottes Güte. Dem Bösen fehlt die Güte Gottes, es ist die bewusste Entscheidung, sich von der Fülle seiner Güte abzuwenden und sich einem Raum zuzuwenden, der Gottes Güte nicht enthält.[2] Ich sehe dem grauen Schatten nach, der über die Hügel verschwindet, die Sonne treibt ihn nach Osten.

Gott hat *alles gut* geschaffen. Ist es möglich, dass auch die Dinge, die dem Willen Gottes scheinbar zuwiderlaufen, von ihm genutzt werden, um seinen Willen auszuführen? Was böse scheint, wirkt nur aus einer gewissen Perspektive heraus böse, so wie die Augen den Schatten je nach Standort unterschiedlich sehen. Über den Wolken hört das Licht nie auf zu scheinen.

Aber aus welcher Perspektive kann man Gutes sehen am Tod eines Farmersohnes? An einem Mädchen, das vor den Augen ihrer Mutter von einem Lieferwagen zu Tode gequetscht wird? Wenn der Schwager seine zwei ersten Söhne innerhalb von neunzehn Monaten begraben muss? Was ist mit all den grauenhaften Verbrechen, dem angstvollen Weinen, den Brandwunden dieser Welt? Sonnenwärme streicht über das Weizenfeld, ich lehne am Fenstersims und sehe hinaus. In meinem Herzen klingen Worte nach, Wahrheit, die vor Urzeiten geflüstert, von Juliana von Norwich gehört wurde:

Erkenne, dass ich Gott bin. Erkenne, dass ich in allem bin. Erkenne, dass ich alles tue. Erkenne, dass ich nie aufgehört habe zu handeln und in Ewigkeit nicht aufhören werde. Erkenne, dass ich alles nach dem Ratschluss ausführe, den ich schon vor Grundlegung der Welt gefasst habe. Mit der Kraft, mit der ich alles geschaffen habe, bringe ich auch alles zum geplanten Ende. Wie könnte irgendetwas nicht gut sein?[3]

Perspektive – aus welchem Blickwinkel sehen wir?
Wie könnte irgendetwas nicht gut sein? Ich sehe ihren Namenszug auf dem Stein, fünf Buchstaben, der Name meiner kleinen Schwester: „Geliebte". Ich werde Gott nicht vor meinem Schmerz schützen, ich werde nicht sagen, dass er mit dem Leid in der Welt nichts zu tun hat. Satan ist ein brüllender Löwe, aber er liegt an der Kette. Ich darf dem Gott, der alles in seiner Hand hat, auch meine Verzweiflung entgegenschreien, ich darf weinen, klagen und jammern. Er drückt mich an seine Brust, wie er es mit David tat, dessen leiderfülltes Herz mit dem Herzschlag Gottes zusammenfloss. Ich darf aus der Tiefe meines Herzens darüber trauern, dass Gott das alles tat – *denn er tat es.*

Ich spüre seine Umarmung – ich bin ein Kind, das um sich schlägt, ehe es sich erschöpft in die Arme des Vaters sinken lässt.

Dann höre ich seine sanfte Stimme: „Sind deine Wege meine Wege, liebes Kind? Kannst du das Manna essen, kannst du dich an dem Unerklärlichen stärken? Kannst du glauben, dass ich unermüdlich und liebevoll dafür sorge, dass für die ganze Welt alles zum Besten dient, weil das Feuer meiner Liebe für dich *niemals* erlöschen wird?"

Ich schließe meine Augen ... gehe ins Dunkel. Mitunter braucht es Zeit, sich auf das schwere *eucharisteo* einzulassen.

Was können wir einem Gott entgegensetzen, der unsere Verehrung scheinbar nicht zu schätzen weiß?

Es ist ruhig, Levi schläft, ich halte meine Karteikarten fest. Kann ich das Ganze überblicken, ist meine Perspektive weit genug? Ist das, was mir böse erscheint, eine Wolke, die uns Regen bringt und für das *Gesamtwohl* der Erde gut ist? Keiner würde die Gnadengaben des Trostes, der Standhaftigkeit, der Barmherzigkeit und Vergebung, der Geduld und des Mutes jemals empfangen, wenn er nicht durch Schattenzeiten gegangen wäre. Zögernd betrachte ich die nächste Karte. Auf der Rückseite kann ich einen Satz entziffern: „Erkennt doch: Ich, nur ich bin Herr, ich ganz allein bin Gott, sonst keiner! Ich schlage Wunden und ich heile sie, ich töte und ich wecke wieder auf" (5. Mose 32,39). Ich nicke. Ich weiß. Ich *weiß*. Diese Worte der Wahrheit verwandeln den Boden, auf dem mein Kampf stattfindet.

Ich greife nach meinen Karten, und ich weiß, das Leben ist eine Qual (Hiob 14,14). Der endlose geistliche Kampf, Auge in Auge gegen Satan, ist der erbitterte Kampf um die Freude. Er verhöhnt mich angesichts all der schrecklichen Dinge, die sich in dieser von Sünde getränkten Welt ereignen, während ich mich unter Aufbietung all meiner Kraft an Gottes Güte festklammere. Der Lügner sprüht seine Graffiti immer wieder über die Zeichen von Gottes Herrlichkeit, während ich darum ringe, mich an Gott zu erfreuen ... Satan will die Freude ersticken, doch ich kämpfe mit aller Kraft, greife nach der Wahrheit und halte den Drachen am Boden.

Es liegt daran, dass meine Augen nicht gut sehen – meine Perspektive stimmt nicht. „Aus dem Auge leuchtet das Innere des Menschen", sagte Jesus. „Wenn dein Auge klar blickt, ist deine ganze Erscheinung hell; wenn dein Auge durch Neid oder Habgier getrübt ist, ist deine ganze Erscheinung finster. Wie groß muss diese Finsternis sein, wenn statt des Lichtes in dir nur Dunkelheit ist!" (Matthäus 6,22–23). Wenn es Satan gelingt, dass ich meinen Blick vom Wort abwende, dann kann ich das Licht nicht mehr sehen, nicht mehr vom Licht erfüllt werden. Augen, die nicht gut sehen, bewirken Dunkelheit in der Seele. Ein unerfülltes, leeres Inneres ist nicht wirklich leer, es ist von Dunkelheit erfüllt. Damit fing alles an. Eva im Garten – Satans Flüstern reizt ihre Seele: „Hat Gott wirklich gesagt …?" (1. Mose 3,1).

Wenn mir die Bibel-Brille fehlt, um zu verstehen, was Gott durch einen verlorenen Sohn sagen will, kritzele ich mein eigenes, vorschnelles Urteil unter die halb fertige Geschichte: *Versager*. Satans Zunge schießt ihre Pfeile ab.

Wenn mir die biblische Sicht für die Bedeutung einer niederschmetternden ärztlichen Diagnose fehlt, lese ich nur die Analyse Satans, die mich in den Abgrund reißt: *betrogen*.

Wenn mir die Möglichkeit fehlt, die Lichtstrahlen dessen, der das Licht dieser Welt ist, auf meine chaotischen Tage zu richten, wird nur ein weiterer Graffiti-Schriftzug darübergesprüht: *wertlos*.

So werde ich irregeführt.

Schaue ich ohne die Brille des Wortes Gottes auf diese Welt, sehe ich nur ein Zerrbild.

Ich schiebe die Karteikarten in meine Hosentasche, ich habe die Brille wieder auf. Im antiken Spiegel des Arbeitszimmers erhasche ich einen Blick auf mich. Das alte Glas ist trüb und gefleckt. Ich sehe mich leicht verzerrt.

Das Telefon klingelt. Levi schläft noch. Hastig beuge ich mich über das schlafende Kind und versuche, den Hörer zu greifen, ehe ein zweites Klingeln ihn weckt. Es ist John, mein Schwager, der mir die Details über die Beerdigung des Nachbarjungen mitteilt.

„Ich kann mir nicht vorstellen, wie groß der Schmerz dieser Familie sein muss." Die mennonitische Familie bereitet die Beerdigung ihres Sohnes vor. Ich denke an Schatten und Löcher. Es tut schon weh, nur darüber zu reden. Levi liegt auf dem Sofa und atmet gleichmäßig, er ist bei mir, ihm fehlt nicht einmal ein Körperteil.

„Ich habe mit dem Onkel gesprochen." Johns Stimme ist fest. „Sie haben Frieden. Wenn sie darüber nachdenken, wie sich der Unfall ereignet hat, dann sehen sie eine ganze Reihe ungewöhnlicher Ereignisse. Wäre auch nur ein Faktor anders gewesen, hätte das Ganze nicht passieren können."

Levi stöhnt. Ich sitze neben ihm, ziehe die Decke über seine Schultern, John spricht ruhig weiter. „Die Familie nimmt es an. Gott hat es zugelassen."

Ich schüttle meinen Kopf, schüttle den Unglauben ab und diese Last, die so schwer auf meinen Brustkorb drückt.

Können sie es auch in dem Haus flüstern, in dem der Sohn gestorben ist?

Gottes Gnade, Gottes Gnade.

Ich bewundere den unerschütterlichen Glauben derer, die mit verwundetem Herzen vor der Friedhofskapelle stehen und allen in die Augen sehen, die ihnen ihr Beileid ausdrücken. Sie sagen es mit Gewissheit in der Stimme: „Der Herr hat gegeben und der Herr hat genommen. Ich will ihn preisen, was immer er tut!" (Hiob 1,21). Zweimal stand ich in derselben Kirchenbank wie John, der seine beiden Söhne beerdigen musste. Bewusst hatte ich mich zu ihm gedreht und ihn beobachtet, wie er zusammen mit der Gemeinde aufgestanden war und deutlich hörbar sang: „Gelobt sei der Name des Herrn." Zweimal sang er dieses Lied, das schon immer sein Lieblingslied gewesen war, vor dem Sarg seines Sohnes. Ich sehe ihn noch vor mir, wie er tapfer, glaubensvoll Zeile um Zeile sang, während ihm die Tränen übers Gesicht liefen und ein Lächeln auf seinen Lippen lag. Meine Kehle wurde rau, während ich diesen traurigen Anblick ehrfürchtig in mich aufnahm. Dann wandte ich mich ab, Fluten der Trauer rissen mich fort. Dieser Glaube, den ich in John erlebt habe und der auch im Haus des verunglückten Jungen zu herrschen scheint, das ist der Glaube, der einen solchen Satz möglich macht: „Dankt Gott, dem Vater, *zu jeder Zeit für alles* im Namen unseres Herrn Jesus Christus" (Epheser 5,20; Hervorhebung der Autorin). Ich habe gesehen, wie dieses Wort gelebt wird, wie Lippen das schwere *eucharisteo* darbrachten.

Nachdem ich den Hörer aufgelegt habe, stehe ich lange neben Levi und betrachte ihn. Ich beobachte, wie er atmet, wie er lebt. Gestern Abend bekam er noch eine Extraportion Eis und leckte die Pfefferminzsoße von seinem Teller. *Das ist nicht selbstverständlich.* Er schlief in einem Bett, auf einem sauberen Laken, neben seinem Bruder. *Es hätte auch anders sein können.* Er wurde wach und ging über das feuchte Gras des Morgens, an dessen Halmen hauchdünne Spinnenweben klebten. *Warum wurde ausgerechnet ihm das geschenkt?* Er arbeitete Seite an Seite mit seinem Vater im Stall und schwang den großen Besen. Als der Vater seine Muskeln bewunderte, lachte er glücklich. *Er hatte keinen Anspruch darauf.*

Gibt es jemanden, der auch nur *eine* Gnade verdient hätte?

Ein weißes Wolkenband verziert den Julihimmel und wirft graue Schatten über unsere Felder. Levi wimmert und bewegt seine verbundene Hand, er sucht einen besseren Platz für die Hand auf dem Kissen. Ich erinnere mich an Worte über Gnade am Abend und Wunder am Morgen:

Es stirbt ein weiterer Tag,
an dem ich Augen, Ohren, Hände hatte
und eine ganze Welt, die mich umgab;
morgen beginnt ein neuer Tag.
Warum werden mir zwei geschenkt?[4]

Warum stellt niemand *diese* Frage nach dem Warum?

Warum werden uns zwei geschenkt? Warum werden wir mit dreien verwöhnt – sogar mit einer ganzen Serie von Gnadentagen?

Ist nicht schon eine Gnade genug? Ich habe ein Kind und wir leben.

Doch dann denke ich an die Gesichter der Mütter, die auf dem Friedhof stehen – an meine eigene Mutter –, und tonlos schreie ich: „NEIN!" *Nein, es ist nicht genug!* Ich möchte meine Fäuste ballen, gegen die Tür hämmern und voller Undankbarkeit nach mehr verlangen. Warum werden uns nicht unendlich viele Tage geschenkt? Wie kann Gott uns zumuten, zu den Augen, Ohren und Händen der Menschen Lebewohl zu sagen, die wir mehr lieben als uns selbst?

Müssen wir gehen, weil sein Vaterherz uns zu Hause erwartet? Müssen wir uns hier verabschieden, um ihm dort zu begegnen?

Das ist die Wort-Brille für Leben und Tod: „Kostbar ist in den Augen des Herrn der Tod seiner Frommen" (Psalm 116,15; Elberfelder Bibel). An Levis Verband hat sich ein Blutfleck gebildet. Ich bringe die Tablettenpackung zurück in den Arzneischrank. Dann ziehe ich den Stift aus der Spiralbindung des Notizbuches, das offen bereitliegt, um die Liste fortzusetzen, die jetzt von tausend bis unendlich reicht. Langsam schreibe ich:

Levis Zeigefinger
Verbandszeug und Schmerzmittel

Wie selten erkenne ich das Wunder und die Gnade darin, dass mir zwei geschenkt werden.

Wenn mir bewusst wird, dass nicht Gott mir etwas schuldet, sondern dass ich tief in seiner Gnadenschuld stehe, wird dann nicht *alles* zum Geschenk?

Es hätte auch anders kommen können.

Als am nächtlichen Himmel der erste Lichtstreifen erscheint, wecke ich Levi. Blasses Licht schiebt sich über unsere Felder. Heute haben wir den Termin im Krankenhaus, auf uns warten ein Operationstisch und ein Chirurg. Er ist schläfrig, schleppt sich zur Hintertür, hält vorsichtig die verletzte Hand gegen die Brust, während ich ihm seine Schuhe zubinde. Der Farmer lehnt an der offenen Tür. Er nimmt meine Hand, ich fasse nach Levis gesunder Hand. Wir wollen beten, für die Fahrt, das Schneiden, die Heilung.

In diesem Moment kommt es von meinen Lippen, nur ein leises Murmeln …

„Herr …" All die Gefühle, die sich seit dem Rotorblatt und dem Brechen des Knochens aufgestaut haben, alle Fragen steigen in mir auf, heiße Lava, die nach außen drängt. Ich will sie zurückhalten, sie schlucken. Ich spüre den Druck der kräftigen Hand des Farmers.

„… dass ich Tag für Tag, Tag für Tag unersättlich alles aus deiner Hand nehme, was mir gut erscheint – wie ein Kind, das nach Süßigkeiten giert …" Meine Stimme versagt. Ich war wie eine Diebin, die so viel Gutes an sich reißen, bei sich horten wollte.

„… und dass ich mich heftig wehre gegen das, was auch aus deiner Hand kommt, mir aber schlecht erscheint – was sich anfühlt wie ein Mund voller Kieselsteine –, Vater, *vergib mir* … Das Gute nehmen wir von dir an, sollten wir das Böse nicht auch annehmen?" (Hiob 2,10).

Ich bete das Gebet von Hiob und heiß strömen mir die Tränen übers Gesicht.

Kann es sein, dass die Schwierigkeiten, die wie Kieselsteine im Mund sind, sich nur so schrecklich *anfühlen*? Was, wenn der Glaube sagt: *Alles ist gut?* Ich denke darüber nach. Aber kann ich es wirklich in die Tat umsetzen?

Ich nehme Levi, stütze seine verletzte Hand, der Mann an der Tür küsst uns beide zum Abschied, dann fahren wir durch die Morgendämmerung. Aus dem Radio kommen Nachrichtenfetzen von Präsidenten und Prominenten. In den Milchküchen scheint das Licht, die Farmer gehen an ihre Arbeit. Ich schalte das Radio aus und lege die Bibel-CD ein. Das Evangelium nach Matthäus wird gelesen. Schlafende Ortschaften, erleuchtete Küchen, wir hören: *Jesus sagte ... Dann antwortete Jesus ... und eine Stimme vom Himmel sagte ...* Meine Finger umklammern das Lenkrad. Wir rollen über eine Kreuzung, wo sich zwei spärlich beleuchtete, unbefahrene Landstraßen treffen. Ich denke nach, staune. Aus denselben Lautsprechern können verschiedene Worte kommen – Worte von Präsidenten, Würdenträgern. *Jetzt hören wir die Worte Gottes.*

Straßenlaternen bohren Licht-Löcher in den grauen Morgen. Sanft streichle ich Levi, bin voller Ehrfurcht: „Wir hören *Gott* zu." Ich höre die Stimme, wie sie klar und deutlich aus dem Lautsprecher kommt:

Jesus antwortete: „In den Heiligen Schriften steht: ‚Der Mensch lebt nicht nur von Brot; er lebt von jedem Wort, das Gott spricht'" (Matthäus 4,4).

Ich höre zu und empfange Leben durch die Worte, die direkt aus seinem Mund kommen. Die Schlange will mich mit ihren Lügen auf den abschüssigen Weg des Misstrauens gegenüber Gott führen. Sie will mir weismachen, dass Gott statt Gutem Steine gibt, dass er mich in der Wüste hungern lässt. Satan will mein Lehrer sein, mir zeigen, wie ich die Steine eines harten Gottes in Brot verwandeln kann, um meine hungrige Seele damit zu füllen. Doch dann höre ich es im Morgengrauen dieses

Julimorgens, aus den Lautsprechern meines Autos. Der Sohn Gottes selbst sagt, dass es nur *einen* Weg gibt, um das Leben im Überfluss zu finden. Leben kommt „von jedem Wort, das Gott spricht".

Mehr brauchte Jesus nicht, um in der Wüste zu überleben und den verlockenden Angeboten Luzifers zu widerstehen, nur dieses: „Es steht geschrieben."

Das *Wort Gottes* verwandelt Steine in Nahrung, es füllt unsere innere Leere mit dem, was wirklich gut ist und zufrieden macht, *es lässt die Augen sehen* und füllt die Seele mich Licht.

Ich schaue auf die Uhr … in drei Stunden soll Levi in den Operationssaal geschoben werden. Das Wort Gottes kommt aus den Boxen. Levi schläft wieder ein. Die Landschaft öffnet sich vor mir, Sonnenlicht fällt auf die Erde, der Weizen leuchtet wie Gold.

Ich fahre aus dem Dunkel der Nacht in die Herrlichkeit des Morgens.

Mir wird bewusst, dass neues Leben immer aus der Dunkelheit kommt, nie ist es anders gewesen. Gott sprach in die Finsternis und es wurde Licht. Bevor diese Weizenhalme hier standen, waren sie auf ein Samenkorn reduziert, embryonale Weizenkörner, im Leib der Erde verborgen, doch voller Hoffnung. Zartes neues Leben beginnt immer im Verborgenen. Aus meinem eigenen dunklen Leib kamen sechs Menschen, neues Leben, feucht und frisch.

Neues Leben kämpft sich immer aus der Dunkelheit hervor.

Das Leben der Fülle entspringt aus der Finsternis von Golgatha, in das tiefschwarze Felsengrab brach das strahlende Licht des Ostermorgens.

Die Finsternis am Kreuz schenkt der Welt neues Leben. *Anders geht es nicht.*

Also … *ja*: Das Leiden in dunklen Zeiten ist die Nabelschnur, aus der sich neues Leben speist.

Im *Leiden* liegt die Möglichkeit, *Gnade* zu gebären.

Gnade, die das Kreuz des Leidens auf sich nimmt, *überwindet* das Leid.

Ich atme tief ein.

Dann öffne ich das Fenster, fahre an einer Wiese entlang, nehme den Duft des blühenden Klees auf und erfreue mich an den dichten Reihen aus wildem Sonnenhut, die sich in der sanften Morgenluft wiegen. Ich versuche, mich zu konzentrieren, klar zu denken. Mein Schmerz, meine Dunkelheit – der Schmerz der ganzen Welt, die Dunkelheit der ganzen Welt –, *das alles* könnte tatsächlich wohlschmeckend sein, der Ausgangspunkt für neues Leben?

Ja. Leere kann die Fülle der Gnade hervorbringen, denn in der Leere haben wir die Möglichkeit, uns Gott zuzuwenden, dem Einzigen, der Gnade geben kann. So finden wir den Weg zur Freude in Fülle.

So verwandelt Gott unsere Welt?

Dunkelheit verwandelt er in Licht, Schlechtes in Gutes, Trauer in Gnade, Leere in Fülle. Gott kennt keine Verschwendung – er ist es, „der alles nach dem Rat seines Willens bewirkt" (Epheser 1,11; Elberfelder Bibel).

Wir biegen in den Klinikparkplatz ein. Ich parke gegenüber einer Pforte, auf der „Onkologie" steht. Eine Mutter schiebt einen kleinen Rollstuhl durch diese Tür, ihr kahler Sohn hält einen Plüschtiger im Arm. Ich öffne Levi die Autotür.

Ich trage meine Brille, und ich bete, dass Gott mir hilft zu sehen. Wer weiß, wann ich an der Reihe bin, um auf den Berg der Verklärung zu steigen?

Levi und ich sitzen auf harten Stühlen und warten. Der türkisfarbene Wandanstrich im Wartezimmer blättert ab. Es wird gerade renoviert, eine Ecke des Raumes ist hinter Plastikfolie versteckt. Auch unter uns findet Verwandlung statt. Wir sind umgeben von Körpern mit gebrochenen Knochen, mit

Verbänden und Gehstützen … verbrannte Haut unter Mull, offen liegende verletzte Haut, genähte Haut, fleckige Haut, narbige Haut. Keiner sagt etwas. Wir versuchen, einander nicht anzustarren. Ich erinnere mich: „Die große Mystikerin Teresa von Ávila beklagte sich einmal im Gebet über all die vielen Drangsale und Widerwärtigkeiten, unter denen sie zu leiden hätte. ‚So behandele ich meine Freunde', antwortete ihr der Herr. Teresa versetzte: ‚Darum hast du auch nur so wenige.'"[5] Darf ich Gott gegenüber so ehrlich sein?

Wie David beklage ich mich: „Warum, Herr …?" (Psalm 10,1; Elberfelder Bibel). Warum wird diese geschundene Welt von so viel Verlust zerfressen? „Herr! Hast du mich für immer vergessen? Wie lange …?" (Psalm 13,2). Wie lange wird es noch dauern, bis jedes Baby gedeihen kann, bis alle Kinder mit Eltern aufwachsen können, die in Liebe verbunden sind, bis jeder Mutterleib von Leben erfüllt wird, bis jede onkologische Klinik leer steht und wir alle gemeinsam alt werden? Wie lange? Nicht weit von unserem Haus entfernt räumt eine mennonitische Mutter die Kleider ihres toten Sohnes weg. Ich selbst sitze in einem Raum voller Verletzter und ich flehe: *Bitte!* Er nimmt meine leeren Hände und führt mich an den Ort, wo seine Liebe hörbar wird. *Mag sein, dass es dir erscheint, als würdest du Verluste erleiden, aber gibt es bei mir überhaupt echten Verlust? Ist nicht alles, was Christus gehört, auch dein? Geliebte Menschen, die du verloren hast, bleiben sein – sind sie somit nicht auch dir geblieben? Gehören mir nicht alle Tiere auf dem Feld, gehört mir nicht alles? Solange du nicht Christus verloren hast, Kind, gibt es keinen Verlust. Denke daran: „Der Weg in Gottes neue Welt … führt uns durch viel Not und Verfolgung"* (Apostelgeschichte 14,22). *Nur wenn du das Leiden meines Sohnes mit ihm teilst und ihm gleich wirst in seinem Tod, wirst du Christus und die Kraft seiner Auferstehung kennen* (Philipper 3,10).

Ich nicke leise. *Ja, Vater, du sehnst dich danach, alles zu verwandeln, wie lange es auch dauern mag. Du willst alles verwandeln.*

Der faltige Mann im Rollstuhl mit seinen verbundenen Beinen, das Mädchen mit den Bisswunden eines Hundes im Gesicht, das Elend dieser Welt, ich *sehe* es und erkenne darin das Schöne im Hässlichen, die Verwandlung des Bösen in Gutes. Ich denke an den postimpressionistischen Maler Paul Gauguin, der den gleichen Gedanken zum Ausdruck brachte: *Le laid peut être beau*, das Hässliche kann schön sein. Leben wird aus der Dunkelheit geboren, Leiden kann Gnade freisetzen.

An der Universität habe ich von den Entwicklungspsychologen gelernt, dass Neugeborene, denen man zwei verschiedene Porträts zeigt, 80 Prozent der gegebenen Zeit auf das hübschere Gesicht schauen. Also brauche ich wohl eine Brille, um durch das Hässliche hindurch das Schöne sehen zu können. Ich selbst muss verwandelt werden, um einem Königreich angehören zu können, in dem der Prinz in eine schmutzige Futterkrippe gelegt wird, in dem der heilige Gott die Wunden der Leprakranken berührt, mit Betrügern isst und sich selbst mit Nägeln durchbohrt, an einem Kreuz, das wir heute als Schmuckstück tragen.

Stört sich der Sohn Gottes an dem Geruch einer Frau, deren Kleider seit zwölf Jahren ihre Blutungen aufsaugen? Nein, er redet sanft und freundlich mit ihr. Er weicht nicht vor dem verrückten Blick, den Schimpfworten und dem Mundgeruch des von Dämonen besessenen Mannes zurück. Wurde nicht die göttliche Schönheit selbst in Hässlichkeit verwandelt? „Er war weder schön noch stattlich, wir fanden nichts Anziehendes an ihm" (Jesaja 53,2). Er wurde unansehnlich, damit wir verwandelt werden können. Der Gott, der auf dem Berg der Verklärung erschien, hat nicht aufgehört, Augenblicke zu verwandeln – alles, was dunkel, böse und leer ist, verwandelt er in Licht, Gnade und *Fülle*.

Ich nehme die Worte von Thomas von Aquin zu Herzen, der Schönheit mit den Worten *Id quod visum placet* definierte – was zu sehen ist, gefällt.[6] Wenn es Gott Freude bereitet, all das Hässliche in Schönes zu verwandeln, *dann ist der Akt der Verwandlung schön.* Gibt es *irgendetwas* in der Welt, das wirklich hässlich ist? Wo ist der Fluch?

Levi schaut auf die Uhr und zählt die Minuten. Er hat Sommersprossen auf dem Nasenrücken und eine lustige Locke in der Stirn, die trotz des kurzen Haarschnitts nach vorne fällt, er hat zwei Hände, er atmet, meinem Jungen wurde ein weiterer Tag geschenkt. Er lehnt sich an meine Schulter, seine verletzte Hand liegt in meinem Schoß. Mein Blick ruht auf seiner hässlich-schönen Hand. Dabei sehe ich mich selbst. Ich bin wie amputiert, habe mein Leben zerhackt in gute und schlechte Zeiten, Augenblicke der Gnade und des Fluches. Ich habe mein Leben zerschnitten und mich dabei selbst von dem Gott abgeschnitten, von dem Jeremia schreibt: „Es macht ihm selbst keine Freude, seinen Kindern Schmerz und Kummer zu bereiten" (Klagelieder 3,33). Dieser Gott arbeitet unermüdlich daran, Leid in Gnade zu verwandeln. Ist das nicht die zentrale Botschaft des Christentums? Die gute Nachricht des Evangeliums lautet, dass alle Menschen, die im Tal der Todesschatten leben, in neues Leben hineingeboren werden. Die Verwandlung der leidenden Welt ist in vollem Gang. Leiden ist die Grundlage für Gnade. Schmerz und Freude sind wie zwei Arterien des einen Herzens, Klagen und Tanzen sind die Bewegungen einer unvollendeten Symphonie der Schönheit. Kann ich der guten Nachricht Glauben schenken, dass Gott alle Zeilen meines Lebens geduldig in ein Lied für seinen Sohn verwandelt?

Was – um alles in der Welt – ist eigentlich Gnade?

Ich weiß es jetzt gewiss: *Alles ist Gnade.*

Ich blicke durch den Wald dieser Welt hindurch: Gott ist immer gut und ich werde immer von ihm geliebt.

Gott ist immer gut und ich werde immer von ihm geliebt.

Alles ist eucharisteo.

Mit seinem *eucharisteo* hat Jesus uns bei seinem letzten Mahl vor der Kreuzigung gezeigt, wie alle Dinge verwandelt werden können. Er hat den vorhandenen Schmerz genommen, hat dafür gedankt und ihn in eine Freude verwandelt, die alle Leere ausfüllt. Ich fange an, es zu begreifen: *Das ist das schwere* eucharisteo, sich dem Hässlichen hinzugeben, Dank dafür zu flüstern und es so in Schönheit zu verwandeln. Das ist die *schwere* Übung, allezeit für alles dankbar zu sein, weil Gott durch und durch gut ist. Es ist die *schwere* Übung, auch leidvolle Erfahrungen auf die Liste der Gnadengeschenke zu setzen, denn so, wie der Chirurg den Finger meines Sohnes aufschneiden wird, um ihn wiederherzustellen, so will Gott auch in mein undankbares Herz schneiden, um es zu heilen.

Alles ist Gnade, *weil alles verwandelt werden kann.*

Levi liest in seinem Buch, mit der gesunden Hand hält er es in seinem Schoß. Ich lese den heiligen Text des Schmerzes, der unter Verbänden liegt, den hell erleuchteten Text über verdrehte Knochen, den Text über Krücken und Gehstöcke. Ich trage die Brille des Wortes und sehe, wie sich die ganze Welt in die Schönheit Christi verwandelt, *wie alles* eucharisteo *ist.* Als ich Levi im Aufwachraum wieder begegne, ist sein Gesicht schmerzverzerrt, Blut sickert aus seinem Verband, seine Zunge ist geschwollen und heiß. Ich streiche über sein Haar, beuge mich über das stahlglänzende Gitter und lege meine Wange an sein glühendes Gesicht. Sanft frage ich, ob er Wasser möchte. Er nickt. Ich schiebe ihm den Strohhalm zwischen die Lippen.

In einem neuen Licht, das anbricht, beugen wir uns im Krankenzimmer über ein Glas Wasser und trinken die Süße dieser Welt.

KAPITEL SECHS

was willst Du? Der Ort, an dem Gott zu sehen ist

Jedes Mal, wenn du Freude an Gottes Geschöpfen empfindest, dann begnüge dich nicht damit, dich allein an ihnen zu freuen, sondern erkenne durch sie hindurch Gott und sage ihm: „Mein Gott, wenn deine Geschöpfe schon so schön sind und mir so viel Freude bereiten, wie unendlich viel schöner und herrlicher musst du selbst sein, Schöpfer von allem."

Nikodemus vom Heiligen Berg

„Das wird dir gefallen."

Er legt seine großen Arbeiterhände auf meine Schultern und zieht mich zu sich heran. Ich kämpfe gegen das Gefühl an, mich ihm zu entziehen.

Nicht, dass ich seine Nähe nicht liebe. Ich mag es, wenn seine Hände mich berühren, wenn er mir sanft ins Ohr flüstert, seine Augen mich einladen. Aber der Zeitdruck umklammert mich mit festem Griff und macht es mir schwer, den Augenblick zu genießen. Ich kann die heilige Fülle der Gegenwart jetzt nicht zulassen. Es ist spät und ich muss noch acht Teller füllen. Sechs aufgedrehte Kinder toben durch die Küche, haben die Hände nur flüchtig, die Füße noch gar nicht gewaschen, prusten und lachen über alberne Witze. Ich habe das Essen noch nicht auf dem Tisch, habe das Brot noch nicht aufgeschnitten, habe Basilikum, Oregano und Petersilie noch nicht weggeräumt. Karotten- und Zwiebelschalen liegen herum, Gläser mit passierten Tomaten sind noch nicht geöffnet, ich muss den Käse noch reiben, der in die Suppenteller gestreut werden soll. Danach muss das Geschirr abgewaschen, der Boden gewischt, die Kinder ins Bad geschickt, die Betten aufgeschüttelt werden. Dann werde ich mich zum Gebet an ihre Betten knien, um sorgenvolle, lange und so notwendige Gebete gen Himmel zu schicken. Mein Notizbuch mit der Dankesliste liegt unter einem Stapel unerledigter Papiere. Meine unendliche Liste – gestern noch habe ich so viel geschrieben:

das Umblättern einer Buchseite
nachlassendes Schluchzen eines Kindes
Jungs, die ein Lied summen
das Klicken des Sicherheitsgurtes
das Holpern des Autos auf steinigen Straßen
der Wind, der durch die offenen Autofenster bläst
Pferdehufe klappern auf einer Seitenstraße
Wäsche, die im Wind trocknet
das Rattern der Kutsche
das Quietschen der alten Schaukel
Gelächter

– doch nichts davon zählt jetzt. Meine Kamera liegt mit der Linse nach unten in einer Schublade, die Fenster sind voller Fingerabdrücke, in meinem Kopf jagen sich die Gedanken, und als ich den Wasserkrug zum Tisch trage, hinterlasse ich einen dicken Wassertropfen auf der Arbeitsplatte. Kreisrund schaut er mich an, als wäre er ein Auge.

Ich bemerke ihn.

Einen Moment lang starre ich zurück.

Dann wische ich ihn weg.

Das Getöse der Kinder wird lauter, ich spüre, wie mein Ärger anschwillt, fast hätte ich dem Druck nachgegeben und Worte gesagt, die den Moment zerstört und den anderen verletzt hätten, Worte wie: „Hat das nicht auch noch später Zeit?"

Doch er bleibt zärtlich in meiner Nähe, lächelt breit, mitten hinein in den Knoten meiner Angst. Seine Hände streichen an meinen Armen entlang, kühn, blind vor Liebe, seine starken Finger schieben sich zwischen meine. „Komm."

„Ausgerechnet jetzt?" Sieht er die Kinder nicht, hört er ihr Lärmen nicht, spürt er nicht, wie hungrig sie sind?

Er lächelt weiter, einfältiges Grinsen, Kind im Mann, der sein Geheimnis nicht mehr lange für sich behalten kann.

Dann schiebt er mich die unmögliche Entfernung von zwei Schritten hin zum Fenster. Ich bin sprachlos. Staunend steht mein Mund offen.

Sein Flüstern windet sich um die Kurven meiner Ohrmuschel. „Als ich das gesehen habe, wusste ich, dass du es auch haben willst."

Es haben wollen? Kann man das haben? Wer kann bei diesem Anblick auch nur atmen? Meine Augen sind groß und rund wie der Mond, wie eine Mondsüchtige erstarre ich.

„Kannst du das Essen …? Dann könnte ich …" Was könnte ich? Was genau ist es, das ich will?

„… dann könnte ich hinausrennen."

Er lacht über mich, wie ich dastehe mit großen Augen, aber das macht mir nichts aus, so kennt er mich. Er hat eine Suchende, eine Sammlerin und Jägerin geheiratet. Nein – so geheiratet hat er mich nicht. Aber ich bin dazu geworden. Die Beschäftigung mit *eucharisteo* verändert mich, während ich Gott meinen Dank opfere. Meine Seele ist halb verhungert und hier lädt Gott mich zu seinem Fest ein. Ich kann nicht anders – ich will den Mond berühren. Heute ist er so nah, heute wird es möglich sein. Vielleicht.

Er grinst, nickt, ich atme erleichtert aus, greife schnell noch nach der Kamera, lasse die Schublade offen stehen und jage hinaus, stürme durch die hintere Tür, über den Rasen, die Schürze noch immer an.

Ich fliehe. Es ist mir peinlich, wie damals, als ich die Käsekrümel fotografiert habe, aber ich bin wieder vier Jahre alt. Es ist der Frühling, nachdem wir Aimee verloren haben, mein nur zwölf Monate und dreizehn Tage jüngerer Bruder John und ich rennen im Abendlicht über die Felder. Wir wollen die Sonne berühren, den glühenden Ball, der den Horizont entflammt. Über uns der wilde Flug der Schwalben, im roten Abendlicht schwirren die Insekten und füllen die Schnäbel der Vögel. Unsere Mama sitzt am Rand der Wiese, hält meine fünf Monate alte Schwester im Arm und sieht uns zu. Sie weiß, dass wir die Sonne fangen wollen, versteht unser Verlangen und lächelt. Wir rennen und rennen. Mein Vater fährt mit dem Traktor übers Feld und gräbt die Erde auf.

Jetzt bin ich alt. Warum renne ich heute auf den Mond zu? Ich weiß schon seit damals, dass es nicht möglich ist, bis zum Horizont zu laufen und die Ehrfurcht zu berühren. Es hat mich traurig gemacht, das zu verstehen. Ob die mennonitische Nachbarsfamilie gerade aus dem Küchenfenster schaut und sieht, wie die Frau des Farmers mit ausgebreiteten Armen über das Stoppelfeld fliegt? Ich habe meine Schuhe an. Stehen meine eigenen Kinder am Fenster und drücken sich die Nasen platt, damit ihnen nichts entgeht?

Die Rundung des Mondes ist gewaltig, weiß glühender Planet, der unseren streift. Ich spüre seine Anziehungskraft, wie eine Perle hängt er in der Weite des Himmels und zieht mich hinaus ins All.

Wenn ich bis zum Ende des Feldes renne, bis an den Rand der Erde, kann ich dann über die glänzende Krümmung streichen und das lilienweiße Licht trinken?

Ich lache, bin *doch noch* ein Kind.

Es ist der Mond der Erntezeit, der über den goldenen Feldern schwebt, kugelrund und voller Herrlichkeit. Unaufhaltsam steigt er auf. Ich halte meine Schürze zusammen und beschleunige meinen Lauf über das Stoppelfeld. Wer bin ich, dass ich solche Herrlichkeit mit bloßem Antlitz betrachten darf? Ist es das, was ich als Kind gesucht habe?

Bin ich deshalb zur Essenszeit davongelaufen, eine Mutter, die zu Hause, im Hier und Jetzt, keine Herrlichkeit sehen kann? *Immer noch nicht?* Ich, die langsamer wird, um zu jagen, die nach weiteren tausend Gaben sucht, Heiligtümern des Augenblicks, der Fülle des Lebens, die aus der dunklen Leere hervorbricht, dem ganzen Wunder des *eucharisteo*. Ja – ich bin diese Kind-Frau. Ich lebe mein Leben in Kreisen, entdecke etwas, betrete Neues, vergesse und verliere es wieder, finde einen neuen Zugang, lebe schichtweise – gehe tiefer, werde runder, tauche ein. Ich kenne *eucharisteo*, ich kenne das Wunder. Aber ich lebe das, was ich erkannt habe, nicht völlig aus. Vielmehr bin ich wie eine wandernde Israelitin in der Wüste. Ich sehe die Feuersäule am Himmel, die Rauchsäule, den in Rauch gehüllten Berg, die Erde, die sich auftut, das Meer, das Bahn macht – ich sehe und vergesse. Meine Seele leidet unter ständigem Gedächtnisschwund. Immer wieder entgleitet mir die Wahrheit und ich muss mich neu füllen mit ihr. Täglich muss ich kommen – meine Knie beugen, zupacken, mich erinnern –, es ist nicht möglich, das Manna ein für alle Mal zu sammeln, zu horten und im Herzen zu bewahren, um mich ein Leben lang davon zu nähren.

Pfeilförmig fliegen die Gänse zum Mond, sie erreichen ihn vor mir. Wie ein schwarzer Schatten schießen sie durch die weiße Kugel. Ich werde schneller. Die Gänseschar hebt den Mond in die Nacht, die sich langsam herabsenkt. Einsame Rufe kündigen den nahenden Herbst an. Sie durchdringen mich. Dort, wo unser Zaun verläuft, wo unser Weizenfeld an fremdes Land angrenzt, halte ich keuchend inne, sinke auf die Erde. Der Mond steigt auf den Flügeln der Gänse hinauf.

Ich bin irdisch, sie sind himmlisch. Ich kann nur zusehen.

Bin ich deshalb hier?

Die Macht dieser Schönheit zerreißt mir die Lungen. Es brennt in meiner Brust.

Ich hatte es niedergeschrieben, nachdem ich es gelesen hatte, um es nicht zu vergessen: Das hebräische Wort, das überall in der Bibel verwendet wird, um die Herrlichkeit Gottes zu beschreiben, heißt *kabod*. Seine ursprüngliche Bedeutung ist „Schwere".

Die Dämmerung, die Kathedrale des Abendhimmels, das Feld und der dickbäuchige Mond – alles ist voller Schwere, schwer vom Gewicht der Herrlichkeit. Ich habe Mühe, zu atmen: Die ganze Erde ist erfüllt von seiner Herrlichkeit. Der Himmel, die Erde, das Meer, alles ist schwer und gesättigt, getränkt von Gott. Wie kann ich das nur immer wieder vergessen? Ich bin genau wie Jakob, der vom Schlaf hochschreckte, noch ehe der volle Mond aufgegangen war. „Jakob erwachte aus dem Schlaf und rief: ‚Wahrhaftig, der Herr ist an diesem Ort, und ich wusste es nicht!' Er war ganz erschrocken und sagte: ‚Man muss sich dieser Stätte in Ehrfurcht nähern. Hier ist wirklich das Haus Gottes, das Tor des Himmels!'" (1. Mose 28,16–17). Auch dieser Augenblick, dieser Ort – ist nichts anderes als ein Tor zum Himmel. Die Herrlichkeit Gottes regnet auf mich herab, ebnet mit ihrer Schwere alles ein, was sich auf Erden erhebt, die Gnade bricht durch, reißt den Himmel entzwei und mich dazu. Überall sind Tore und Fenster, ich wusste es nur nicht. Nein, ich wusste es schon einmal, aber ich hatte es wieder vergessen. Jetzt erinnere ich mich.

Das Gewicht der göttlichen Herrlichkeit, nicht als bloße, flüchtige Vorstellung, sondern täglich und überall – durchlöchert den Mantel der Erde und der Himmel scheint durch die Poren. Ich knie im Weizenfeld, mondsüchtig.

Über den Rand der Erde gebeugt wartet Jesus. Er fordert mich auf, mich zu drehen, zu ihm zu kommen, egal wie oft mir mein Ziel wieder entgleitet und in Vergessenheit gerät. Sanft stellt er mir die Frage, die auch jener Blindgeborene ihm beantworten musste: „Was soll ich für dich tun?" (Lukas 18,41).

Warum bin ich so gerannt?

Eine Mutter mit Kindern, eine Ehefrau mit einem vollen Haus, aber auch das Kind des Vaters, das *eucharisteo* lebt, selbst die schwere Form davon. Seine Augen ruhen auf mir, dort im Mondlicht, sein Blick durchdringt meine Schale, warm strömt sein Atem in mein Herz. Er *weiß*, was ich will, was ich brauche. Hat er mich hierhergerufen, damit ich meine eigene Seele wieder ausrichten kann auf ihn? *Was soll ich für dich tun?*

Ist das nicht die Frage, zu der wir immer wieder zurückkehren müssen, immer und immer wieder? Wer kennt die Antwort?

Ich spüre sie in meiner Brust, lange bevor sich eine Antwort oder der Ansatz einer Antwort in meinen Gedanken oder Worten formt. (Kommen nicht alle tiefen Antworten als schichtweise zunehmende Erkenntnis?) Mein Körper weiß es zuerst, die Spannung von meinen Schultern fließt ab, mein Herz entkrampft sich. Ich entspanne mich, atme tief ein. Ich werde ruhig. Das Mondlicht fließt über mich und ich lächle. *Was soll ich für dich tun?* Warum bin ich gerannt? Den ganzen Sommer über bin ich mit Levi in die Stadt gefahren, immer wieder gab es Nachsorgetermine beim Chirurgen. Ein Sommer mit Terminen bei der Physiotherapie, dazu die täglichen Übungen, dehnen, beugen. Das steife Gelenk musste bewegt werden, die narbige Haut, das harte Gewebe, sollte elastisch werden. Besteht nicht das ganze Leben aus diesem Bemühen, das harte, vernarbte Gewebe, das die Verletzung des Sündenfalls hervorgerufen hat, wieder beweglich zu machen? Es war ein Sommer voller Schmerzen. Ständig waren wir unterwegs. Es war ein Sommer der Gnade. Ständig offenbarte sich mir mehr davon. Der Schmerz ist allgegenwärtig, aber überall, wo Schmerz ist, lässt sich auch die Gnade finden. Und ja, Jesus, ich kämpfe und ich verliere die Orientierung und ich drehe mich im Kreis, aber ich weiß – zumindest teilweise –, was ich will. Wäre ich nie gerannt, wäre ich nie auf meinen Knien gelegen, so wie hier, so wie jetzt, hätte ich dieses klare Wissen nicht gehabt. Ich mag nicht alles verstehen, aber *das* ist es, was ich will.

Das Königreich der Herrlichkeit, die Perle von unschätzbarem Wert, den Acker mit dem Schatz, den ich besitzen will, für den ich alles andere aufzugeben bereit bin. Diese Perle erfüllt mich mit pulsierender Freude, glasklar und ungetrübt, ich bin weit offen für mehr von seiner Herrlichkeit.

Es gibt nur einen Ort, den ich sehen will, bevor ich sterbe. Es ist der Ort, an dem ich Gott sehen kann.

Danach verzehre ich mich: Ich will mehr von seiner Herrlichkeit.

So flüstere ich mit dem blinden Bettler: „Herr, dass ich sehen kann" (Lukas 18,41; Elberfelder Bibel).

Jeder Herzschlag verlangt danach: *„Sehen. Sehen."*

Die Kamera!

Ich ziehe die Kamera aus meiner Schürzentasche. Wie kann dieser Sensor, dieser kleine Apparat in meiner Hand, das festhalten, was meine Augen gesehen und meine Seele gespeichert hat? Ich kauere mich tief ins Stoppelfeld an den Rand des Ackers und ziele auf den Mond. Ich will die Schönheit sehen. Im Hässlichen, im schmutzigen Geschirr in der Spüle, im Leid, im Alltäglichen, an jedem Tag meines Lebens, in den Augenblicken vor dem Einschlafen. Sehnen wir uns nicht ständig nach Schönheit, die uns entzündet, bevor wir sterben? Gibt es etwas, das uns mehr entfacht als diese heiße Flamme? Alles, was herrlich ist, ist schön. Gott selbst ist die Verkörperung der Schönheit, manifestierte Herrlichkeit. Danach sehne ich mich: Ich hungere nach Schönheit. Das ist der Grund, warum ich unaufhörlich weiterjagen und sammeln muss. Würde ich aufhören, nach Schönheit zu suchen, würde meine Seele dann nicht verhungern, mein Leben dahinschwinden?

Ich lache – ich bin gerannt. Ich habe versucht, den Mond zu greifen. Es ist die Sehnsucht nach Schönheit, die mich treibt. C. S. Lewis schrieb darüber, sprach vom Sehnen, das so stark ist wie eine Sucht. Ich bin gerannt, weil ich mich wie wahnsinnig nach Schönheit sehne. Ich bin eine Frau, die kurz vor dem Abendessen in ihrer Schürze davonläuft, um den Mond zu berühren. Gelingt es mir nicht, die Schönheit zu finden, dann wird meine Seele unruhig, mürrisch und verrückt. Dabei war mir gar nicht bewusst, wie sehr ich mich nach Schönheit gesehnt habe, bis ich dem Mond entgegengelaufen bin. Heute fühle ich mich so zerfleddert, so ausgelaugt und verbraucht, zwischen all dem Geschirr, dem Schmutz und den tausend Kleinigkeiten der Kinder. Hatte ich nicht gestern noch die Augenblicke der Gnade gezählt? Gestern war meine Seele noch gesättigt. Verbraucht sich das so schnell? Wie eine Sucht, wie ein ständiges Verlangen nach mehr, das sich nicht unterdrücken lässt, so will ich immer noch *mehr* Schönes sehen, noch *mehr* von Gottes Herrlichkeit. Dafür bin ich gemacht – um ihm mehr Ehre zu geben, mehr *eucharisteo*, mehr, mehr. Was gestern war, ist nicht genug, *ich brauche heute Manna, sonst verhungere ich.*

Meine ganze Aufmerksamkeit gilt dem Mond in seiner göttlichen Herrlichkeit, schwer und aufsteigend. Hier knie ich und frage mich, wie dieser schwebende Fels so strahlen kann – mit seinem himmlischen Licht. Diese Schönheit ist nicht natürlich, sie entstammt nicht der Natur. Sie ist nicht nur Form und Farbe, sondern der „Saum von Gottes leuchtendem Gewand".[1] Schönheit ruft uns mit ewiger Stimme, wir sehen sie und jagen ihr nach. Traue nicht den Philosophen, auch nicht allen Propheten, bestimmt nicht den Pharisäern (vor allem denen nicht, die einem aus dem Spiegel entgegenschauen), doch wer könnte der Schönheit misstrauen? Schönheit muss sich nicht rechtfertigen, nicht erklären, sie besteht und durchdringt. Wenn ich Schönheit sehe, fühle ich, auch wenn ich es nicht in Worte fassen kann: Jemand steht ursächlich dahinter, ist darin. Schönheit ist die Vollendung von IHM.

Ich lebe!

Ich ziele und drücke ab, ziele und drücke ab.

Wie ein Jäger versuche ich, Beute zu machen. Doch die Kamera kommt nicht nahe genug heran, reicht nicht weit genug, ist nicht hell genug, um mein Jagdfieber zufriedenzustellen.

Was ist es, das da so unaufhörlich, so heiß und brennend durch mich hindurchfließt, während ich hier sitze und Fotos mache? Ich *muss* die Schönheit Gottes suchen. So ist mein Innerstes geschaffen, ich suche immer nach etwas, das es wert ist, angebetet zu werden. Solange ich lebe, verehre ich etwas. Habe ich nicht Gott vor Augen, so beuge ich mich vor etwas anderem.

Bin ich zum Mond gelaufen, um ihn anzubeten? Nicht den Mond, sondern die wahre Schönheit, die Schönheit des Schöpfergottes. Gott ist in jedem Augenblick, den ich wahrnehme, gegenwärtig. Ich muss nicht den Wind in den Pinien vergöttern oder den Schnee auf den Tannen, auch nicht den Mond über dem abgeernteten Feld. Es ist ein Unterschied, ob ich die sichtbare Welt als Gott verehre, wie der Pantheismus es lehrt, oder ob ich die Gegenwart des unsichtbaren Gottes in der Schöpfung erkenne. Während ich hier knie, weiß ich es, in der Stille, im Zwielicht des Abends: Die Natur ist nicht Gott, sondern Gott zeigt in der Natur das Gewicht seines Wesens. Durch die Brille der Natur kann ich seine Herrlichkeit erkennen. Einem meiner Söhne habe ich einmal erklärt, dass *Theologie* aus den zwei Teilen *theos* und *logos* besteht – aus Gott und dem Studieren aller Texte über ihn. Bei dem Begriff „Theologie" dachte ich an die dicken Konkordanzen oben auf unserem Regal im Arbeitszimmer. Aber ist das, was ich heute Abend erlebe, die Offenbarung Gottes hier auf unserer Farm, nicht auch ein tiefes Studium seines Wesens?

Wie sehr sehne ich mich danach, dass seine Herrlichkeit mit ihrem ganzen Gewicht auf mein Denken trifft, dass sie die schweren Ketten des Materialismus sprengt, den Käfig aus betäubendem, leerem Zeitvertreib zerbricht und das Eis der gefrorenen Herzen zum Schmelzen bringt. Ich will den Gott sehen, der sich den Mantel meiner Haut überzieht und mich in diesem verfallenden, sterblichen Körper nicht alleine lässt. Ich will den Gott sehen, der seine Gaben in Krankenhäusern und an offenen Gräbern verteilt, in Obdachlosenunterkünften und

Flüchtlingslagern. Er lässt seine Herrlichkeit wie Regen auf ein Feld voller Sonnenblumen fallen, lässt Sterne über einer Wiese strahlen und silberglänzende Schuppen flussaufwärts schwimmen, während das Abwasser flussabwärts strömt. *Eucharisteo* ist überall. Ich will es überall sehen. Und nicht mehr vergessen, wie sehr mich danach verlangt, es zu sehen.

Hier. Wie konnte ich nur vergessen, wie groß meine Sehnsucht ist?

Ich möchte mich niederbeugen und in der richtigen Weise anbeten.

Der Abend ist ruhig, keine Bewegung ist zu hören.

Ein einzelner Weizenhalm steht mit gesenktem Kopf vor mir. Hinter ihm leuchtet als perfekter Hintergrund der volle Mond, schwanger mit Herrlichkeit.

Ich strecke meine Hand aus, streiche vorsichtig an dem dünnen, silbernen Stiel entlang. So geht es. Ich lerne von einem einzelnen, tief gebeugten Weizenhalm, was es heißt zu *danken*. Ich lerne Dankbarkeit vom Wind, der in den zum Trocknen aufgehäuften Grashalmen „Herrlichkeit" flüstert, von den Blättern des Silberahorns, die ehrfürchtig rascheln. Ich ehre Gott, indem ich auf die Schöpfung achte. Ich hebe eine Hand zum Himmel, dann die andere. Ich senke den Kopf, dann strecke ich meinen ganzen Körper flach vor ihm aus. „Ein Leben der echten Heiligkeit ist im Boden ehrfürchtiger Anbetung verwurzelt. Nirgendwo sonst kann es sich entwickeln", schreibt J. I. Packer.[2] Ich senke den Kopf wie die Weizenähre, ich bin vor Gott wie ein einzelner Grashalm, verwurzelt im gegenwärtigen Augenblick. Von ihm und durch ihn und zu ihm sind alle Dinge, alles ist sein und alles, was atmet, preist ihn. Ich flüstere es immer wieder, präge es mir ein, will es nie wieder vergessen.

Eucharisteo, eucharisteo, eucharisteo.

Ist nicht sein Gesicht das Gesicht aller Gesichter? Er ist ohne Anfang und Ende, ohne Gesichtsknochen und Augenhöhlen, aber von allen Seiten mit Augen bedeckt. Das

Angesicht des Mondes, das Gesicht des Rehs und das Gesicht eines Obdachlosen, das Gesicht des Schmerzes, alles ist sein Angesicht, das sich überall in der Welt zeigt, ohne jegliche Beschränkung, ein Gesicht, das „ an zehntausend Orten spielt".[3]

Alle Schönheit ist ein Abglanz von ihm.

Ob mir das bewusst ist oder nicht, so ist doch jede Kreatur, die mich fasziniert, ein Blick in sein Gesicht, vor dem ich mich verehrend niederbeuge. Sind meine Augen in der Lage, ihn in allen Dingen zu sehen? Satan kam in verführerischer Schönheit, er zog die Aufmerksamkeit der Frau auf sich, belog sie und führte sie ins Verderben. Falsche Schönheit führt auf gefährliche, abschüssige Wege. Wahre Schönheit stellt nur die eine Forderung an uns, beansprucht gebeugte Knie, Hingabe im *Gehorsam*. Der pantheistische Gott ist ein passives Wesen, aber der allgegenwärtige Gott in seiner vollkommenen Schönheit verlangt von uns Anbetung, Leidenschaft und die Hingabe unseres Lebens, das ohnehin schon ihm gehört. Bin ich fähig, sein Gesicht in allem zu erkennen? Oder lasse ich mich von den glitzernden Nachbildungen, den effekthaschenden Verlockungen irreführen, die abblättern und zerbrechen, um wieder neuen nachzujagen, vor denen ich mich niederwerfen kann?

Langsam rege ich mich, drehe mich auf den Rücken und halte mein Gesicht dem tiefblauen Nachthimmel entgegen, an dem diese eine weiße Perle hängt. Ich liege ganz still, lange. Der August umfängt mich. Ein Spatz überrascht mich, der tief am Himmel fliegt. Dieser Mond ist so weiß. Ich möchte für immer hier liegen bleiben, ich murmele Worte in der einzigen Sprache, die dem Gott der Herrlichkeit angemessen ist: Worte der Dankbarkeit. Alles ist so … unwirklich. Nie zuvor bin ich so gerannt. Nie zuvor lag ich so ausgestreckt in Gottes Gegenwart. Warum bin ich heute Abend hier draußen auf dem Feld, warum liege ich hier im Mondlicht? Öffnet *eucharisteo* die Augen weiter, wird das Herz empfindsamer? Ist es nicht ein Widerspruch, dass mein Dank für das, was ich sehe, in mir ein Verlangen nach mehr davon bewirkt? Mich verlangt nicht nach mehr Dingen, ich sehne mich nur nach mehr von Gott, um ihn mehr verehren zu können.

Das Schauen ist ein Ausdruck meiner Liebe. Im Schauen zeigt sich mein Glaube. Der Mond steigt höher. Ich erinnere mich, wie ich vor einigen Wochen mit Levi im Wartezimmer des Chirurgen saß. Ich las die Geschichte des Volkes Israel in der Wüste, das ständig Grund zum Klagen sah. Gegenüber von uns ging die Renovierung des Raumes nur langsam voran, auch die Genesung der Patienten machte kaum sichtbare Fortschritte. (Transformation kann ein langes Wunder sein.) Levi sah aus dem Fenster, träumte vor sich hin und hörte den Verbundenen mit ihren Geschichten von Verkehrsunfällen und Arbeitsunfällen zu. Ich sah in mein Buch. Als die Israeliten sich in der Wüste umsahen, entdeckten sie vieles, über das sie unzufrieden waren: „... und sie beklagten sich bei Gott und bei Mose: ‚Warum habt ihr uns aus Ägypten weggeführt, damit wir in der Wüste sterben? Hier gibt es weder Brot noch Wasser, und dieses elende Manna hängt uns zum Hals heraus!'" (4. Mose 21,5). Ich schaute mich im Kreis der Verletzten um, die wartend neben uns saßen. Dann wandte ich mich wieder dem Text zu. Was schickte Gott den Undankbaren? Was kam auch zu den Undankbaren im Paradies? Eine Menge giftiger Schlangen bedeckte die Erde, schimmernd und glatt wickelten sie sich um die unzufriedenen Israeliten, öffneten ihre Mäuler weit und schlugen ihre Zähne ins Fleisch. <u>Auf Undankbarkeit folgt immer der Fluch des Schlangengiftes. Gibt es ein Gegengift, um die gefährliche Wirkung der Undankbarkeit wirkungslos zu machen?</u>

Das Heilmittel findet sich in der Netzhaut der Augen.

... der Herr sagte zu [Mose]: „Fertige eine Schlange an und befestige sie oben an einer Stange. Wer gebissen wird, soll dieses Bild ansehen, dann wird er nicht sterben!" Mose machte eine Schlange aus Bronze und befestigte sie an einer Stange. Wer gebissen wurde und auf diese Schlange sah, blieb am Leben (4. Mose 21,8–9; Hervorhebung der Autorin).

<u>Ob wir in der Freude leben, hängt davon ab, wohin wir unseren Blick richten.</u> Halte deine Augen auf die Herrlichkeit gerichtet und du wirst gehalten von Gott.

Wohin wir sehen, entscheidet auch, wie wir leben ... *falls* wir leben.

Der Name eines Patienten wurde aufgerufen und ein Vater half seinem Sohn auf die Beine. Der Junge musste sich schwer auf seinen Vater stützen.

Ich las, wie Jesus sagte: „Mose richtete in der Wüste den Pfahl mit der bronzenen Schlange auf. Genauso muss auch der Menschensohn erhöht werden, damit alle, die sich im Glauben ihm zuwenden, durch ihn ewiges Leben bekommen" (Johannes 3,14–15). Wieder sah ich von meinem Buch auf, und mein Blick fiel auf einen Jungen, dessen Ohr unter einem Verband steckte. Ich wollte mir gar nicht vorstellen, was ihm passiert war. Ich versuchte es zu verstehen: Jesus selbst sagte, die Menschen sollten sich ihm zuwenden und glauben. Zuwenden und glauben gehören zusammen, wer glaubensvoll auf Jesus sieht, wird innerlich und äußerlich ausgerichtet ... zum richtigen Sehen, zum richtigen Leben. Das ist der Weg zu einem *erlösten, erfüllten* Leben. Ich hatte es gelesen, und dann wieder vergessen, wie so oft. Aber jetzt, unter dem Mond, fasziniert von dessen Schönheit, meinen Blick auf das Mondlicht gerichtet, weiß ich es wieder: „Glaube ist der Blick einer Seele auf einen rettenden Gott."[4]

Glaube ist der Blick einer Seele. Glaube ist der Blick einer sehenden Seele auf einen rettenden Gott, auf einen Gott, der verdrehte Knochen heilen kann und der den Mond über dem Erntefeld scheinen lässt. Ist das die letzte Grille dieses Sommers, deren zirpendes Konzert ich höre? Der nächtliche Himmel spannt sich weit über unserer Farm. Glaube ist die Eigenschaft sehender Augen, vor denen der Vorhang zerrissen ist, die in den Himmel sehen können. Glaube nimmt sich Zeit, das lautlose Gewicht zu spüren, er hält den schweren Goldbarren der Herrlichkeit in seiner Hand, er lässt sich von äußeren Umständen nicht verwirren. Wer sehen kann, hat einen lebendigen Geist. „… sodass sie mit ihren Augen nicht sehen, mit ihren Ohren nicht hören und mit ihrem Verstand nicht erkennen. Ich will nicht, dass sie zu mir umkehren und geheilt werden" (Jesaja 6,10). Nur wer sieht, hört und erkennt, kann umkehren und heil werden. „Das Sehen kommt zuerst", schrieb Lewis in seinem Buch *Die große Scheidung*.[5] Zuerst kommen die Augen, zuallererst die inneren Augen.

Jetzt zirpen zwei Grillen um die Wette. Als der Leprakranke zu Jesus kam, um sich für seine körperliche Heilung zu bedanken, da lobte Jesus seinen *Glauben, der sich im Danken zeigte*, als einen *rettenden Glauben*. Der Glaube, wie ich ihn verstehe, geht noch darüber hinaus, er ist kein einmaliges Ereignis, sondern eine *Sichtweise*, ein Suchen nach Gott in allem. Wenn die Augen etwas so lange betrachten, bis sie Gott darin wahrnehmen, dann werden die Lippen nicht anders können, als Gott ihr *eucharisteo* zu bringen. Die Geretteten haben Augen des Glaubens und Lippen des Dankes. *Glaube ist das Sehen der Seele.*

Hat seine Liebe mich hierhergelockt, um mich zu retten?
Ich setze mich im Stoppelfeld auf, überwältigt. Ihm ist es wichtig, dass ich gerettet werde. Das Mondgesicht über mir strahlt. Wir sind Kopf an Kopf, ich bin bloß, er auch. Die Augen des Schöpfers ruhen auf mir. Ich sitze unter der ausladenden Scheibe des Mondes, der sein Licht über mich fließen lässt, der wie ein Rad aus weißen Edelsteinen den Himmel hinauffährt, angestrahlt von der Herrlichkeit des Herrn. Ich möchte ein Engel sein, der mit seinen vielen Augen den Blick

Gottes erwidern kann, ein Cherub, „ringsum mit Augen bedeckt, ebenso der Leib, die Arme und die Flügel" (Hesekiel 10,13). Ich möchte wie Mose sein. „Er hatte den unsichtbaren Gott vor Augen, als ob er ihn wirklich sehen würde, und das gab ihm Mut und Ausdauer" (Hebräer 11,27). *Wenn wir den Unsichtbaren sehen, dann können wir alle Situationen des Lebens meistern!* Ich stimme in das Lied der letzten Grillen dieses Sommers ein und bete: O Herr, öffne die Augen meines Herzens, die Augen meiner Hände, die Augen meines Mundes, die Augen meiner Füße. Ich möchte so leben, als ob ich ganz aus Augen bestünde und überall sehen könnte.

Ein Windstoß fährt durch ein Feld, auf dem Sojapflanzen stehen. Der Silberahorn raschelt, er flüstert: Der Herbst ist nahe, der Herbst ist nahe. Ich fühle mich so bloß. Kann ich so leben, mit allen Sinnen sehend, den Blick auf Gott gerichtet?

Ich muss, das ist Glauben, und Jesus hat es gesagt. Aber ich weiß auch: „Trotzdem darfst du mein Gesicht nicht sehen, denn niemand, der mich sieht, bleibt am Leben!" (2. Mose 33,20). Es gibt Tage, da lebe ich im Schatten, und für mich gilt: „Du bist ein Gott, der sich verbirgt, du Gott Israels, der Retter!" (Jesaja 45,15). (Oder bin ich es, die sich vor ihm versteckt?) Zu anderen Zeiten, Jakob-Zeiten, erkenne ich klar den Weg, der mich aus der Finsternis führt: „,Ich habe Gott von Angesicht gesehen', rief Jakob, ,und ich lebe noch!' Darum nannte er den Ort Penuël" (1. Mose 32,31). Und gleichzeitig frage ich mich, wie ein Mensch, der mit den öligen Flecken eines stolzen Herzens übersät ist, Gott überhaupt sehen kann?

Ich schaue auf meine fleckige Schürze, die im Mondlicht badet. Wie soll ich in Gottes Gegenwart treten? Kann ich seiner Schönheit standhalten? Nicht einer hohlen, blechernen Schönheit, sondern einer leidenschaftlichen Schönheit, die sich mit lodernden Flammen durch Masken frisst und die Seele entblößt. Wenn ich nackt bin vor ihm, dann erfüllt mich Scham, denn ich weiß, wie grauenhaft unmenschlich ich sein kann. Es gibt Momente, in denen ich wegen Kleinigkeiten meinen Zorn auf die Kinder ausschütte und alles mit meiner sündhaften Wut vergifte. Ich horte meine Vorräte, während andere verhungern. Ich lenke meine Gedanken stundenlang mit wertloser Unterhaltung ab, doch finde keine fünf Minuten in der Woche, um meine Knie und mein Herz vor Gott im Gebet zu beugen. Meine Zunge kann rasiermesserscharf sein, meine Blicke sind hochmütig und stolz, ich bin halsstarrig und gnadenlos, ich lebe im Morast, bete Götzen an, esse maßlos und reiße Gottes Gnade an mich, ohne ein Wort des Dankes zu finden.

Ich wickle den Saum meiner fleckigen Schürze um meine Finger. Wie soll ich meinen Blick heben? Am Ende der Mahlzeit haben wir es gelesen, jeder mit seiner offenen Bibel am Tisch, laut haben wir den Vers gelesen, alle zusammen: „Freuen dürfen sich alle, die im Herzen rein sind, sie werden Gott sehen" (Matthäus 5,8). Was mache ich hier draußen? Ich bin in Lumpen gehüllt. Wie soll ich Gott sehen? Ich habe nur ein einziges reines Kleidungsstück. Auf seinem Etikett steht: „Hergestellt von Jesus". Die Reinheit Jesu legt sich über mein Herz und seine Reinheit entfernt die Verdunklungen meiner Seele. Ich kann Gott in meiner Welt nur erkennen, wenn ich durch die Augen von Jesus sehe. Gott ist sowohl der Gegenstand meiner Beobachtung als auch die Person in mir, die mich sehfähig macht, die Wortbrille für mein inneres Auge. Ohne Jesus könnte ich nicht in diesem Theater Gottes sitzen, könnte seine Herrlichkeit nicht sehen, wie sie die Finsternis vertreibt und die Augen meines Herzens für seine Gnade öffnet, für Tausende seiner Gnadengaben. Um sehen zu können, braucht es ein aufgerissenes Herz, in dem Jesus immer mehr Raum gewinnt. Nur Jesus kann meine Augen öffnen. Er zerreißt den Vorhang, der mich vom Allerheiligsten trennt, er schenkt mir wahres Sehvermögen. Ich war verloren, jetzt bin ich gefunden. Leise singe ich es, während die Gänse in den Süden fliegen: „Herr, öffne du mir die Augen, Herr, öffne du mir das Herz, ich will dich sehen, ich will dich sehen …"

Die Mondperle am Himmel ist überwältigend schön und ich nehme die vielen Details meiner Welt mit sehenden Augen wahr. Seltsam, wie schmerzhaft Freude sein kann. Mitten im heftig brennenden Schmerz stelle ich plötzlich überrascht fest, dass der Mond immer unbedeutender wird, während Gott sich ausdehnt, tief und weit mein Innerstes erfüllt. Ist das der Schmerz, den die Freude verursacht, der Dehnungsschmerz des Herzens, um mehr von Gott aufnehmen zu können?

Ich stöhne und staune und sehe tausend Schönheiten der Schöpfung, während gleichzeitig alles Geschaffene verblasst, schrumpft und nur noch das Antlitz des Schöpfers über mir scheint, herrlich und strahlend. Meine Augen blicken in die Höhe, sehen auf zu ihm, und alles, was zu seinen Füßen ist, wird zu dem, was es in Wahrheit ist: vergängliche Glücksbringer, die auf ihn hinweisen. Dieser volle Mond, der sich immer weiter entfernt, entzückt mich. Und dann kann ich es sehen.

Gott sitzt immer hier.

Die Freude, die mich hier im Licht des vollen Mondes erfüllt, ist die gleiche Freude, die Gott immer erlebt. Die Herrlichkeit, zu der ich gerannt bin, die ich berühren und die ich gegen meine innere Leere tauschen wollte, diese schwere Herrlichkeit fließt ständig, wie ein mächtiger Strom, von seinem Thron. Unvorstellbar viele Sterne kreisen in der ewigen Weite des Universums, tosende Wasserfälle ergießen sich mit spritzender Gischt über Felsmassive, die Mähnen wilder Pferde fliegen im Wind, ein einzelner Pilz fällt im Schatten des schweigenden Waldes um und Gott sieht alles. Seit Ewigkeiten sieht er es, denn sein Wesen ist Schönheit im Überfluss. Meine Freude an dem vollen Mond ist nur ein winziges Abbild dessen, was Gott immer sieht, immer erlebt. Er ist weder ein Tyrann noch ein Despot. Ich lächle im Mondlicht.

Keiner ist so glücklich wie Gott.

Das Leben Gottes ist Freude.
Finde ich hier das Leben, nach dem ich mich sehne?
Bin ich deshalb gerannt? Bin ich der Einladung dessen gefolgt, der am glücklichsten ist? Er lädt mich ein, in ihm zu leben. Ich bin wieder ein Kind, ich bin bis zum Horizont gelaufen und habe IHN dort berührt. Mit ausgebreiteten Armen und fliegender Schürze drehe ich mich im Kreis, tanze, wirble, streiche über Grashalme und lache vor *Freude*. Allmählich wird es dunkel, der Vollmond steht hoch am Himmel. Ich war verloren, doch ich weiß, dass er mich gefunden hat. Jesus, ich weiß jetzt, was ich will: Ich will mit dem Herzen sehen, ich will von Herzen danken, ich will ein von Freude erfülltes Herz. Von meinem Sehen, von meiner Perspektive hängt es ab, ob ich durch deine Tore einziehe oder nicht. Nur mit Danksagung komme ich hinein. Wenn meine inneren Augen Gott in allen Dingen sehen, dann kann ich auch für alles danken. Indem ich Gott für das Gute, für das Schwere, für alles danke, gehe ich durch sein Tor, hinein in seine Herrlichkeit. In seiner Gegenwart zu leben bedeutet, Freude in Fülle zu haben – mit dem Sehen beginnt der lange, lohnende Weg dorthin.

Die Kunst, mit den Augen des Herzens in die Tiefe zu sehen, macht Dankbarkeit möglich. Und die Kunst der Dankbarkeit weckt die Freude. Ist Freude nicht eine göttliche Kunst?

Es stimmt, was Irenäus von Lyon im zweiten Jahrhundert nach Christus schrieb: „Diese Herrlichkeit (Gottes) aber macht sie *lebendig*, denn das *Leben empfangen, die Gott schauen*"[6] (Hervorhebungen durch die Autorin). Es mag viele Gründe geben, warum Gott mich heute hier aufs Feld gerufen hat, aber dies ist sicher einer davon. Ich ehre Gott dann am meisten, wenn ich lebendig bin. Und am lebendigsten bin ich, wenn ich Gott sehe!

Glücklich drehe ich mich im Kreis und sehe, in der sich drehenden Welt, deren Teil ich bin, die Unendlichkeit meines

Gottes. Sind meine Bedürfnisse nicht ebenso grenzenlos wie dieser Gott? Menschliches Verlangen ist endlos, grenzenlos und treibt die ganze Menschheit an. Die Lungen keuchen, ich wirble herum. Unsere unendlichen Bedürfnisse finden ihre Erfüllung in unserem unendlichen Gott.

Ich bleibe stehen. Das Gras bewegt sich nicht. Ich sehe die Lichter im Haus, die durch die Fenster der hinteren Hauswand vom Hügel herab in die Nacht leuchten. Das Geschirr wartet, die Kinder müssen gebadet werden, sie brauchen ihre Gutenachtgeschichten und Gebete. Aber ich will nicht, dass diese Zeit unter dem Mond zu Ende geht. Meine Bedürfnisse lösen sich auf in Gott. Ich möchte Gott sehen, endlos. Ich möchte Teil seiner Schönheit werden, möchte ihn einatmen, meine Lungen mit ihm füllen, möchte das Gewicht seiner Herrlichkeit auf meiner Haut fühlen. Ich möchte an die Himmelspforte hämmern, gegen Gottes Brust trommeln und mit dem Psalmist rufen: „Nur eine Bitte habe ich an den Herrn, das ist mein Herzenswunsch: Mein ganzes Leben lang möchte ich in seinem Haus bleiben, um dort seine Freundlichkeit zu schauen und seinen Tempel zu bewundern" (Psalm 27,4). Glaube ist das Sehen der Seele, und ich will ihn sehen, will *sein Innerstes sehen*. Dann kann ich *hineingehen*, hineingehen in Gottes Haus, in seine Gegenwart, kann *bleiben in Gott*. Lange nach meinem Abend im Mondlicht finde ich die folgenden Worte von C. S. Lewis und wundere mich, wie ähnlich meine Überlegungen jenes Abends seinen Gedanken sind, ohne dass ich sie damals gekannt hätte:

Was, mögen Sie fragen, wollen wir mehr? Oh, wir wollen so viel mehr – wir wollen etwas, was in den schöngeistigen Büchern kaum beachtet wird. Doch die Dichter und die Mythologien wissen alles darüber. Wir wollen die Schönheit nicht nur sehen, obwohl auch das – Gott weiß es – schon Belohnung genug wäre. Wir wollen etwas anderes, was sich kaum in Worte fassen lässt – wir wollen uns mit der Schönheit, die wir sehen, vereinigen, in sie eindringen, sie in uns aufnehmen, in ihr baden, Teil von ihr werden.[7]

Das ist es!

Ist das Verlangen nach der absoluten Schönheit der glücklichste, erhabenste Zustand des Menschen? Ich sehne mich danach, die Schönheit des Herrn zu sehen, ich suche ihn, der Quelle und Ursprung aller Freude ist. Wie Schönheit sich auch äußert, entfacht sie doch immer die Romantik. Wir, die Gemeinde, sind die Braut, die Jesus, der Bräutigam, begehrt. Ob uns das bewusst ist oder nicht, er schreibt mit uns die größte Liebesgeschichte aller Zeiten. Ich sehne mich nach der Einheit mit ihm. Wird mich der *eucharisteo*-Weg dorthin führen? Ich gehe ihm nach, er kommt mir entgegen. Wie kann ich wissen, wohin diese Reise gehen wird?

Der Mond steigt höher, eine strahlende Scheibe, ein glänzender Felsbrocken im Universum, in zarte Seide gehüllt. Hinter mir, irgendwo aus der fernen, undurchsichtigen Abenddämmerung, ertönen rufende Stimmen von Kindern, die über die Felder rennen. „Mama? Mama!" Sie finden mich und lachen, weil ich den Mond fangen wollte. Ich lache mit ihnen, lache aus tiefstem Herzen und es fühlt sich so richtig an.

„Hast du ihn gefangen?", fragt mein Hoffnungs-Mädchen und grinst.

„Nein, ich habe ihn nicht erwischt", antworte ich scherzhaft-bedauernd und schaue sehnsüchtig nach oben, hinter ihm her. „Aber ich habe gefunden, was ich gesucht habe" … was ER mir zeigen wollte.

Sehen, mit offenen Augen.

Die Berge hüllen sich in das Dunkel der Nacht. Wir gehen zusammen den letzten Hügel hinauf, die untergehende Sonne im Westen wirft lange Schatten hinter uns her. Die Kinder reden, lachen, rufen. Ich bin glücklich. Lächelnd schiebe ich eine Hand in meine Tasche, die Luft ist merklich kühler geworden. Ich kann mich nicht wie Annie Dillard ein Jahr lang in den

Wäldern von Tinker Creek zurückziehen, ich kann auch nicht wie Henry Thoreau zwei Jahre in einer Blockhütte am Ufer des Sees Walden Pont leben. Ich kann keine ständigen Mond-Momente erleben (oder doch?). Ich lebe unter den Leidenden und Verletzten. Hat er mir die Augen für die Schönheit jedes Augenblickes geöffnet, weil meine inneren Augen für Schönheit geschaffen sind? Raue Stoppeln kratzen an meinen Beinen, während ich zum Haus zurückgehe. Eine Hand sucht wieder nach dem Saum der fleckigen Schürze. Ich gehe zurück. Mein Blick richtet sich nach oben, sucht den Mond. Nur widerstrebend trenne ich mich von ihm. Die Welt, in der ich lebe, ist laut und verwackelt, mit verstopften Toiletten und Strafzetteln für überhöhte Geschwindigkeit, mit einem Hund, der sich mitten in der Wohnung erbricht, und Terminen, die ich vergesse. Diese sechs Kinder verlangen mir alles ab, jeden Tag, ich muss sie unterrichten, erziehen, ihnen vorangehen, ich versage kläglich. Es geht um sechs kostbare Seelen, deren Zukunft auf dem Spiel steht. Wie lange werde ich noch brauchen, um das erfüllte Leben, ein von Freude und Gnade erfülltes Leben, zu finden? Wird es mir gelingen, ehe diese sechs wunderbaren Kinder das Nest verlassen und ich meine Tage als Mutter leise beiseiteräume? Wie kann ich meine Augen öffnen für die kostbaren alltäglichen Dinge, zu Hause, im Arbeitstag? Wie kann ich jeden Tag in ein Heiligtum verwandeln? Kann ich in dieses Leben zurückkehren und mit offenen Augen beten?

Nur mit weit geöffneten Augen ist es möglich, unaufhörlich, ohne Unterlass zu beten.

Wenn ich eine weitere Schicht des *eucharisteo*-Lebens enthülle, werde ich dann der Antwort näher kommen? Seine Liebe hat mich zu der Antwort dieses Abends eingeladen – wird er mir dann nicht auch den restlichen Weg zeigen? Ich drehe mich noch einmal mit fliegender Schürze, lächle – keiner ist so glücklich wie ER. Wird er es mich nicht sehen lassen? Die Kinder sind vorausgerannt, ihre Stimmen sind weithin zu hören und erfüllen die herannahende Nacht.

Langsam gehe ich über das Feld, beobachte die schwarzen Schatten, die am Himmel fliegen, und in Gedanken zähle ich die Gaben auf:

Lachen in der Abenddämmerung
das Licht, das aus der Haustür scheint
der letzte Schrei der Gänse

Ich könnte auch blind durchs Leben gehen, in verzweifelter Dunkelheit oder geblendet vom schrillen Licht dieser Welt. Doch ich will sehen, mit weit geöffneten Augen, geblendet vom Licht seiner Herrlichkeit.

Aus den Fenstern unseres Hauses leuchtet mir helles Licht entgegen.

KAPITEL SIEBEN

der Blick durch Glas

Für den, der sehen kann, ist nichts auf dieser Welt alltäglich.
Pierre Teilhard de Chardin

Die letzten Sonnenblumen stehen hoch aufgerichtet im Garten vor der Küche, direkt neben der Veranda. Es ist noch sehr früh am Morgen, eigentlich zu früh. Das Gartentor seitlich im Lattenzaun steht offen. Ich habe die Schere mitgenommen und freue mich auf ein paar frische Blüten. Im Haus stehen die leeren Vasen auf dem Schrank und warten darauf, gefüllt zu werden. Schönheit soll die Leere füllen. Wieder einmal suche ich, suche nach Schönem.

Die Finken mit ihren gelben Flügeln sind zwischen den hohen Baumkronen unterwegs. Der Boden ist noch feucht von der Nacht. Ich stelle mich auf die Zehenspitzen und erreiche eine besonders schöne, üppige Sonnenblume. Dazu wähle ich ein paar kürzere Stile aus, die mit gesenktem Kopf und junger Blüte dazwischenstehen. Ich schreite die Reihen der Riesen ab und sammle. Meine Arme sind feucht vom Tau, beladen mit den Gaben des Sommers.

Zurück im Haus beschneide ich die Stängel, entferne die unteren Blätter, fülle die wartenden Vasen und rücke die Schönheit zurecht. Dann verteile ich die Gefäße mit ihren goldenen Kronen. Eine kommt auf den kleinen Tisch am Fenster, die andere auf den handgefertigten Kaminsims, dessen Balken aus der Scheune stammen, an der mich der Schulbus als Kind immer vorbeigefahren hat. Ich verteile Schönheit im Haus. Die letzte Vase kommt auf den Esstisch. Ich platziere sie mitten auf den gequilteten Tischläufer, den meine

Mutter von Hand für mich gefertigt hat, damals, zu meinem Geburtstag. Sein Muster erinnert an sternförmige Windräder. Ein Patchwork aus karierter Baumwolle alter, abgetragener Herrenhemden. Die Decke war einen ganzen Sommer lang ihre Handarbeit. Ich beuge mich über den Tisch und befühle die Blütenblätter.

Dann schaue ich in das runde Gesicht einer Sonnenblume, wie eine Mutter, die im Gesicht ihres Kindes zu lesen versucht.

Da kommen meine Jungs aus dem Stall.

Ich stelle das Brot auf den Tisch. Sie ärgern sich gegenseitig, sind dabei nicht zimperlich, wie Brüder eben sein können. Ich schüttle den Orangensaft, atme tief durch, bitte sie, freundlich miteinander umzugehen. Ich habe die Schönheit ins Haus gebracht, nun wollen wir doch keine Vasen umstoßen? Einer der Söhne wirft Brotscheiben in den Toaster, grob und unachtsam. Ich stelle Teller auf den sonnigen Tisch. Der Älteste bestreicht Brote mit Butter, nimmt alles für sich. Ich bemerke es.

„Junge, was ist mit deinem Bruder? Könntest du ihm auch ein Brot streichen?" Er greift nach der Erdnussbutter und wirft mir einen zornigen Blick zu. Blitze zucken am Morgenhimmel.

Wie bin ich nur plötzlich in diese Dunkelheit, in dieses Kreuzfeuer geraten?

„*Bitte*, würdest du deinem Bruder eine Scheibe Toast geben?"

„Aber klar doch." Sein Tonfall ist wie eine Ohrfeige. Ich stelle mich am Tischende auf.

Doch wie hätte ich auf das gefasst sein können, was er als Nächstes tut? Eine Granate explodiert in meinem Bauch.

Er knallt seinem Bruder den Toast mitten ins Gesicht.

Warum schlägst du deinem Bruder den Toast ins Gesicht?

Der Jüngere wird rot vor Zorn. Ich stehe da wie vom Donner gerührt. Es ist nur Toast, ja, aber geht es nicht eigentlich um sein Herz? Sprachlos schüttle ich den Kopf, mir fehlen die Worte. Dieses Kind wuchs in meinem Leib heran, dann gebar ich ihn, mit Liebe brachte ich ihn aus meinem Herzen zur Welt. An diesem Dienstag reißt er mir weitere Wunden ins blutende Herz. *Was habe ich nur falsch gemacht?*

Was hilft die ganze Schönheit, von mir im Haus verteilt, wenn es in den Herzen schwelt? Es ist nur ein Toast, und doch, es ist mehr als das. Ich finde mich nicht damit ab. Er hat die Schönheit meines Morgens entweiht und hat einen Menschen gedemütigt, der nach Gottes Ebenbild geschaffen ist. Ich haue mit den Händen auf die Tischplatte, obwohl ich ihn lieber am Kragen packen würde. Wie kann ich meine zornig roten, gottlosen Augen austauschen, um wieder das Heilige zu sehen?

„Warum tust du das?" Mein mütterlicher Zorn hat genügend Dynamik, um Vasen zum Zerspringen zu bringen.

Er grinst unbeeindruckt.

„*Warum* hast du das gemacht?" Ich bin zu laut, zu aufgeregt, zu blindwütig.

Jeder kann Fehler machen, man darf das nicht überbewerten, es ist *nur ein Toast* und wahrscheinlich hat sein Verhalten eine Vorgeschichte, die ich erst noch herausfinden muss. Aber das interessiert mich nicht. Mein eigenes Gesicht verdeckt Gottes Angesicht. Wie kann ich meinem Sohn beim Sehen helfen, wenn ich selbst nichts sehen kann? Eltern müssen sich immer zuerst selbst erziehen, sich selbst predigen, ehe sie den Kindern etwas beibringen können. Wer kann Frieden stiften, wenn er selbst keinen Frieden hat? Nur wenn Christus in den Eltern lebt, gibt es Hoffnung, dass Christus auch in dem Kind Einzug halten wird. Wie kann dieser Mensch, der nach Seinem Ebenbild geschaffen ist, mich so blind machen für Gott? Wie kann er meine Seele so verletzen, meine Sicht so verzerren? Muss ich meine zornigen Augen ausreißen, um nach Schönem suchen zu können? Schmerz kann uns wahnsinnig machen.

Ich bin wütend. Gerne hätte ich mich dagegengestemmt, aber der Puls hämmert laut in meinen Ohren und die Söhne schlagen aufeinander ein, Messer blitzen aus ihren Augen.

Warum? Ich möchte zu dem Mondlicht und der strahlenden Herrlichkeit zurückkehren. Der Wind soll mich sanft streicheln, die Bäume sollen rauschen und ich möchte in den Himmel schauen, möchte auf dem Berg erwachen, möchte Petrus sein. Ich will die Herrlichkeit sehen, den verklärten Herrn. Ich möchte stammeln, dass es mir hier oben gut gefällt, dass ich Hütten bauen und nie wieder weggehen möchte (Lukas 9,28–36). Aber es gibt immer einen Abstieg vom Berg. Unten wartet die Menschenmenge mit ihren Klagen und Beschwerden. Sichtbare, plötzliche Verwandlung tut dem Glauben so gut. Aber selbst der Treueste kann diese Momente, kann die Schönheit der verklärten Gesichter wieder vergessen. Ich vergesse und betrüge den Gott, den ich kenne, genau wie Petrus.

Wie kann ich hier in Gottes Gegenwart bleiben und seine Fülle vor Augen haben, wenn mich rund um die Uhr sechs Kinder belagern, eine Farm geführt werden will, sechshundert Säue und achthundert Ferkel versorgt werden müssen und ständig jede Menge Wahnsinn auf mich wartet? Ich lasse den Kopf hängen. Ein Junge schlägt mit der geballten Faust auf den Teller. Der andere schmiert unbeteiligt sein Brot. *Wie kann ich Herr der Lage werden? Was mache ich nur mit ihnen? Was mache ich mit mir?* Mitten in dem Durcheinander flüstert Jesus: „Was willst du?", und in all dem Hässlichen schluchze ich: „Ich will *sehen* – ich will dich in diesen Gesichtern sehen." Seine Stimme ist sanft: „Suche mein Angesicht." Mit David möchte ich antworten: „Dein Angesicht, Herr, suche ich" (Psalm 27,8; Elberfelder Bibel). Aber gleichzeitig möchte ich auch jemanden packen, schütteln und anschreien: *„Wie soll ich hier in dem Chaos, das ihr veranstaltet, meine heilige Sicht bewahren?* Wie soll ich Gnade sehen, danken und Freude finden, wenn die Sünde hier zum Himmel stinkt?"

Der Mond steigt auf, die Gänse fliegen hoch am Himmel, unbefleckt und mit weit offenen Augen, doch ich bin so verwirrt.

Ein Junge knallt einen Teller vor seinem Bruder auf den Tisch. Gleichzeitig erinnert Gott mich an die Worte von Caussade und versucht sanft, sie von meinem wissenden Verstand in mein wundes, blutendes Herz zu schieben.

Du wärst sehr beschämt, wüsstest du, was all diese Momente wirklich sind, die du als Rückschläge und Niederlagen, Aufruhr, unnötiges Chaos und lästige Scherereien bezeichnest. Du würdest erkennen, dass deine Klagen über all diese Zwischenfälle in Wahrheit Gotteslästerungen sind – auch wenn du dich niemals für einen Gotteslästerer halten würdest. Alles, was uns widerfährt, entspringt dem Willen Gottes, trotzdem beklagen sich seine geliebten Kinder darüber, weil sie nicht erkennen, womit sie es zu tun haben.[1]

Gotteslästerung?
Ich ziehe einen Stuhl vom Tisch weg und setze mich. Die Sonnenblumen haben ihren Glanz verloren. Der älteste Sohn kaut provozierend laut auf seinem Toast, ich höre ihn vom anderen Ende des Tisches. Wie komme ich dazu, solche Situationen als Stress und Ärger zu bezeichnen, statt sie als Gnade und Geschenk zu empfangen? Warum nehme ich mir selbst die Atemluft der Freude? Die Antwort kommt sofort und glasklar: *Weil du an die Macht des Bösen glaubst.*
Stimmt das? Ich lege meinen Kopf auf den Tisch. Beraube ich mich selbst der Freude, weil ich dem Zorn mehr zutraue als der Liebe? Gehe ich wirklich davon aus, dass Satan mehr Macht hat, mehr Einfluss auf meinen Alltag nimmt und in meinem Leben mehr bewirken kann als das Wesen Jesu? Wenn ich das nicht glauben würde, müsste ich auch nicht wütend werden. Denke ich wirklich, dass ich mit Jammern, Erschöpfung und Zorn *in das Leben der Fülle* hineinfinden kann, das ich eigentlich suche? Wenn ich mich entscheide – und es ist meine Entscheidung –, die Freude durch Bitterkeit zu zerstören, wähle ich dann nicht ganz bewusst den Weg,

den der Fürst der Finsternis mir zeigt? Ich will so zornig sein wie Luzifer, weil ich annehme, dass ich damit mehr erreiche – *besser vorankomme*, als auf dem Weg des Dankens.

Gotteslästerer.

Gotteslästerer.

Ich fahre mir mit den Fingern durch die Haare. Wer ist der eigentliche Sünder an diesem Frühstückstisch, an diesem Dienstagmorgen? Wer von uns ist der verlorene Sohn, an dem der Schweinestallgeruch hängt?

Meine Wahrnehmung ist verzerrt, wenn ich nicht offen bin für Gottes Geist. Wie kann ich vom Weinen verquollene Augen öffnen, um hinter der Realität die Herrlichkeit Gottes zu sehen?

Wenn es im Wald Wölfe gibt, dann muss ich damit rechnen, dass sie mir begegnen. Wenn Gott an diesem Ort ist, dann muss ich damit rechnen, *ihn zu sehen.*

Wie kann ich nur so verwegen sein zu glauben, dass ich Gott in den Gesichtern am Frühstückstisch erkennen kann, während ich ihn lästere, mich beklage und ihn nicht zum Herrn dieses Augenblicks mache?

„Interessiert es dich denn gar nicht, was er vorhin gemacht hat?" Der zukünftige Mann ist aufgestanden, die Hände tief in den Taschen vergraben, das Gesicht finster. Sein Toaststapel wird kalt.

Es sollte mich interessieren, und ich versuche, mich dazu zu zwingen. Aber in mir ist alles hart, so müde. Wortlos wende ich mich ab. *Ich will sehen, ich muss sehen, ich will fühlen können.*

Wie hat Jesus das gemacht? Er veränderte seine Blickrichtung. „Er ... sah zum Himmel auf und sprach das Segensgebet darüber. Er brach die Brote in Stücke und gab ..." (Matthäus 14,19). Er sah zum Himmel, er sah dorthin, wo dieser Augenblick seinen Ursprung hatte. Es hängt von meinen Augen ab, es kommt darauf an, wohin ich sehe. Ich kann die Menge nicht zurücklassen und mich an einen einsamen Ort zurückziehen, wie Jesus das tat. Ich habe auch keine Blockhütte am See und keine einsame Insel, um meinem Chaos zu entfliehen. Aber ich kann meinen Blick ausrichten und mein Ziel im Auge behalten. Ich erinnere mich: Es braucht keine besonderen Umstände, um innerlich zur Ruhe zu kommen, es braucht nur *die richtige Blickrichtung*.

Der eine Sohn dreht sich zum Fenster, schüttelt wütend den Kopf, ist zornig auf die ganze Welt. Der andere Sohn kaut trotzig weiter. Ich seufze, sage nichts, sehe auf zum Himmel und rede mit Gott. Im Wald gibt es Wölfe und Gott ist an diesem Ort. Ich versuche es zum ersten Mal, und es fühlt sich seltsam an, aber ich danke hörbar, flüsternd: „Vater, danke für diese beiden Söhne. Danke für diesen Augenblick. Danke, dass du bei uns bist in unserer Not." Mein Herz, das so heftig geschlagen hat, beruhigt sich. Das Harte in mir wird weich und öffnet sich. Obwohl dieser Dank so mechanisch klang, spüre ich seine Wirkung. Im Getriebe meines Herzens werden die Gänge umgelegt. „Danke für das Toastbrot. Danke, dass die Gnade vom Kreuz unseren Ärger bedeckt, danke für die Hoffnung der Vergebung, danke, dass du den Brüdern hilfst, einander gnädig zu sein." Ich suche das *Schöne im Hässlichen* und empfange es als Gnadengabe. Mit meinem Dank verwandle ich das Chaos in Freude. *Eucharisteo* ist mehr als ein geschriebenes Wort, es verändert Augen und Lippen. Das muss auch Annie Dillard gemeint haben:

Das Sehen ist natürlich weitgehend eine Sache der Verbalisierung. Wenn ich meine Aufmerksamkeit nicht auf das richte, was vor meinen Augen geschieht, werde ich es schlicht nicht sehen. Es bleibt, wie Ruskin sagt: „nicht bloß unbemerkt, sondern im vollen, klaren Sinne des Wortes ungesehen" … Ich muss die Worte dazu sagen, beschreiben, was ich sehe … Aber wenn ich die kleinen Katastrophen des Lebens im Tal mitbekommen will, muss ich eine fortlaufende Beschreibung des Bestehenden im Kopf behalten.[2]

Ich spreche das Unsichtbare ins Dasein und fühle den gleichmäßigen Atem der Gnade – *danken (einatmen), danken (ausatmen)*. Der Blick ist konzentriert, ich nehme das Schöne im Hässlichen wahr. Der Lobpreis seiner Herrlichkeit durchdringt die häusliche Dunkelheit.

Die Sonne scheint auf unseren Tisch, auf den Läufer und die Sonnenblumen. Ich sehe das Licht. Die ganze Welt ist ein Fenster, nichts in dieser Welt ist undurchsichtig. Wenn wir uns für das Sehen entscheiden – Menschen, Umstände, Situationen, Beziehungen –, dann wird alles transparent.

Für Gott ist die ganze Welt aus Glas.

Eucharisteo reinigt die Scheiben. *Eucharisteo*, die grundsätzliche, ständige Anbetung, wirkt erlösend, sie wäscht den Ruß verbrannter Tage ab.

Ich sehe zu meinem Sohn hinüber, der noch immer Toastscheiben verschlingt. Warum habe ich mich so an diese verengte Sicht gewöhnt? Wieso reduziere ich Gott in solchen Augenblicken auf meinen Ärger, meinen Zorn? Erniedrige das Hohe, wenn das Große sich doch im Kleinen zeigt? In meinem Chaos spiegelt sich der Ewige. Ich muss sehen lernen, ich will hindurchblicken, auf die Größe, die hinter dem Kleinen steht. *Er ist hier!*

Der gedemütigte Sohn hält es nicht länger aus, schiebt den Stuhl zurück, stößt im Vorbeigehen seinen grimmigen Bruder zur Seite, schlägt die Tür hinter sich zu. Ich atme aus und erinnere mich: Dankbarkeit erlöst uns, sie macht uns zu Realisten, befähigt uns, das Wahre zu sehen. Meine Lippen danken dem Höchsten, meine Augen heben sich zu ihm. Ich danke und behalte den Himmel im Blick.

Für Gott ist alles aus Glas.

Eucharisteo *geht immer dem Wunder voraus.*

Wieso ist mein Geist so vergesslich, *so schrecklich vergesslich*? Ich fühle, wie er seine Hand auf mich legt, der Jünger Johannes flüstert es mir ins Herz. Er macht es ganz klar, auch er weiß, wie man Gott im Kleinen findet:
Wir sahen seine Macht und Hoheit ... aus seinem Reichtum hat er uns beschenkt, uns alle mit grenzenloser Güte überschüttet (Johannes 1,14.16).

Aus seinem Überfluss bekam jeder Mensch einen Anteil und wir wurden alle versorgt, mit einer Gnade nach der anderen, mit einem geistlichen Segen nach dem anderen, mit einer Gunst nach der anderen, Gabe wurde auf Gabe gehäuft – so lässt sich dieser Satz auch übersetzen.

Das ist die Schatzkarte, die uns verrät, wie wir zum wahren Sehen finden können. Wir sahen seine Herrlichkeit ... *denn* ... jeder von uns hat eine Gnade nach der anderen empfangen. Wir *haben* Gnade empfangen, immer wieder. Wir können die Herrlichkeit Gottes im gegenwärtigen Augenblick nur erkennen, *wenn wir lernen, jede Gnadengabe einzeln wahrzunehmen*. „Wer wirklich die göttliche Schönheit Jesu sehen will, seine Herrlichkeit ... *der muss sich darin üben, seine Gnade zu sehen*", fordert uns der Theologe John Piper auf (Hervorhebung der Autorin). „Denn seine Herrlichkeit ist erfüllt von seiner Gnade."[3] Erfülltes Leben ist voller Gnade, Gnade ist *der Inhalt* des erfüllten Lebens. Gottes Herrlichkeit ist erfüllt von seiner Gnade. Um seine Herrlichkeit zu sehen, muss ich seine Gnadengaben benennen, wahrnehmen, empfangen. Meine verwirrten Sinne müssen wieder vom Geist angeleitet werden, um Gnade sehen zu können. Kann ich das nicht überall, unter allen Umständen tun? *Warum fällt es mir so schwer?* Ich muss üben, üben.

Ich wische mit der Hand über den Tisch, schiebe die Krümel zusammen, studiere das Gesicht meines Sohnes. Seine Ellbogen sind durchgedrückt, seine Wangenmuskeln angespannt, seine Augen gehen in meine Richtung, dunkles Blau, wie damals, als ich ihn zum ersten Mal in meinen Armen hielt. Auch der heutige Tag bereitet mir Schmerzen. Ich versuche, diesen Augenblick mit Gottes Augen zu sehen, und werde sanft. Der Gestank des verlorenen Sohnes lässt nach.

Ich lege meine Hand auf seine Schulter und spüre, wie er sich sträubt. Seine Haut ist aus meiner Haut gewachsen, und doch kann er meine Haut nicht ertragen. „Willst du es mir erzählen? Jetzt kann ich dir zuhören. Ich will dich wirklich verstehen." Ich sehe in seine Augen, steige hinein in sein Innerstes, doch mir kommt nur dunkles Echo entgegen.

Er zieht seine Schulter weg, schüttelt meine Hand ab, weicht vor mir zurück. Unsere Blicke begegnen sich, meine bittend, seine kalt. Die Lippen, die ich einst gestreichelt habe, wenn ich Gutenachtlieder für ihn sang, sind entschlossen und hart.

„Nie siehst du, was er macht!" Jetzt kommt er mir bedrohlich nahe. „Aber was ich mache, das siehst du immer!" Er will mich niederringen, auf den Boden zwingen. Hier bricht ein alter Schmerz auf, eine eitrige Wunde. Hier geht es nicht um eine Scheibe Toast. Es geht – wie so oft – auch um das, was früher war. Sein Aufschrei verzerrt sein Gesicht, seins und meins. Dieses Herz schlug einst unter meinem Herzen – wie konnten wir uns so entzweien? *Wie bin ich an dir schuldig geworden?* Wie konnte mein Blick auf dich so falsch sein? Ich bin wie Hagar, mit meinem Sohn zusammen in der Wüste, hilflos, dem Tod ausgeliefert. Der Sohn schlägt mit seinen Fäusten auf den Tisch und ich möchte mich abwenden, möchte fliehen. Ich kann sein Sterben nicht ertragen, doch verlassen kann ich ihn auch nicht.

„Gott öffnete Hagar die Augen, da sah sie einen Brunnen" (1. Mose 21,19).

Hagar und ihr Sohn waren dem Verdursten nahe, weil sie den Brunnen nicht sahen, der nur einen Steinwurf weit entfernt von ihnen war.

Wie verrückt muss ich sein, neben der Freudenquelle zu verdursten?

Ich irre durch die Wüste und drehe mich im Kreis: Ich bin blind für die Quelle der Freude, sehe sie nicht, weil ich die Freude nicht will. *Die Quelle ist da, immer.* Doch ich *entscheide* mich, sie nicht zu sehen. Will ich keine Freude? Will ich das Leben der Fülle *in Wirklichkeit* gar nicht? Ich verlange nach Freude, sehne mich nach Freude, bitte um Freude – und ziehe in Wirklichkeit meine vertraute, leere Dunkelheit vor? Ist mir das Schwere lieber? Warum kämpfe ich darum, alles unter Kontrolle zu haben, anstatt mich zu freuen? Ist die *Macht* so verführerisch? Gibt sie mir eine größere, teuflische Befriedigung? Erscheint mir die göttliche Gnade zu sanft, zu schwach, um mir ein Leben der Fülle zu verschaffen? Ist das der Grund, warum ich mich nicht ständig an der Quelle der Freude satt trinke? Wenn ich in Wahrheit keine Freude will, heißt das nicht auch, dass ich Gott nicht will? Wenn ich die Freude zurückweise, die tief in jedem Augenblick verborgen ist, weise ich auch den zurück, der diese Freude geschaffen hat. Ist meine Unempfänglichkeit für Freude nicht auch ein Ausdruck meines fehlenden Vertrauens in ihn und seiner Fürsorge für mich? Gott möchte mich ständig mit dem Wasser seiner Freude versorgen, egal wo ich bin, egal wie es mir geht, weil ich ihm so wichtig bin. Aber ich glaube das nicht. Ich will seine Freude nicht, suche nicht nach ihr – suche nicht nach dem, was er mir zu geben hat – und weise ihn zurück.

Gotteslästerer.

In seiner Gegenwart ist Freude in Fülle. *Er ist in diesem Augenblick gegenwärtig.*

Die Quelle ist immer da. Gott ist immer da – weil er immer für mich sorgt.

Gott gibt seinen Kindern Wasser, immer, überall.

Aber wie kann ich mich selbst dazu bringen, Freude zu wollen? Ich schaue wieder zu meinem Sohn, der mich immer noch anstarrt.

Ich weiß, ich bin Hagar, am Ende meiner Kraft, mein Wasservorrat ist verbraucht. Mein Sohn und ich *werden* verdursten, wenn wir unsere Lippen nicht bald mit Freude benetzen. Wir müssen Freude trinken, sonst *sterben* wir. Ich ertrage den Anblick nicht länger: Die Menschen, die ich liebe, *sterben* vor meinen Augen, weil ich ihnen aus der Leere meines Herzens nichts geben kann. In mir ist es so dunkel, ich ringe um Freude, ich rufe nach Freude, *schreie* zu dem Gott der Freude, bettle, schluchze – endlich erinnere ich mich. *Ich muss die Quelle sehen wollen, bevor ich von ihr trinken kann.* Ich muss Freude erleben wollen, ich muss Gott sehen wollen, in diesem Augenblick.

Zärtlich umfangen meine Augen die Blicke meines Sohnes. *Danke, Herr, für diese eine Haarlocke, die sich immer über seinem Ohr kringelt, danke für die Narbe auf seiner Wange, die er sich als Dreijähriger zugezogen hat, danke für die blauen Augen, die er von seinem Vater hat.*

Ich bete mit offenen Augen, mein Gebet wird zu einer Offenbarung. Meine Augen verändern sich und gleichzeitig verändert sich meine Wahrnehmung von ihm. Ich erinnere mich an das, was G. K. Chesterton einst schrieb, dass „unsere immerwährende geistliche und seelische Aufgabe sein muss, die vertrauten Dinge so lange zu betrachten, bis sie uns wieder fremd werden".[4] Das Fremde wird uns zur Wirklichkeit. Nur Liebende können diese Wirklichkeit sehen. Ich nehme, was ich sehe, als Gnadengabe an, ich empfange es mit Liebe, sehe die Liebe, die mich darin umarmt. Ich kenne die Wahrheit, die nur Liebende sehen können.

Liebe ist nicht blind, Liebe ist die heilige Art, zu sehen.

Für einen flüchtigen Moment fühle ich mich wie Hagar, innerlich geheilt, die Hagar, die schon einmal in der Wüste gewesen ist:

Und [Hagar] *gab dem Herrn, der mit ihr gesprochen hatte, den Namen „Du bist der Gott, der mich anschaut". Darum nennt man jenen Brunnen Beer-Lahai-Roi (Brunnen des Lebendigen, der mich anschaut)* (1. Mose 16,13–14).

Seit damals wusste Hagar, dass Gott sie sieht, denn sie war ihm begegnet, als sie voller Not alleine in der steinigen Wüste war. Doch als sie zum zweiten Mal in die Wüste geschickt wurde, hatte sie es wieder vergessen. Sie hatte ihren Sohn zum Sterben niedergelegt und keine Quelle gesehen. In der Staubwolke, die meine Familie im Alltag aufwirbelt, vergesse auch ich immer wieder den, der mich sieht. Aber wenn ich mich dann im *eucharisteo* übe, erinnere ich mich. Ich lege meine Hände zusammen und die ganze Welt besteht aus Wasser.

Die Quelle ist immer noch da.

Es gibt immer eine Quelle – alles wird gut.

Mit erstickter Stimme flüstere ich den Namen meines Sohnes. Seine Haut ist durchsichtig ... gläsern. Er starrt vor sich hin, seine Augen füllen sich mit Tränen ... er zittert ... die Mauer fällt. Mein Herz liebkost ihn, den jungen Mann, Tränen fließen über meine Schultern.

„Versteckst du hinter all diesem Zorn deine große Traurigkeit?" Ich lege meine Hand auf seinen Rücken, flüstere meine Worte. Er entfernt sich, beißt sich auf die zitternden Lippen, hält alles zurück.

„Wo findest du noch Freude?" Wie schmerzlich vermisse ich das einst so fröhliche Kind, das sich jetzt durch die Pubertät kämpft und unaufhaltsam zum Mann wird. Er starrt aus dem Fenster, abwesend, murmelt es vor sich hin. „Ich denke, mir geht es am besten ... wenn ich alleine bin."

Ich sehne mich danach, mit ihm am Fenster zu sitzen, mit mütterlichen Augen sein Gesicht zu erforschen. Mein Herz bricht, meine Augen füllen sich mit Tränen, die Mauer fällt und die Tränen brennen. Mein Sohn ... *so durstig.*

Es gibt immer eine Quelle.

Ich erinnere mich an den Mond, an das Angesicht dessen, der immer am glücklichsten ist und der will, dass ich in ihm glücklich bin. Aber ich weiß es, genau wie mein Sohn: Es ist so schwer, glücklich zu sein, wenn wir *mit anderen zusammen* sind. Jakob kämpfte mit Gott und nannte den Ort Penuël,

„Angesicht Gottes", wo er Gott von Angesicht zu Angesicht sah. Auch ich kämpfe Jakobs Kampf, mein täglicher Kampf um die Freude ist auch der Kampf darum, Gottes Angesicht in den Gesichtern der anderen zu sehen. Wie kann ich dem Jungen helfen, der so durstig ist?

Sag ihm, was *eucharisteo* kann! Soll ich erzählen, wie ich darum kämpfe, Gnadengaben zu benennen, die Herrlichkeit in jedem Augenblick und in allen Gesichtern zu sehen? Ich könnte ihm Geschichten von Menschen erzählen, die ein ähnliches Leben führen wie wir und die *eucharisteo* praktiziert haben. Ich könnte ihm von unserem zehntägigen *eucharisteo*-Experiment erzählen. Zehn Tage lang haben wir *eucharisteo* bewusst jeder stressigen Situation entgegengehalten, haben das *eucharisteo*-Wunder erlebt, nicht in heiliger Abgeschiedenheit, sondern mitten im Alltag, unter den Menschen und in der Menge. Immer wenn es in unseren Beziehungen Spannungen gab, haben wir laut unseren Dank dargebracht. Ich könnte ihm erzählen, was eine Teilnehmerin schrieb: „Ich erlebe, wie die Dankbarkeit allmählich mein Herz durchdringt. Ich verändere mich, werde *eine neue Person*, die mir viel besser gefällt als die alte."

Ich könnte ihm erzählen, wie ein anderer berichtete: „Ich lerne, meinen Dank auszudrücken, bevor der Druck und die Anspannung überhandnehmen und die Situation beherrschen. ... Ich bin so dankbar für das, was Gott durch unser kleines Experiment der Dankbarkeit in unserer Familie tut. *Ich muss es einfach weitererzählen, wie lebensverändernd diese Versuche mit der Dankbarkeit sind!*"

Über folgende Worte habe ich vor Freude geweint, weil sie so sehr das treffen, was auch ich erlebe: „Langsam lerne ich, mich nicht so schnell zu unüberlegten Reaktionen hinreißen zu lassen. Stattdessen *spreche ich meinen Dank aus, mitten in den angespannten Situationen. Es ist, als würde meine Seele auf diesem Weg von Blindheit geheilt, sehfähig gemacht werden. Ich habe das Sehen wieder gelernt.*"

Was ich erlebe, ist die Summe dessen, was meine Seele sieht. Ich sehe die Dinge, denen ich meine Aufmerksamkeit schenke. Mein Leben ist das, worauf ich meine Blicke lenke. Mein Sohn, schau auf *die Quelle*, die Quelle ist da.

Er hat sich hingesetzt, schaut immer noch aus dem Fenster, über die Felder, und kaut auf seinen Lippen. Er versucht, die heißen Tränen zurückzuhalten, die über seine Wangen rollen. Ich suche nach Worten.

„Weißt du, ich verstehe dich genau." Er dreht sich nicht um, wischt sich nur mit dem Handrücken über die Wangen. Wann sind seine Hände so geworden, wie die seines Vaters? Habe ich einen Moment lang nicht hingeschaut? Aus den Kinderhänden sind Hände geworden, wie ein Mann sie hat. Jetzt weint er. Mein Sohn weint, und er erlaubt mir, dabei zu sein, ich darf in seine Seele sehen. Das hat *eucharisteo* mir geschenkt ... Es *war* nur eine Scheibe Toast, hässlicher Toast. Doch ER hat mir gezeigt, wie ich auch für diesen Moment dankbar sein konnte. Darauf folgte das Wunder, mein Herz wurde weich. Nun darf ich sein Herz halten.

„Ich weiß, wie schwer es ist, mit anderen zusammenzuleben und trotzdem die Freude nicht zu verlieren." Ich lasse mich auf dem Stuhl nieder, der gegenüber von ihm steht. Mein Baby von einst ist mir so ähnlich geworden. Sein Haar ist dunkel geworden, nur noch ein paar helle Strähnen sind dort zu sehen, wo der Wirbel ist, genau wie bei mir. Ich habe ihn von meinem Vater geerbt.

„Du kannst mich jeden Tag dabei beobachten, wie ich darum ringe, die Freude zu finden und Gott in den anderen zu sehen ... du weißt, wie oft mir das nicht gelingt." Ich beuge mich über den Tisch, näher zu ihm, will seine Hand berühren. Die Haut über seinen Fingerknöcheln ist zerschunden. Kommt das vom Schweißen? Von der Arbeit mit der Gehrungssäge? Immer will er etwas Neues schaffen, entwerfen ... träumen.

Langsam dreht er sich – zu mir. Ich darf ihn berühren. *Mein Sohn*. Er ist nicht allein, ich bin nicht allein. Ich möchte ihn in meinen Armen halten, will ihn zurückbringen ins Paradies. Wir können nicht aus unserer Haut. Aber vielleicht können wir unsere Augen verändern? Ich suche seinen Blick. Er weicht mir nicht aus. Meine Augen dürfen ihn umfangen.

„Darf ich dir helfen, dein Lachen wiederzufinden? Ich suche selbst danach."

Meine Augen betteln. Das Eis in seinen Augen schmilzt. Er rutscht auf seinem Stuhl hin und her, seufzt. Fast hätte ich sein Murmeln nicht gehört.

„Ich habe schon versucht, zu danken."

Oh.

„Du hast das gewusst? Du weißt, dass Danken der Weg zur Freude ist, weil es uns nahe zu Gott bringt?"

„Du machst das doch die ganze Zeit." Er sinkt in sich zusammen, legt den Kopf auf den Tisch.

Der Kampf um die Freude kann hässlich und laut sein.

Hat er mein Notizbuch gesehen, das auf der Arbeitsplatte liegt, hat er gelesen, was ich unter der Überschrift „Schönes im Hässlichen" zusammengetragen habe?

wackliger Schrank (voller Bücher!)
Spielzeug überall auf dem Boden (zur Freude der Jungs!)
zwei Monate altes Abklebeband an der Zierleiste (bald!)
Socken, die nicht zusammenpassen
ein Buch aus der Bücherei ist verschwunden
unzählige Apfelgehäuse herausschneiden
staubige Regale
verschmierte Spiegel

Sieht er, dass ich mich darin übe, das harte *eucharisteo* zu lernen, die Gnade im Hässlichen zu sehen, das Hässliche als Gnadengabe zu zählen, um es mit meinem Dank in Schönheit zu verwandeln. Weiß er das?

„Und?" Ich ziehe meinen Stuhl näher zu ihm und drücke sanft seine Hand.

„Es ist so ... schwer." Er murmelt es mit geschlossenen Augen.

Wie gut ich ihn verstehen kann.

„Schwer, ja, *sehr schwer*." Er liegt da, mit geschlossenen Augen. Ich fühle, was du fühlst, mein Junge. Es gibt Tage, da möchte ich am liebsten meine Augen vor dem allen verschließen. „Es ist schwer, *eucharisteo* zu leben. Ich versuche es mit aller Kraft, ich muss es ständig üben. *Danken ist eine Disziplin, die wir uns nur mit viel Übung aneignen können.*" Ich weiß, mein Sohn. *So viele Tage übe ich schon und es ist so schwer.* Ich würde auch am liebsten aufgeben. Aber wenn ich nicht mehr für die Freude kämpfe ... dann sterbe ich.

„Im Danken ... *eucharisteo* ... begeben wir uns in Gottes Gegenwart. Wir bleiben in seiner Nähe, es ist immer eine Übung für unsere Augen. Wir können das, was vor unseren Augen ist, nicht verändern. Aber wir können es *mit anderen Augen* sehen." Ich flüstere meinem Sohn diese Worte zu, während er seine Augen geschlossen hält. Sein Kinn zittert. Tränen schieben sich unter den Augenlidern hervor. *Mein Sohn. Es ist so schwer.* Es ist schwer, diese ganze Welt als gläsern und durchsichtig zu sehen, wie Gott sie sieht. Es ist schwer, von den tausend Gaben auf dem Papier überzugehen zu den tausend weit geöffneten Augen, zu dem tausendfachen Lächeln auf meinen Lippen. Es ist so schwer, diesen Weg zu gehen.

Aber wenn ich mich nicht ganz auf diese schwere Übung einlasse, die Dinge aus Gottes Perspektive zu sehen, verdurste ich dann nicht in der kahlen Einöde, in Angst, Enttäuschung und Leere?

Ich lege meine Hand auf seine Wange, die nass von Tränen ist. Wir sind aus dem gleichen Holz geschnitzt.

„Mein Junge, du kannst dich mit positivem Denken nicht aus negativen Situationen herausmogeln. Das funktioniert nicht, egal ob du an deinen Bruder, an mich oder an sonst jemanden denkst. Unsere Gefühle sind schneller als unsere Gedanken, das Blut fließt schneller, als die Nervensynapsen etwas weiterleiten." Seine Wimpern zittern. „Du kannst gegen ein Gefühl nur mit einem anderen Gefühl angehen."[5]

Ich streichle langsam über seine Wange.

Dann komme ich ihm näher und hoffe, dass meine Worte ihn aufrichten können. „Wenn du Dank fühlst, ist es *unmöglich*, gleichzeitig Wut zu fühlen. Man kann immer nur *ein Gefühl* zu einer bestimmten Zeit haben. Dabei können wir selbst entscheiden, welches Gefühl wir spüren *wollen*."

Ganz ruhig liegt er da. Manchmal ist es am schwersten, zuzugeben, was wir wirklich wollen.

Ich lege einen Arm um ihn, sein Rücken ist warm von der Sonne, die durchs Fenster scheint. Dann bette ich meinen Kopf auf seine breite Schulter. Mein Gesicht fühlt, wie seine Schulter sich hebt und senkt. Er atmet schwer. Todtraurig. *Ich muss weiter versuchen, meinem Sohn Wasser zu geben.*

„Darf ich dir eine Geschichte erzählen?" Ich spüre, wie sich seine Muskeln entspannen. Seit ich ihn zum ersten Mal in meinen Armen hielt, habe ich Geschichten in die Schnörkel seiner Ohrmuschel geflüstert. Die Freude an Geschichten hat uns immer schon verbunden.

„Es war einmal ein Kämpfer, der ganz ähnlich war wie wir. Er hieß Jakob. Eines Nachts war er ganz allein, es war dunkel und er schaute in den Sternenhimmel. Er konnte nicht schlafen, weil er Angst vor dem nächsten Tag hatte. Ihm stand die Begegnung mit seinem Bruder bevor. Viele Jahre zuvor war er vor seinem Bruder geflohen, weil der ihn umbringen wollte. Familienbeziehungen können sehr kompliziert sein."

„Esau." *Aha.* Er hört zu. Seine Stimme zu hören ist wie ein Hoffnungsschimmer in der Wüste. Ich lächle auf seiner Schulter und drücke ihn fest.

„Genau, das war Esau. Jakob hatte schreckliche Angst davor, seinem Bruder zu begegnen. Die ganze Nacht über kämpft er mit einem Mann, er schlägt um sich, drischt auf den anderen ein, er hält ihn fest und gräbt seine Finger tief in die Beine und den Leib des anderen. Auf keinen Fall will er ihn gehen lassen. Da erscheint am Horizont das erste Licht der Sonne. Er kann fast nicht mehr, ist erschöpft und verwirrt." Ich setze mich gerade hin und massiere den Rücken meines Sohnes in langsamen, großen Kreisen. Die Strahlen der Morgensonne, die durch unser Fenster fallen, werden kräftiger.

„Als es dem anderen nicht gelingt, Jakob zu besiegen oder abzuschütteln, da berührt er die Gelenkpfanne seiner Hüfte, dort, wo die Sehnen der Oberschenkelmuskeln ansetzen. Der Mann bricht Jakob. Er renkt ihm die Hüfte aus. Dann bricht der Tag an. Er befiehlt Jakob, ihn gehen zu lassen." Meine Finger streichen über den Rücken hoch bis in seine Haare, bis zu dem Wirbel, den er von mir geerbt hat.

„Aber Jakob weigert sich, den Mann loszulassen. Er weiß nicht einmal genau, wer der Mann ist, er kann sein Gesicht nicht erkennen. Aber er fleht: ‚Ich lasse dich nicht los, bis du mich gesegnet hast.' Da wendet sich der Mann ihm zu und gibt ihm einen neuen Namen. Er nennt ihn Israel, den, der mit Gott gekämpft hat. Er sagt zu ihm: ‚Du hast mit Gott gekämpft und du hast gewonnen.' Die ganze Zeit wusste Jakob nicht, mit wem er es zu tun hatte. Ein Mann in der Dunkelheit, ein Mann, den er nicht sehen konnte. Die ganze Nacht lang war das Angesicht *Gottes* ihm so nahe gewesen und er hatte dagegen angekämpft. *Gott steckt hinter den Gesichtern, mein Sohn. Können wir ihn sehen?*" Meine Hand ruht auf seinem Kopf und meine Brust schmerzt.

„Weißt du, wie Jakob den Ort nannte? Penuël – das heißt ‚Angesicht Gottes'. Er sagte: ‚Ich habe Gott von Angesicht zu Angesicht gesehen und lebe noch, um davon zu erzählen!'"

Ich lächle. „Aber hinter der Geschichte steckt noch mehr … wie hinter jeder Geschichte." Ich sehe, wie seine Lippen traurig lächeln. Auch ich lächle. „Vor langer Zeit hat einmal ein Prediger namens James H. McConkey einen Freund, der Arzt war, gefragt: ‚Gibt es einen besonderen Grund dafür, dass Gott ausgerechnet die Sehne von Jakobs Oberschenkel berührt hat?'

Und der Arzt hat geantwortet: ‚Die Sehne des Oberschenkels ist die kräftigste Sehne des Körpers. Nicht einmal ein Pferd könnte sie auseinanderreißen.'"

Ich habe die folgenden Worte McConkeys nie vergessen: „Ich verstehe. Der Herr muss uns an der Stelle brechen, an der unser eigenes Ich am stärksten ist, damit er uns in seinem Sinne segnen kann."[6]

Genau das hat er auch heute Morgen mit uns gemacht, er hat unsere stärksten Stellen gebrochen … damit wir sehen können. Nur so können wir *den Segen sehen*.

Ich komme nah an das Ohr meines Sohnes.

„Und was geschah am nächsten Morgen, als Jakob seinem Bruder entgegenging, vor dem er so viel Angst gehabt hatte? Nach dem nächtlichen Kampf, mit dem verletzten Hüftgelenk, nach der Begegnung mit einem Mann, von dem er nicht wusste, dass er Gott ist, an seiner stärksten Stelle getroffen – weißt du, was er da gesagt hat? Er sieht seinem Bruder ins Gesicht, der ihn töten wollte, und sagt: ‚Ich habe ja doch dein Angesicht gesehen, wie man das Angesicht Gottes sieht' (1. Mose 33,10)." Ich lege meine Hand auf seinen Arm, der reglos daliegt.

„Er hat mit Gott gekämpft, er wollte *unbedingt gesegnet* werden … und danach sieht er Gott in jedem Gesicht. *Verstehst du*, was ich meine, mein Junge?"

Wasser! Siehst du das Wasser?

Meine Hand auf seinem Arm fühlt die Erschöpfung nach dem Kampf, den wir beide gekämpft haben.

Ich sehe in sein Gesicht. Seine Augenlider sind entspannt, seine Wangen sind getrocknet. Wir sind erschüttert worden, die Emotionen sind hochgekocht, und wir haben heißen Zorn gefühlt, die Flammen der Hölle und das verzehrende Feuer göttlicher Heiligkeit, und wir haben gekämpft. Wir haben unsere Nägel ins Fleisch gegraben und nicht losgelassen, wir wollten den Segen. Wir haben geübt, wir sind geweitet worden, wir haben uns festgeklammert und wurden abgeschüttelt. Keuchend haben wir unsere offenen Hände dem Himmel entgegengestreckt: „Segne mich, segne mich, vorher lasse ich nicht los."

Wie Jakob fragen wir atemlos, wo er ist, wer er ist, wie er heißt. Wir brauchen seinen Namen, um den Segen empfangen zu können. Wir haben die Gaben beim Namen genannt und dabei seinen Namen gefunden – Herrlichkeit – und im Gesicht der Menschen haben wir Gott gesehen. Dann haben wir ihn erkannt: den Segen, Gott, das Wasser der Freude, mitten in unserer Wüste.

Aber Quellen findet man nur, wenn man sie finden will. Sie sprudeln nur dort, wo die harte Erde aufgebrochen, eine Öffnung geschaffen wird. Es ist unmöglich, Gott von Angesicht zu Angesicht zu sehen, ohne dass ein Zerbruch vorausgeht.

Zerreiße die Sehne – öffne die Augen.

Das Bein wird aus dem Hüftgelenk ausgerenkt, das harte, böse Herz wird aufgebrochen und die Augen werden heil. Es erfordert Übung, harte Knochenarbeit, um die Lider zu öffnen. Doch nur so kommen wir dem Geheimnis der Freude auf die Spur, suchen wir Gott dort, wo wir ihn nicht vermutet hätten.

„Mein Sohn?"

Er hebt seinen Kopf, öffnet die Augen, schaut mich an, in mich hinein. Ich spüre neues Leben. *Mein Sohn* … er sieht nur verschwommen. *Es gibt immer eine Quelle, alles wird gut.*

„Willst du – willst du mit mir zusammen *eucharisteo* üben?"

Das nasse Rund unserer Augen begegnet sich, sein Blick wärmt mich, und die Liebe sieht.

„Ja, Mama." Er lächelt zögernd. „Ja … wir könnten das Danken zusammen üben."

Augen voller Gnade
meine Hand neben seiner
die Ruhe nach dem Sturm

Der Mond wird aufgehen und alle, die humpeln, werden sehen. Wer kann mit weit geöffneten Händen leben?

Der Sohn dreht seine Hand, legt sie geöffnet neben meine. Sanft, dankbar lege ich meine Hand hinein.

Das Morgenlicht fällt auf das Arrangement der Sonnenblumen und sie halten der Sonne ihr Gesicht entgegen.

KAPITEL ACHT

wie viel mehr wird er …?

Alles, was ich gesehen habe, lehrt mich, dem Schöpfer für das zu vertrauen, was ich noch nicht gesehen habe.
Ralph Waldo Emerson

Gott und ich – uns verbindet eine lange Geschichte des Vertrauens.

Vor dem Fenster der Waschküche fallen Schneeflocken wie zarte Engelsfedern.

Die Schaukel am Ahornbaum bewegt sich nicht. Der leere Sandkasten füllt sich mit dem Weiß vom Himmel und der Weg, der zum Stall hinunter- und an der Scheune wieder nach oben führt, liegt verwaist. Im Ofen backt das Brot, ich kann es riechen, fünf Laibe verbreiten einen erdigen Duft zu Beginn dieses Winters. Sie werden aufgehen wie alte Berge, rund, braun und glatt. Meine Brote backen in den Backformen, die ich von Marjorie Knight bekommen habe, in der obersten Schiene des Ofens. In diesen Formen wurde auch schon das Brot gebacken, das Marjorie immer für mich in Scheiben geschnitten hat, wenn ich sie als Kind mit meinem Bruder zusammen besuchte. Sie wohnte weniger als zwei Kilometer von unserer Farm entfernt, wir fuhren oft mit den Rädern zu ihr, es war ein langer Schotterweg im Schatten der hohen Fichten, ehe wir in ihre Einfahrt einbogen. Wie lange ist es her, dass sie gestorben ist? Aber noch immer höre ich ihre fröhliche Stimme, die Worte sprudelten aus ihr heraus wie ein lachender Fluss, ihr heftig gekrümmter Rücken bebte bei jedem lustigen Wort. Ich rieche das Brot, schwelge in Erinnerungen, falte Handtücher. Und schaue den Schneeflocken hinterher. In der äußersten Fensterecke sehe ich, wie die weiße Decke sich über alles legt, auch den Stall bedeckt … der Stall.

Dieser Stall beherbergt unser Vieh, die Grundlage unserer Existenz – und kommt mir mittlerweile wie eine Leichenhalle vor. Hier werden unsere Träume beerdigt. Kaum ist dieser Gedanke da, schon reagiert mein Magen, und Dunkelheit breitet sich in meiner Seele aus. Die aufgetürmten Handtücher geraten ins Wanken, der Stapel fällt zu Boden. Der Markt ist rückläufig, instabil, die Preise für unsere Schweine fallen. Als ich vor einer Woche in der Fachzeitung für Landwirte gelesen habe, dass es im Bereich der Schweinezucht in Kanada schon bald keine Familienbetriebe mehr geben wird, ist mir mulmig geworden. Aber es stimmt: Unser ehemals blühender Betrieb ist finanziell eingebrochen, und nur ein Blick auf diesen Stall reicht, um in mir wieder die nackte Existenzangst zu wecken. Die Verluste, die wir schon gemacht haben, türmen sich höher auf als die Schneewehen, die der Wind an der Stallmauer anhäuft. Jeden Morgen stehen wir früh auf, schuften den ganzen Tag und produzieren Lebensmittel für andere, zu Preisen, die unsere eigene Existenz gefährden. Wie lange werden wir das noch durchhalten?

Ich stelle mich mit dem Rücken zum Fenster, konzentriere mich darauf, die Handtücher ein zweites Mal zu falten, meine innere Welt zu sortieren, als der Farmer in die Waschküche kommt. Er ist auf dem Weg nach draußen, zum Stall, auf dem Weg zu dieser Arbeit, die wir tun, obwohl sie uns aufzehrt. Ich spüre, wie er mich aufmerksam betrachtet. Klagend heult der Wind ums Haus.

„Ann … alles wird gut." Kann ich seinen Blick erwidern?

Doch er schaut mir gar nicht ins Gesicht, er schaut auf meine Füße.

„Du bist mir eine!" Er schüttelt den Kopf. „Was machst du denn mit deinen Zehen?" Ich schiele nach unten. „Die sind ja ganz verkrampft."

Ich habe es gar nicht bemerkt.

Sanft stellt er seinen Fuß auf meine eingezogenen Zehen und massiert meine Schultern, um die vielen Sorgen auszustreichen. „Es wird alles gut werden. Schau, da draußen ist unser Stall, da sind unsere Ferkel und Schweine. Wir werden durchkommen."

Er legt seinen Arm um meine Schultern, zieht mich hinauf in seine Stärke. „Hab keine Angst … vertraue. *Vertraue einfach.*"

Einfach vertrauen? Vertrauen, während die Agrarwirtschaft zusammenbricht, während alle Familien in unserer Nachbarschaft ihr Land verkaufen oder unter einem Berg von Schulden begraben werden, während unsere Zukunft an einem seidenen Faden hängt? Ich hole tief Luft, atme langsam aus. Schwach lächelnd lehne ich mich an seine Schulter, an seinen Glauben.

Ich war schon immer ängstlich, bin von Natur aus angespannt. So wie ich meine Zehen einziehe, so möchte ich mich aus dem Leben zurückziehen. Man sieht es an der Haltung meines Kiefers und den angespannten Kaumuskeln, auch die hochgezogenen Augenbrauen und die skeptischen Linien auf der Stirn verraten mich. Ich falte meine Hände nicht zum Gebet … sondern balle sie zu harten Fäusten, die alles fest im Griff behalten wollen. *Kontrolle – diese scheinbare Macht der Dunkelheit.* Ich gehe mit meinen Sorgen um, als wären sie ein kleines Kind, das ständige Pflege braucht, sie sind Teil meiner Identität. Sind Sorgen mein Weg, um im Leben zu herrschen? Brauche ich das Gefühl, die Ereignisse des Lebens bestimmen zu können, indem ich mir ständig Gedanken mache, mich informiere und voller Unruhe nach Lösungen suche? Ängstlich versuche ich, meine Probleme zu beseitigen, statt sie in Gebete zu verwandeln. Ich bin *gestresst* – dieses Wort, das jedes Gespräch durchzieht – ist es nicht nur eine Begründung dafür, dass ich unersetzlich bin? Oder steckt mehr dahinter? Meine tiefsten Ängste als Stress zu verkleiden scheint mir irgendwie tapferer zu sein.

Ich ziehe meine großen Zehen ein und presse sie hart gegen den Holzboden. Ich atme die Luft der Angst ein, beuge mich vor der Furcht.

Ich bin fünf Jahre alt und liege im Bett, meine Augen fixieren im Dunklen die Decke. Ich bin fest entschlossen, nicht einzuschlafen. Als meine kleine Schwester ihre ersten unsicheren Schritte auf unserem Weg machte, hielt ich sie an ihren Händchen. Jetzt liegen diese Hände in der Erde und verfaulen unter dem Grabstein. Ich weiß, was passiert, wenn man etwas in die Erde legt, damit es zersetzt wird. Solange ich meine Augen offen halten kann, bin ich sicher, dass ich lebe. In unserem Haus wird nicht vom Himmel geredet, die Toten begraben ihre Toten.

Meine Mutter kommt, ich sehe ihren Schatten im Türrahmen. Sie setzt sich zu mir, singt Lieder für mich und massiert meine Füße. Sie streichelt über meine Haare und will mich zum Schlafen bringen.

„Ich will nicht so tot in der Erde liegen wie Aimee."

Mama nimmt mich in den Arm und wiegt mich, wiegt mich wie früher.

Ich bin sieben Jahre alt, die Krankenschwester bringt ein klapperndes Tablett mit Erbsensuppe herein. Ich würge. Erbsensuppe! Aber Erbsensuppe enthält keine Säure und schadet der Magenschleimhaut nicht. Dr. Munn steht an der Tür und erklärt meiner Mutter, dass meine ständige Angst zu einem Magengeschwür geführt hat. Ich bin erst sieben, gehe in die zweite Klasse und habe schon ein Magengeschwür.

„Ist sie ein besonders ängstliches Kind?"

Mama antwortet leise, ich verstehe ihre Antwort nicht. Das Kleinkind in dem Bettchen am Fenster wimmert und weint, es hat hohes Fieber, Lungenentzündung. Durch das Fenster sehe ich den Kirchturm auf der anderen Straßenseite.

Wochenlang liege ich in der Klinik. Als ich danach wieder in die Schule gehe und im Klassenzimmer hinter Matthew Rowbotham sitze, tippe ich ihm auf die Schulter und erkläre:

„Du darfst mir keine Witze mehr erzählen. Wenn ich lache, tut mein Bauch weh." Zu Hause lachen wir ohnehin kaum.

Ich bin siebzehn Jahre alt, als meine Hand das leere Marmeladenglas loslässt. Es landet auf dem Betonboden der Garage, überall Scherben. Während ich reglos auf das Chaos blicke, löst sich etwas in mir. Der innere Schmerz fließt ab. Ich suche die schärfste Scherbe, sie ist lang und glatt. Ich lege sie auf die Haut meines Innenarms und mache einen langen Schnitt. Ich beobachte, wie es fließt, salzige, rote Tränen rinnen an meinem Arm entlang. Ich will nicht sterben, ich will nur aus mir herausfließen.

Viele Jahre lang, nachdem ich mit sechzehn zum persönlichen Glauben an Jesus fand und mich taufen ließ, zerbreche ich und schneide den Selbsthass weg, die Angst, genau dort am Handgelenk. Es brennt, wenn ich das Fleisch aufschlitze, aber es brennt den Schmerz weg. Mit dem Blut fließt auch die Angst aus meinem Inneren, fließt heraus und verschwindet. Ich versuche, zu beten.

Ich bin zwanzig Jahre alt. Es ist ein bitterkalter Tag im Februar, ich bin an der Universität und warte auf den Fahrstuhl. Da springt mich zum ersten Mal eine Panikattacke an. Sie schnürt mir den Hals zu. Meine Finger krallen sich in meine Nackenhaut, ich bekomme keine Luft. Wo ist die Tür? Die Tür! Ich kämpfe mich durch Gruppen von Studenten, vorbei an Rucksäcken und Büchern, zu dem erleuchteten Zeichen: Ausgang. Der Winter prallt auf meine Wangen, ich schnappe nach Luft, fülle meine Lungen. Zurück im Studentenwohnheim sitze ich im Schaukelstuhl am Fenster und schlage meine Bibel auf. Ich schaukle und schaukle.

Meine Gedanken sind aufgewühlt, mein Herz hämmert wie wild gegen meine Brust. Die Psychologin hat mir ein Rezept gegeben, auf dem sie mit unleserlicher Handschrift einen Namen vermerkt hat. Sie legt ihre Hand auf meine Schulter: „Das wird Ihnen helfen, mit den Panikattacken und der Platzangst umzugehen." Ich bekomme kleine, eckige weiße Pillen.

Die Platzangst oder *Agoraphobie* ist eine Angststörung, die in Situationen auftritt, in denen eine Flucht aus dem Gefahrenbereich nur schwer möglich oder peinlich wäre.[1] Aber wie kann ich aus meiner Haut fliehen? Ich umwickle meine Handgelenke mit einer elastischen Binde, schlucke monatelang Ruhe in Pillenform. Ich versuche zu beten.

Angst schlingt sich wie ein Klaviersaitendraht eng um meine Handgelenke. Ich führe ein von Angst gefesseltes Leben, der Draht der Angst schneidet mir tief ins Fleisch, meine Hände verkrampfen sich zu Fäusten, die alles im Griff haben wollen. Angst macht das Leben klein. Die Musik verstummt, die Freude versiegt. Ich lebe in Fesseln.

Kann ich meine Hände öffnen, um all das zu empfangen, was es für mich gibt? Ein Leben in der Fülle dessen leben, was Gott für mich in jedem Augenblick bereithält? Wie kann das gelingen, wenn die Kehle vor Angst zugeschnürt ist und die Arme von brennenden Wunden der Vergangenheit übersät sind?

„Du machst dir Sorgen, nicht wahr?" Seine Stimme ist sanft. Ich folge seinem Blick aus dem Fenster, wo der Schnee in dicken Flocken auf den Stall fällt, auf das Dach über unserem Vieh … unserer nahezu wertlosen Lebensgrundlage.

„Ja … ich glaube schon." Ich atme aus. Diese Woche haben sich die Familien der Farmer aus unserer Gegend getroffen, die vor dem finanziellen Aus stehen, um gemeinsam zu beten. Niedrigpreise mit historischen Rekordtiefständen treiben Farmer, die seit Generationen die Erde bestellt und die Tiere versorgt haben, in den Ruin.

„Werden wir durchkommen?" Er steckt eine Haarsträhne hinter mein Ohr und ich spreche flüsternd über meine Angst. Panik will nach mir greifen. Soll ich ihn in meine Augen sehen lassen, um ihm zu zeigen, wie groß meine Angst ist? „Vielleicht bin ich auch nur gestresst …" Da ist es wieder, dieses Wort. *Ges*tresst.

Ruhig atmen.

Stress beraubt mich nicht nur der Freude. Meine Reaktion auf Stress kann auch zur Sünde werden. Dort in meiner Waschküche, mit dem Blick aus dem Fenster, Blick auf den Stall, da weiß ich, dass Stress genau das Gegenteil dessen ist, was Gott freundlich, aber klar bestimmt hat: „Erschreckt nicht, habt keine Angst! *Vertraut* auf Gott und *vertraut* auch *auf mich*!" (Johannes 14,1; Hervorhebung der Autorin). Ein sorgenfreier Mensch ist entspannt, vertrauensvoll und ruht zuversichtlich in den starken, verlässlichen Armen seines Gottes. Vertrauen ist das Gegenteil von Stress. „Wie glücklich ist, wer ganz auf den Herrn vertraut" (Psalm 40,5). Doch wie kann man dieses Vertrauen lernen? Kann man sich durch pure Willenskraft fürs Vertrauen entscheiden? Ich muss die Antworten finden, ich brauche dieses Vertrauen, diese Gewissheit, dass ein guter Gott nur Gutes mit mir vorhat, sonst kann ich auch die Freude nicht finden: „Ich bitte Gott, auf den sich unsere Hoffnung gründet, dass er euch in eurem Glauben mit aller *Freude* und allem Frieden erfüllt, damit eure Hoffnung [euer *Vertrauen*] durch die Kraft des Heiligen Geistes immer stärker und unerschütterlicher wird" (Römer 15,13; Hervorhebung und Ergänzung in Klammern der Autorin). Das Leben der Fülle, die überfließende Freude, den tiefen Frieden finde ich nur, wenn ich der zärtlichen Liebe meines Gottes vertraue. Diesem liebenden Gott, der seine Kinder niemals mit Scham oder Selbstverdammnis belastet, sondern der ihre Ängste mit seiner gnädigen Berührung wegstreichelt.

Doch wie kann ich vertrauen, wenn mein sorgenvolles, freudloses Herz jahrelang Angst durch meine hart gewordenen Venen gepumpt hat?

Ich atme aus. Wie angespannt ich noch immer bin!

Wenn ich glaube, dann kann ich loslassen und vertrauen. Warum bin ich gestresst? Mein Glaube an Gott muss mehr sein als ein intellektueller Akt, mehr als eine bestimmte Denkweise. Sogar die Dämonen glauben an Gott (Jakobus 2,19). Was bedeutet rettender Glaube, wenn er nicht das radikale

Wagnis ist, von ganzem Herzen zu vertrauen? In einem der dicken Bibelkommentare lese ich, dass das Wort *pisteuo* im Neuen Testament zweihundertundzwanzig Mal vorkommt. Meist wird es mit „glauben" übersetzt. Aber mir geht ein Licht auf, als ich lese, dass *pisteuo* wörtlich übersetzt heißt „seinen Glauben auf etwas setzen, vertrauen"[2]. „Glauben" ist ein Verb, etwas, das man tut.

Dann ist der rettende, authentische Glauben also auch etwas, das man tun muss? Die *ganz konkrete und praktische* Handlung des Vertrauens?

Ist der echte, rettende Glauben ein Glauben, der dankt, der Gott sehen kann und ihm bis in die tiefsten Tiefen vertraut? Wie kann *eucharisteo* mir helfen zu vertrauen?

Eines Nachmittags lese ich in meiner Bibel einen bestimmten Vers immer wieder, während Kinderhände auf den Klaviertasten Tonleitern üben. „Jesus antwortete: ‚Gott verlangt nur eins [ein Werk, einen Dienst] von euch: Ihr sollt den anerkennen [an den glauben, an dem festhalten, dem vertrauen, euch auf den verlassen, Glauben haben an den Boten Gottes], den er gesandt hat" (Johannes 6,29; Ergänzung in Klammern der Autorin). Ist das meine tägliche Aufgabe, zu der mich Gott berufen hat – ihm zu vertrauen? Die Aufgabe, vor der ich zurückschrecke? Ich soll dem Sohn Gottes und seiner Weisheit vertrauen, in jedem Augenblick, im Hier und Jetzt. Vertrauen ist ein Werk, vertrauensvolle Liebe ist eine Aufgabe, die ich gezielt und bewusst ausüben soll. Oft will ich die erforderliche Energie dafür nicht aufbringen. Stress und Angst scheinen mich weniger Kraft zu kosten. Es ist einfacher, meinem Verstand mit all seinen Sorgen freien Lauf zu lassen, als Disziplin anzuwenden, ihm die Zügel anzulegen, die Scheuklappen aufzusetzen und ihm beizubringen, in sicherer Gewissheit weiterzugehen, egal welche Schreckensgespenster am Horizont auftauchen. Sind Stress und Sorgen Symptome einer Seele, die zu träge und undiszipliniert ist, um ihren Blick auf Gott gerichtet zu halten, um in der Liebe mit ihm zu leben? Mir behagen diesen Fragen nicht, ich möchte diese dunklen Ecken meines Denkens, aus denen mich unheimliche Augen anstarren, gerne leer fegen. Aber es ist Zeit, diese Fragen zu stellen, und ich stelle sie laut, während nebenan die C-Dur-Tonleiter klar und hell erklingt: Lohnt es sich nicht um der Freude willen, Vertrauen zu lernen?

Eines weiß ich inzwischen genau: Stress setzt keine Freude frei. Möglicherweise ist Stress noch viel gefährlicher: „Wer zum Glauben kommt [die dem Evangelium und dem Gott, der es gegeben hat, anhangen, vertrauen und sich darauf verlassen] ... wird gerettet. Wer nicht glaubt [wer nicht dem Evangelium und dem Gott, der es gegeben hat, anhängt, vertraut und sich darauf verlässt], den wird Gott verurteilen" (Markus 16,16; Ergänzung der Autorin).

Ohne an die gute Nachricht von Jesus zu glauben und die gute Nachricht von einem Gott, der in jedem Augenblick rettend in mein Leben eingreift, ohne ein Vertrauen, das aktiv und Tag für Tag an die gute Nachricht eines Gottes glaubt, der allmächtig und vollkommen gut ist, wie kann ich da von mir behaupten, zu glauben? Doch genau dieses Vertrauen fehlt mir: dass er mich hindurchtragen wird, auch wenn eine Katastrophe mein Leben trifft. Wenn ich der guten Nachricht völlig vertraue, in jedem Augenblick meines Lebens, dann bin ich gerettet. Wenn ich mich für Stress, Sorgen und Ängste entscheide und die gute Nachricht zurückweise, die Gott mir in diesem Moment anbietet, wenn ich mich weigere, ihm zu vertrauen, dann bin ich verloren.

Ich fange an, die Umrisse zu ertasten, während wir wirtschaftlich schwere Zeiten erleben, den Herausforderungen der Kindererziehung gegenüberstehen und von der Hast des einundzwanzigsten Jahrhunderts getrieben werden. Ich fange an, es zu erkennen, und es trifft mich im Mark:

Wenn echter, rettender Glaube ein Ausdruck von aktivem Vertrauen ist, dann ist die Entscheidung für Stress ein Ausdruck von Unglauben ... von Atheismus.

Überall, wo ich nicht in Dankbarkeit und Vertrauen lebe, lebe ich im Atheismus.

Ich stöhne. Vielleicht ist das Gegenteil von Glauben gar nicht Zweifel, sondern Angst. Ein Mangel an Glauben ist möglicherweise kein intellektueller Zweifel über die Frage der Existenz Gottes, sondern die Angst, dass Gott nicht *gut* sein könnte. Wenn ich nicht mit meinen Gefühlen und in allen praktischen Situationen von der Güte Gottes überzeugt sein kann, bin ich dann überhaupt eine Gläubige? Müssen die Gläubigen nicht glauben? Müssen die Geretteten nicht ihrem Retter vertrauen? Sie müssen an die Erlösung von ihrer Schuld glauben, ja, aber auch an die Erlösung von ihrer Angst.

Natürlich gibt es körperliche Ursachen für Ängste und stoffwechselbedingte Notwendigkeiten, entsprechende Medikamente zu nehmen. Ich habe viele Rezepte eingelöst. Und das war damals auch richtig für mich. Nicht jede Angst hat geistliche Ursachen. Dennoch bin ich überzeugt und bekenne: Ein Großteil der Sorgen meines Lebens kamen aus mangelndem Glauben … aus einem inneren Widerstand gegenüber Dankbarkeit und Vertrauen in Gottes liebevolle Fürsorge.

Ich koche Suppe und backe Brot, und mir ist bewusst, dass ich nichts so dringend brauche wie die Freude über Gott. Doch diese tiefe Freude über Gott kann ich nur erleben, wenn ich ein tiefes Vertrauen in Gott habe. Ich putze Waschbecken, poliere sie und verstehe allmählich, dass fehlendes Vertrauen mein größtes Problem ist. Wenn ich Gott in allen Bereichen meines Lebens vollständig vertrauen könnte, würde das nicht meine Angst, meine Selbstverdammnis und meine seelischen Löcher heilen?

Die Angst droht, mich zu ersticken, sie terrorisiert mich. Ich suche nach Hilfe und finde sie im Vertrauen. Vertrauen ist die Lösung.

Wenn die Angst mein Leben klein hält, wird dann ein Leben, das in jedem Augenblick alles von Gott erwartet, automatisch an Größe gewinnen?

Ich zünde nachdenklich die Kerzen an und schneide das Brot fürs Abendessen.

Früh am Sonntagmorgen, als der Farmer noch mit seinem Team fleißiger Kinder im Stall arbeitet, bin ich schon auf dem Weg zur Gemeinde. Heute bin ich eingeteilt, während des ersten Gottesdienstes die Kleinkinder zu betreuen. Der Farmer und die sechs Kinder werden zum zweiten Gottesdienst in die Gemeinde kommen. Wenn sie sich mit ihrer Arbeit beeilen, werden sie es gerade noch rechtzeitig schaffen. Ich fahre durch eine schneebedeckte Landschaft, nur unterbrochen von verstreuten Bauernhöfen, die wie Inseln aus dem Weiß ragen. Ich übe mich in *eucharisteo* und zähle das Gute auf, mit dem Gott mich gerade beschenkt. Irgendetwas wird die innere Leere immer füllen, und ich habe gelernt, die freien Augenblicke mit Dank zu füllen. Ich lade den Dank bewusst in meine Seele ein. Das ist Gottes Wille. Dank ist das Einzige, um das er uns immer, in jeder Situation, bittet, weil er weiß, d̲ass Dank immer dem Wunder vorausgeht̲.

Laut zähle ich die Gnadengaben auf, damit ich sie sehen und fühlen kann.

Danke, Herr, für …

schön geformte Schneeverwehungen

Errettung der Sünder, unter denen ich die Größte bin

Raureif, der von den Zweigen rutscht, als ob die Kälte ihre Kette ablegt

eine schwarze Krähe am blauen Himmel

Rauch über den Ställen

Ställe

Alles in meinem Sichtfeld verdunkelt sich. Das Einzige, was ich wahrnehmen kann, ist ein Stall. Meine Blicke ruhen auf dem Stall, der an der Straße vor mir auftaucht, und meine Seele zuckt nicht zurück. Die Zeit bleibt stehen.

Etwas fehlt, stelle ich erstaunt fest: Ich habe keine Angst.

Ich schaue auf den Stall, ich zähle die Gnadengaben auf und kann es kaum fassen: Die Angst, die mir so oft die Kehle zugeschnürt hat, ist verschwunden. Ich atme frei und unbekümmert. Die Angst, mein Baby, um das ich mich ständig gekümmert habe, ist nicht mehr da. Dabei hätte ich allen Grund, Angst zu haben. Die Agrarwirtschaft steht immer noch am Abgrund, die Zukunft unserer Tierhaltung ist weiterhin ungewiss, es gibt immer noch keine Zusagen, keine Versprechungen, nichts hat sich verändert. Was mir gestern Angst gemacht hat, was mich vorige Woche beunruhigt hat, ist unverändert da. Aber *ich* bin verändert. Ich verändere mich in der Tiefe, während ich mich in der Dankbarkeit übe. Ich praktiziere *eucharisteo*, und dabei entdecke ich den verborgenen Ort, an dem es keine Angst gibt, und frage mich, warum ich ihn nicht schon früher gefunden habe. Ich kann die Stelle, an der mich diese Erkenntnis trifft, genau kennzeichnen. Es ist auf der Straße Nummer 178, direkt vor der Brücke.

Dank baut Vertrauen.

Ich fahre über die Brücke.

Der Maitland River schlängelt sich gläsern durch die Winterlandschaft, gesäumt von Ställen auf beiden Uferseiten. Ich fahre über die Brücke, und das silberne Band des Flusses gleitet unter der Brücke hindurch wie ein Faden, der durch ein Nadelöhr gezogen wird. Während das helle Morgenlicht sich in Eis und Schnee spiegelt, fällt ein Lichtstrahl auf einen weiteren Aspekt von *eucharisteo*.

Wer vertraut dem Brückenbauer?

Wer kann dem Brückenbauer vertrauen, wenn er den Körper seiner kleinen Schwester in einer Blutlache am Boden gesehen hat – zerquetscht von schweren Reifen? Wer kann dem Brückenbauer vertrauen, während die Küche leer und das Bett kalt bleibt, weil Mama wieder in der geschlossenen Psychiatrie ist? Wer kann dem Brückenbauer vertrauen, wenn Schnee auf die Bettdecke fällt und die Eiseskälte durch die rissigen Wände pfeift, wenn es zum Mittagessen nur eine halbe Fertigpackung Makkaroni mit Käsesoße für vier Personen gibt und Vater jeden Tag darüber klagt, dass es an allem fehlt?

Wie kann man sich auf das Leben verlassen, wenn Hoffnungen fehlschlagen?

Doch an diesem Morgen im November bricht neue Zuversicht an.

Auch wenn Hoffnungen sich nicht erfüllen – Segen ist trotzdem da.

Am liebsten möchte ich auf die Bremse treten, auf dieser Seitenstraße in Howick Township, im hellen Licht der Sonne.

Ich zähle Segnungen und finde heraus, auf wen ich im Leben zählen kann.

Das ist es, was mir unerwartet widerfahren ist. Mit diesem Lebensstil der bewussten Dankbarkeit habe ich, ganz unbewusst, die Vertrauenswürdigkeit Gottes geprüft. Und während ich Segnungen aufzähle, stolpere ich auf dem Weg, der mich aus der Angst führt.

Kann man auf Gott zählen? Ich zähle seine Segnungen und finde heraus, wie viele seiner Brücken schon gehalten haben!

Konnte ich ihm jahrelang nicht vertrauen, weil ich seine Segnungen nicht gezählt habe?

Im Rückspiegel schaue ich auf die Brücke zurück, über die ich soeben ohne einen Hauch von Angst gefahren bin. Die Zusammenhänge werden mir immer deutlicher: Jedes Mal, wenn ich Angst und Sorgen Raum gebe und mich dem Stress überlasse, erkläre ich damit nicht, dass man Gott nicht vertrauen kann? Dass ich ihm nicht glauben kann? Doch wenn ich dem Brückenbauer dankbar bin für die unendlich vielen Brücken, die schon unter meinen Schritten gehalten haben, für die unendlich vielen Momente seiner Treue, dann ist mein Leben ein Ausdruck meines Glaubens, und ich vertraue ihm wieder.

Ohne Angst überquere ich auch die nächste Brücke.

Staunend schüttle ich den Kopf, so klar ist diese Erkenntnis: Vertrauen ist die Brücke zwischen gestern und morgen, gebaut

aus Brettern der Dankbarkeit. Während ich die Segnungen zähle, halte ich sie fest wie Fotos in einem Album. Die Bretter, auf denen ich vom Vertrauten zum Unbekannten gehen kann, bestehen aus meinem bewussten Dank. Ich weiß, er hält mich.
Ich kann ohne Angst gehen.

Haben sich die Israeliten deshalb immer wieder erzählt, was Gott in der Vergangenheit des Volkes getan hat – um Gott auch für ihre Zukunft zu vertrauen? Erinnern ist eine praktische Form des Dankens. Im Rückblick erkennt mein Herz, dass Gottes Arme mich getragen haben, die ganze Zeit. „Dankbarkeit ist das Gedächtnis des Herzens", schreibt Jean Baptiste Massieu, ein französischer Mönch und Schriftsteller[3], aber sie ist mehr als das. Dankbarkeit ist nicht nur die Erinnerung unseres Herzens, sondern die Erinnerung an Gottes Herz, und wenn wir ihm danken, erinnern wir uns an ihn.

Während ich heute Morgen die Psalmen gebetet habe, habe ich genau das entdeckt. Der Psalmschreiber erinnert sich an Gottes Taten und dankt ihm dafür:

Dankt ihm, dem mächtigsten aller Herren!
Seine Liebe hört niemals auf!
Er allein tut große Wunder.
Seine Liebe hört niemals auf!
Kunstvoll hat er den Himmel gewölbt.
Seine Liebe hört niemals auf!
Über den Meeren hat er die Erde ausgebreitet.
Seine Liebe hört niemals auf!
Er hat die großen Lichter gemacht:
Seine Liebe hört niemals auf! (Psalm 136,3–7).

Wenn ich mich an Gottes Taten erinnere, erkenne ich sein Herz, mit dem er gestern für mich da war. Daraus kann ich Sicherheit für heute und für morgen schöpfen. Sein Herz wird in Zukunft nicht weniger liebevoll für mich schlagen als bisher. Zum ersten Mal verstehe ich, warum Gott mit seinem Volk einen Bund geschlossen hat, in dem der dankbare Rückblick auf Gottes Taten ein wichtiger Bestandteil war. Dank begründet das Vertrauen. Die Israeliten sind ein Beweis dafür, das erkenne ich jetzt.

War das nicht auch Jesu Anliegen bei der Einsetzung des Abendmahls? Jesus gab den Jüngern einen seiner letzten Aufträge, den ich nur allzu oft vergesse: Wir sollen uns erinnern. *Tut das zu meinem Gedächtnis.* Erinnert euch und seid dankbar.

Dies ist ein wesentlicher Teil des Christentums: erinnern und danken, *eucharisteo*.

Warum sind Erinnern und Danken von so entscheidender Bedeutung? *Wenn wir uns dankbar an seine Hilfe erinnern, können wir ihm vertrauen – und damit wirklich glauben.*

Einst habe ich diese Worte gelesen: „Die wichtigste Eigenschaft eines vertrauensvollen Jüngers ist Dankbarkeit."[4] In den Monaten, seit ich meine Segnungen aufzähle, haben mich diese Worte angespornt. Dankbarkeit ist die wichtigste Haltung der Jünger Jesu – so wie *eucharisteo mich Gott näherbringt,* hat Nicht*eucharisteo* den Abfall von Gott ausgelöst. Deshalb ist *eucharisteo* so ein zentrales Thema des Christentums. Doch das war mir lange Zeit nicht klar, erst als ich über diese Brücke gefahren bin, habe ich verstanden, dass *Dankbarkeit deshalb eine so wichtige Eigenschaft der Nachfolger Jesu ist, weil sie Vertrauen schafft ... und damit den wahren Glauben.*

Nur wenn ich dankbar betend lebe, kann ich auch in der Kraft des Vertrauens auf Gott leben. Mir war nicht klar, wohin mich die Tür des *eucharisteo* führen und aus wie vielen Ängsten sie mich herausführen würde. Der Schnee spiegelt das Sonnenlicht, hell leuchtet es mir aus dem Rückspiegel entgegen.

Während ich allein in unserem Kleintransporter fahre, höre ich die rauen Stimmen der Menschen, die ich liebe und geliebt habe, Stimmen voller Schmerz. Ich ehre sie, indem ich ihnen meine Aufmerksamkeit schenke:

Deine Erinnerungen zeigen dir einen alten Mann, der dir zwischen die Beine greift, sein heißer, fauliger Atem schlägt dir ins Gesicht und deine Haut will sich verkriechen. Dafür dankbar sein?

Du siehst auf den Monitor des Ultraschallgerätes, auf dem sich nichts mehr bewegt, und du wirst nach Hause geschickt, um auf die Wehen zu warten, die deinen toten Traum gebären sollen.

Die Frau, mit der du das Bett geteilt, vor der du ohne Scham nackt sein konntest, teilt ihr Bett nun mit einem anderen. Sie gibt dir das Hochzeitsalbum zurück und sagt, sie hätte dich nie geliebt.

Sich erinnern und dankbar sein? Wofür? Wenn Erinnerungen keine Dankbarkeit hervorrufen, sondern nur alte Wunden aufreißen?

Die Stimmen tun mir weh. Es sind die Stimmen der Menschen, deren Gesichter ich kenne. Das Sonnenlicht fließt über meine Windschutzscheibe und taucht mein Lenkrad in Gold. Ich richte meine Augen auf die Straße, die Mittellinie zieht wie ein Band an mir vorbei. Ich warte, warte einfach. Weitere Erinnerungen steigen in mir auf. Und in die Stille hinein kommt der Geist und er flüstert einen Namen.

Christus.

Ich sehe die Welt durch seine Augen: „Er hat seinen eigenen Sohn nicht verschont, sondern hat ihn für uns alle in den Tod gegeben. Wenn er uns aber den Sohn geschenkt hat, wird er uns dann noch irgendetwas vorenthalten?" (Römer 8,32).

Er gab uns Jesus. *Jesus! Er gab ihn preis, für uns alle.* Wenn wir uns nur an eine Sache erinnern, sollte es dann nicht diese sein? Warum erscheint mir ausgerechnet diese Erinnerung oft so selbstverständlich? Der Körper des Gott-Menschen wurde aufgerissen, sein Blut ist geflossen. Er hat unseren Schmutz abgewaschen, mit dem Blut seiner Gnade. Er hat das Eisen durch sein eigenes Fleisch gebohrt. Reicht diese Erinnerung nicht? Braucht es noch irgendetwas anderes? Wenn Gott seinen eigenen Sohn nicht verschont hat, wie viel mehr wird er uns dann auch *alles* andere geben, das wir nötig haben!

Wenn Vertrauen verdient werden muss, hat Gott das nicht durch seine Wunden, die Dornen auf seiner Stirn, meinem Namen auf seinen rissigen Lippen getan? Wie viel mehr wird er uns auch alles andere geben, das gut für uns ist? Er hat das Unfassbare schon gegeben.

Christus, der Querbalken des Kreuzes – für uns.

Das Zählen der Segnungen mündet in diese eine, einzige Segnung.

Alle Dankbarkeit ist letztlich die Dankbarkeit für Christus, jede Erinnerung ist ein Erinnern an ihn. In ihm wurde alles erschaffen, in ihm wird alles erhalten, in ihm lebt alles. In Christus ist alles vereint, für das wir dankbar sind, in Christus ist alles vereint, an das wir uns erinnern können. Um unser Vertrauen in Gott zu stärken, zählen wir seine Gaben auf, doch letztlich zählt nur eine Gabe, seine Gabe.

Dieses Wunder ist so radikal, es macht mich glücklich, macht mich still: *Alles mündet in Christus. Jeder Augenblick, jedes Ereignis, alles, was geschieht – alles ist in Christus. In ihm sind wir immer sicher und wie viel mehr wird er ... uns mit ihm nicht auch alles andere schenken?*

Wenn Brücken einzustürzen drohen, landen wir sicher in Jesu Armen. Er ist die wahre Brücke, nie fallen wir in die Hoffnungslosigkeit. Es ist sicher, ihm zu vertrauen!

Wenn wir zu schwach sind, um weiterzugehen, dann wird seine Gnade in unserer Schwachheit mächtig, und durchbohrte Hände helfen uns wieder auf. Es ist sicher, ihm zu vertrauen!

Wir können in jeder Lage dankbar sein, weil ein guter Gott uns führt und alle Dinge für uns zum Guten zusammenwirken lässt. Es ist sicher, ihm zu vertrauen!

Selbst wenn es den Anschein hat, als seien die Brücken hinter uns eingestürzt, so werden doch alle Brücken von seinen Nägeln zusammengehalten.

Es ist sicher, ihm zu vertrauen!

Jede Brücke, die ich überqueren muss, von diesem Augenblick bis zum nächsten, ist völlig sicher. Mit jeder Brücke, die ich überquere, wächst meine Verbundenheit mit ihm, und ich komme meiner Heimat ein Stückchen näher.

Wieder höre ich die traurigen Stimmen, ihre und meine, die leidenden Stimmen, die ich kenne und die noch immer klagen: Es gibt Momente, in denen ich nicht *fühle*, dass Gott mir Gutes gibt. Was ist mit all den Erinnerungen an Zeiten, in denen Gottes Nähe nicht spürbar war? Wenn die Brücken zittern und schwanken und wenn sich „Wie viel mehr wird er …" liest wie „Er wird nicht …".

Schicksalsschläge können den Blick verdunkeln, Gefühle können lügen.

Ich lasse all die klagenden Stimmen an mich heran, streiche über ihre Narben und flüstere ihnen zu: Manchmal braucht es Jahre, ehe wir sehen können, dass in Christus, wegen Christus, durch Christus Gott uns alles gibt, was gut ist.

Mit der Zeit, über die Jahre, legt sich Staub auf die Verzweiflung.

In der Erinnerung, mit den Jahren, wird Gott sichtbar.

Wenn wir zurückschauen, sehen wir Gott von hinten.

War es nicht auch bei Mose so? „Wenn meine Herrlichkeit vorüberzieht, werde ich dich in einen Felsspalt stellen und dich mit meiner Hand bedecken, bis ich vorüber bin. Dann werde ich meine Hand wegnehmen und du kannst mir nachschauen" (2. Mose 33,22–23).

Kann es wahr sein? Dass meine Dunkelheit bedeutet, dass Gott mich in einen Felsspalt gestellt und mich mit seiner Hand schützend bedeckt hat? Im Felsspalt habe ich Angst zu fallen, die Brücke schwankt, Gott scheint weit entfernt. Im Dunkeln bebt meine Brücke, meine Träume platzen, meine Welt stürzt ein. Doch das Gegenteil ist der Fall: Im Dunkeln geht der Herr an mir vorüber. Die Brücke und mein Leben werden erschüttert, nicht weil Gott mich verlassen hat, sondern weil er so nahe ist. Gott ist in dem Beben. Die

Dunkelheit ist heiliger Boden, die Herrlichkeit zieht vorüber. Wenn es besonders dunkel ist, ist Gott besonders nahe, wirkt an mir und führt seinen Willen aus, vollkommen und fehlerlos. Auch wenn alles finster ist, wenn ich nichts sehen kann, wenn mein Leben in die Tiefe zu stürzen droht und ich mich vollkommen allein fühle – gerade dann ist Christus mir nahe. Er ist der Halt, wenn alles ins Wanken gerät. Und wenn der Sturm vorüber ist, zieht er seine Hand zurück, und ich kann wieder sehen.

Ich sehe zurück und sehe ihn von hinten.

Ich schaue in meinen Rückspiegel. Die Brücke, über die ich gefahren bin, ist hinter den Hügeln verschwunden. Doch in meiner Erinnerung sehe ich sie noch, das fließende Licht des Flusses, das Spiegelbild auf tanzendem Wasser.

Gott lässt sich im Rückspiegel erkennen.

Ich habe eine Ahnung davon, dass es im Leben Situationen gibt, in denen wir sehr weite Strecken fahren müssen, ehe wir Gott im Rückspiegel erkennen können.

Manchmal sogar eine Strecke, die bis zum Himmel reicht.

Wenn wir uns dann umdrehen, werden wir sein Gesicht sehen.

An der Kreuzung zwischen der Straße Nummer 178 und Gorrie Line biege ich in Richtung Norden ab, jetzt habe ich die winterliche Sonne im Rücken. Kahle Ahornbäume werfen lange Schatten über Felder und Gräben. Die Tinholt-Farm im Süden liegt unter tiefem Schnee versteckt, Schweine schlafen unter ihren Dächern. Während ich an den Ställen vorbeifahre, erinnere ich mich an eine alte Geschichte.

Es war im Zweiten Weltkrieg, während die Bomben fielen und alles dem Erdboden gleichgemacht wurde, als Kinder nach ihren Eltern weinten und hungerten. Da wurde ihnen ein Stück Brot zum Trost. Die Flüchtlingslager waren mit zahlreichen, dreckigen Schlafplätzen ausgestattet, doch Ruhe boten sie nicht. Die Explosionen des Tages hallten in den Träumen der Nacht wider. Es gab keinen Trost für die halb verhungerten Kinder, die den Bombenhagel überlebt hatten. Die Angst füllte ihre Augen, ihre Herzen schlugen laut, zu laut, und der Schlaf floh. Auch ich kenne das Gefühl, wenn die Dunkelheit einen anstarrt, mit riesigen Augen, endlose Nächte, wach und voller Schrecken. Doch mitten in der Nacht, da kamen Menschen, gingen durch die engen Reihen der Betten, zogen die dünnen Decken über die Brust, streichelten über knochige Schultern und gaben jedem, der von Furcht geplagt wurde, etwas zum Festhalten.

Ein Stück Brot.

Benommene Kinder griffen mit kleinen Händen nach dem Brot, nahmen es unter die Decke, dankten dafür und fanden Ruhe auf ihren Kissen, im Vertrauen, dass es weitergehen würde. Ein Stück Brot mit einer Botschaft: „An diesem Abend hat Gott an dich gedacht und du konntest essen. Auch morgen wird er die Sonne aufgehen lassen und für dich sorgen. Auch morgen wird es wieder Brot zum Essen geben."[5] Hände hielten das Brot und endlich fanden die von Furcht Gequälten in den Schlaf.

Ich schüttle den Kopf. Brot zum Einschlafen, ein seltsames Bild. Aber ... ist das nicht ein anderes Bild für mein Dankbarkeits-Notizbuch auf der Arbeitsplatte? Ich öffne meine Hand, um den Augenblick zu empfangen. Ich vertraue Gott, dass das Empfangene aus Gnade besteht. Ich empfange es wie Brot. Wir haben heute gelacht und geweint, ich erinnere mich daran und sehe in beidem Gottes Gnade. Er hat uns heute versorgt, wir haben gegessen, sind satt geworden, haben die Krümel vom Tisch gewischt. Er bettete uns in der Nacht, deckte uns zu, sein Segen umgab uns, den ganzen Tag. Warum sollte er uns nicht auch morgen segnen? Vielleicht ist es seltsam, mit Brot in der Hand einzuschlafen, aber Jesus wusste, warum.

Er wusste, dass ich nicht zur Ruhe kommen, nicht einschlafen kann, wenn ich kein Brot in der Hand habe. Wenn ich nicht täglich das Manna esse.

Eucharisteo, die dankbare Erinnerung, *dies ist mein Brot.*

Wir nehmen jeden Augenblick wie ein Stück Brot, danken dafür und *im Danken wird uns der Augenblick zur Nahrung, zum Brot.* Dankbarkeit ist unsere Speise. *Dank ist die Grundlage unseres Vertrauens.*

In mir steigt ein Gefühl auf, das ich nicht zurückhalten kann, ein unbändiges Gefühl der Befreiung. Ich halte das Lenkrad in meinem weißen Lieferwagen fest und ein herrliches Lachen bricht aus mir heraus, das Lachen der Furchtlosen, der Kühnen, die schwindelerregende Hoffnung der Brot-Halter, der Manna-Esser.

Solange ich noch nicht zu Hause, im Gelobten Land, angekommen bin, solange ich noch nicht in vollkommener Klarheit lebe, bin ich ein Wanderer, der Brücken überquert, der Manna isst und sich vom Geheimnis ernährt. Solange ich unterwegs bin, gibt es für mich keine andere Speise. Entweder nehme ich das rätselhafte „Was ist das?"-Manna mit Danksagung, ergreife den Augenblick im Vertrauen, den ich nicht verstehe, der mich aber einen weiteren Tag lang ernährt – oder ich weise das Manna zurück … und sterbe. Jesus fordert mich auf, ihm alles anzuvertrauen, ihm meine Ängste zu geben und mich in seinen Frieden fallen zu lassen. Das macht mir Angst, ja. Aber es macht mich auch froh. Das ist es, was ich mir immer gewünscht habe und was ich so lange nicht finden konnte: dieses vollkommene, tiefe Vertrauen, diese Hingabe, um mich in seine starken Hände fallen zu lassen.

Ohne Vertrauen kann es keine Freude geben.

Ich kann förmlich spüren, wie sich meine Sehnen entspannen, wie meine Herzkammern sich öffnen, mein ganzes Leben sich entfaltet zu einem einzigen, jubelnden Ja! „Mit ihm sagt Gott Ja zu allen seinen Zusagen" (2. Korinther 1,20).

Mit Jesus sagt Gott Ja!

Jesus ist das fleischgewordene Ja Gottes. Er sagt Ja zu diesem Augenblick, Ja zu der Krankheit im vergangenen Jahr, Ja zu den Brüchen in meiner Kindheit, Ja zu den Nägeln und Ja zu meinem Namen in seinem Lebensbuch. Und ich sage

JA zu ihm! Nicht „Ich mache mir Sorgen", „Ich bin gestresst", „Ich fürchte mich" oder „Ich habe Angst". Ich will Danke sagen. Ich will JA sagen. Ich will ein Ja-Leben führen, Ja sagen zu allem, was war und was ist und was sein wird. Ich lebe nicht mehr in der Sünde, im Tod und in der Angst, die Satan mir schickt, denn ich vertraue der Brücke, auch wenn sie schwankt. Ich vertraue Gott, auch wenn Dunkel mich umgibt, ich vertraue dem Manna, dass es mich ernährt, auch wenn ich es nicht verstehe. Der Gott, dem ich danke, weil er seine Versprechen in der Vergangenheit erfüllt hat, wird auch in Zukunft sein Wort halten. In Jesus ist die Antwort auf die Fragen jedes Augenblicks immer ja.

Die Antwort ist immer ja!

Man sollte meinen, ich würde das Brot jetzt verschlingen. Mir ist ein Licht aufgegangen, hell und klar, doch schon flackert es wieder. Der Montagmorgen kommt und ich habe alles vergessen. Ein Kind hat ein Buch verloren, schreibt eine Prüfung, kommt zu spät zum Unterricht. Ich rege mich über Kleinigkeiten auf, mache mir Sorgen wegen eines Telefonanrufes, ich weiß nicht, was ich kochen soll, und muss einen Abgabetermin einhalten. Dazu kommen die Brücken, die noch viel größer und höher sind: Was geschieht im Herzen meines Kindes? Lebe ich so, wie Gott sich das von mir wünscht, oder ist mein Glaubensvorrat schon wieder aufgebraucht? Welche Katastrophe trifft mich in den nächsten vierundzwanzig Stunden, welche danach? Stress kann eine Sucht sein und Sorge ein Ausdruck meines Strebens nach Macht. Ich vergesse, dass ich jedem Augenblick mit einem Ja begegnen wollte, weil in Jesus alles Ja ist.

Meine Kleine ist fünf Jahre alt. Während wir nach dem Abendessen noch um den Tisch sitzen und zusammen beten, schläft sie in meinen Armen ein. Der Farmer bringt den Rest der Truppe zu Bett. Ich kann mit ihr im Arm sitzen bleiben. Ihre Löckchen sind nass geschwitzt, auch meine Haut wird nass, dort, wo sie auf mir liegt. Ich bewege mich nicht. Ihr Gesicht ist mir zugewandt, weit und offen, ihre geschlossenen Wimpern mit Gold bedeckt. Vorsichtig streiche ich über den kunstvollen Schwung ihrer Lippen, staune über diese Schönheit. Wie haben ihre Augen heute gefunkelt, wie leicht war ihr ums Herz, ihre Stirn war glatt, sie hat ihr helles, unwiderstehliches Lachen gelacht, das für mich wie das Echo himmlischer Glocken klingt. Ihr Atem trifft warm auf mein Gesicht, ihr Leben, ihre Wärme, ihre Regungen, das alles liegt schwer und entspannt in meinem Schoß. Ich kann es nicht festhalten, dieses Kind, sein Leben, mich selbst, den Augenblick. Sie wird mich verlassen, wird groß werden, nicht mehr bei mir wohnen. Sie bewegt sich in meinem Arm und ich streiche die goldenen Locken aus ihrer feuchten Stirn. *Bleib so, Kleines, bleib genau so.* Liebe ist wie eine tiefe Wunde. Was ist eine Mutter ohne ihr Kind? Warum kann ich sie nicht für immer so halten, warum kann dieser Augenblick nicht ewig währen? Sie ist bei mir, ich bin bei ihr. Wieso darf die Zeit dieses Herz von mir entfernen, ohne das auch mein Herz nicht schlagen kann? Warum müssen wir alt werden? Warum muss es immer Abschiede geben?

 Wieder einmal stehe ich vor der Brücke und weigere mich, weiterzugehen, die Zukunft zu betreten, die ich nicht kenne. Ich beschäme den Brückenbauer mit meinen Ängsten und meinem Verlangen, einfach hier stehen zu bleiben oder zurückzugehen. Aber auf keinen Fall will ich weitergehen, nein, ich will nicht. Da kommt er und nimmt sein zappelndes, ängstliches Kind väterlich in den Arm.

 Bin ich wieder die Atheistin, die gegen den Vater kämpft, die Gläubige, die nicht glaubt?

 Er beruhigt das aufgeregte Kind in seinen Armen, flüstert ihm das ewige Gesetz des Universums ins Ohr und schreibt es tief in sein Herz: *Mein Kind,* eucharisteo *geht immer dem Wunder voraus.*

Das Kinn zittert und ich streichle ihre Wange, ihr Körper schmiegt sich eng an mich. Sanft öffne ich meine Hand, um das Geschenk des Augenblicks zu empfangen … Ich benenne die Gaben dieses Moments und warte auf das Wunder.

Diese Knopfnase. Mit meinem Finger berühre ich die Nasenspitze und lächle. Lange schaue ich sie mir an und präge sie mir ein.

Diese gepunktete Brücke aus Sommersprossen. Ich streiche mit meinem Finger darüber. Ich will mich immer daran erinnern.

Diese einzelne Locke, die sich über ihrem Ohr kringelt. Wie eine seidige Wendeltreppe windet sie sich Stufe um Stufe nach oben. Ich beuge mich über sie und meine Lippen versiegeln den köstlichen Punkt auf ihrer Stirn mit einem langen Kuss, ihre Haut wie der Saft der Trauben. Und ich spüre ihn, seinen sanften Kuss der Wahrheit:

Angst ist immer ein Ausdruck, dass die Liebe Gottes erschöpft sein könnte. Denkst du, ich bin endlich? Kannst du dir vorstellen, dass mir der Vorrat an Brot ausgehen, dass ich nicht genug haben könnte? Mein Kind, ich bin unendlich. Nichts kann bei mir zu Ende gehen. Geht das Leben bei mir zu Ende? Oder die Freude? Der Frieden? Oder irgendetwas, das du benötigst? Ich bin das Brot des Lebens und ich werde immer genug Brot für dich haben. Angst denkt, Gott wäre endlich und es könnte zu wenig geben. Aber hat dir das Zählen der tausend Gaben und das unendliche Weiterzählen nicht gezeigt, dass die Wurzel jeder Angst eine Lüge ist? Bei mir hören die Segnungen nie auf, weil auch meine Liebe zu dir nie aufhören wird. Wenn meine Güte dir gegenüber aufhören würde, dann würde ich aufhören zu existieren. Mein Kind, solange es einen Gott im Himmel gibt, gibt es Gnade auf der Erde. Ich bin der Gott des Überflusses, der Unfassbare, dessen Liebe und Gnade nie versiegen.

Ich wickle eine ihrer Locken um meinen Finger. Lange schaue ich in dieses Gesicht, das in Liebe empfangen wurde und Liebe widerspiegelt. Dabei spüre ich Gottes Liebe, die sanft auf mich fällt. Ich bin ein Kind in seinen Armen, sein

Atem trifft warm auf mein Gesicht. Was ich für meine Tochter empfinde, das empfindet er für mich. Diese Geschenke, die ich zähle, alle seine Geschenke, sind Zeichen seiner Liebe und wecken mich langsam auf für die zarteste und stärkste Liebe, die es gibt.

Ich halte dieses Kind, ihre Wimpern zittern, regelmäßiger Atem hebt und senkt ihre Brust, und ich weiß es ganz tief, jeder Pulsschlag bestätigt es mir: „Wahre Liebe vertreibt die Angst" (1. Johannes 4,18). Genau das hat seine Liebe bei mir getan.

Ich muss noch den Tisch abräumen, das Geschirr abwaschen, das Brot muss aufgeräumt werden. Draußen ist es dunkel, Schnee fällt, das Dach des Stalls ist weiß. Ich weiß nicht, welche tieferen Schichten meiner verwundeten Seele *eucharisteo* noch sanft freilegen und heilen wird. Ich nehme die kleine, im Schlaf entspannte Hand und fahre an den Linien ihrer Haut entlang. Ich werde weiter Segnungen zählen und ich werde mich weiter erinnern und ich werde weitergehen, hinein in das Unbekannte.

Ich halte das Brot für meine Seele fest und die wahre Liebe, die niemals aufhört.

KAPITEL NEUN

kleiner werden

Es ist Gottes Natur, dass er aus nichts etwas macht; und solange wir nichts sind, kann er etwas aus uns machen.
Martin Luther

Ich mache Fotos von Lichtmustern auf der Wand, von Lichtstrahlen, die es sich auf dem Boden bequem gemacht haben, und von Lichtfingern, die sich in alte Flaschen hineintasten. Da bittet sie mich um die Kamera. Sie ist kaum mehr als einen Meter groß. Ich drücke auf den Auslöser, halte Licht fest, das in die Maserung der Bodendielen sickert, in das Holz, das vor zweihundert Jahren als Baum im Feld und im Sonnenlicht stand. Es ist, als würden sich die Strahlen einen Weg suchen, um in die alten Risse einzudringen, um das Tote wieder zum Leben zu erwecken und das lebendig zu machen, was einst gefällt wurde. Es ist Dienstagmorgen. Ich versuche, in unserem Bauernhaus die Schönheit festzuhalten und für die Gegenwart zu danken, indem ich einzelne Momente mit Bilderrahmen versehe und ihnen Aufmerksamkeit schenke. Aber wie hätte ich wissen sollen, dass es das Kind ist, das mir das Licht reicht?

„Ich will auch Fotos machen, Mama. Ich passe auf, ganz bestimmt, ich bin ganz vorsichtig." Ihre Augen sind schön wie die Morgenröte, überirdisch leuchten sie wie das Licht des frühen Tages. Sie hält mir ihre Händchen entgegen, ich liebe die Grübchen auf dem Handrücken. Dann legt sie die hohlen Hände vorsichtig zusammen, um mir zu zeigen, wie gut sie mit der Kamera umgehen wird. Zu diesem Kind kann ich nicht Nein sagen, ihre Stimme lässt mich dahinschmelzen und ich lege ihr den Trageriemen um den Hals.

„Wo muss ich drücken?" Sie schaut zu mir auf. Wie schafft sie es nur, ihre Augen vor Freude so groß zu machen?

„Hier ist der Knopf." Ich möchte sie einatmen wie den Duft der Pfingstrosen im Juni.

Sie drückt auf den Auslöser.

Vase. *Klick.*

Eingangstür. *Klick.*

Schränke. *Klick.*

Ihr Lachen steckt an, und ich höre, wie sie durchs Haus geht, hemmungslos Raum und Zeit festhält. Mutter und Tochter. Wir haben die Plätze getauscht. Sie entdeckt das Schöne, ich habe die Hände voller Stifte, Legosteine und Bücher. Ich versuche, Ordnung zu schaffen, sie ist dabei, ins Paradies zurückzukehren, gibt jedem Augenblick einen Rahmen.

Dann taucht sie wieder auf, sucht nach mir, ihr Gesicht ist hinter der Kamera kaum zu sehen, bei jedem Schritt löst sie neue Aufnahmen aus. Ich bin inzwischen in der Waschküche und trenne die helle von der dunklen Wäsche.

„Kannst du mir die Bilder jetzt zeigen?", bittet sie mich und hält mir die Kamera entgegen, soweit der Trageriemen es erlaubt. Ihre Freude ist unbändig.

Wir setzen uns auf einen Wäscheberg und lehnen uns aneinander, unsere Köpfe berühren sich. Sie hat ihren Arm um meinen Hals gelegt, während wir durch die Aufnahmen blättern und auf den kleinen Bildschirm schauen. Das erste Bild zeigt mich, wie ich mich über sie beuge und ihr zeige, wo der Knopf ist, auf den sie drücken muss. Ich rage über der Kamera auf, groß wie ein Gebirge. Ich spüre, wie ein Lachen sich in ihrem Körper breitmacht. Sie legt die Hände vor den Mund, um die sprudelnde Freude aufzufangen. Sie ist entzückt von ihren Fotos. Ich lächle.

Das Bild eines Tisches, dann ein Türgriff, ein Bücherregal in Schieflage.

Ihre Fotos überraschen mich, jedes einzelne. Woran liegt das? Ich brauche einen Moment, bis ich das Rätsel gelöst habe.

Es ist der Blickwinkel. Sie betrachtet alles aus einem Meter Höhe, diese Perspektive kenne ich nicht. Was ich sehe, fasziniert mich: Die Decke im Arbeitszimmer ist hoch wie eine Kathedrale, ihr Bett sieht aus wie eine schwimmende Plattform. Die Treppe ergießt sich wie ein Wasserfall.

Sie ist Alice im Wunderland und die ganze Welt um sie herum ist so groß wie der Mount Everest.

„Gefallen dir meine Bilder, Mama?" Sie tätschelt meine Wange mit ihrer vom Lachen feuchten Hand.

Ich antworte leise, während ich weiter durch ihre Bilder blättere. „Unglaublich schön … wunderschön."

Sie kichert glücklich. Wer könnte da widerstehen? Ich lege die Kamera zur Seite und kitzle ihren weichen Bauch. Sie wirft den Kopf in den Nacken, pure Freude, ich küsse sie kreuz und quer auf ihren süßen Hals, sie lacht, ringt nach Atem, wir kullern über den Boden, glücklich. Als sie später nach draußen stürmt, um neue Königreiche zu erkunden, sehe ich ihr sehnsüchtig nach. Ich möchte ihr folgen, in ihre Welt gehen, zurückkehren. Kann ich das? Mit ihr in die Welt des Staunens gehen? Ich bleibe, sortiere Wäsche und Gedanken.

Gott, ich will diese grenzenlose, übersprudelnde Freude wieder. Jeans wandern nach rechts, Socken nach links. Wie konnte ich diese Freude verlieren, älter werden, abgestumpfter? Ich will die Welt wieder durch diese Augen sehen, ich sehne mich zurück nach diesem Staunen über eine Welt, die unermesslich groß, überirdisch und unbegreiflich ist.

In jenem Sommer spielten meine Schwester und ich mit glitschigen Fröschen am kleinen Bach. Der Schlamm quoll zwischen unseren nackten Zehen hindurch. Wir schlichen durch das Dunkel des Kanalrohres, unser Lachen hallte von den glatten Wänden wider. Wir bauten Schlösser mit Festungsgräben und alle Prinzen, die dort lebten, waren Frösche. Ich sehne mich nach dieser Zeit zurück. Vielleicht krieche ich deshalb jeden Abend zu den Mädchen ins Bett. Wenn die Jungs sich dann auch zu uns legen, bitten die Kinder mich,

Geschichten aus meinem Leben zu erzählen. Ich erzähle vergoldete Geschichten. Eine kleine Erinnerung genügt, nur ein Bruchstück, schon sind wir Prinzen und Prinzessinnen und betreten das Land der Abenteuer, wir fliegen und träumen, grenzenlos.

Ich denke an meine Tante. Sie flog um die ganze Welt, als Flugbegleiterin. Ihr Leben lang war sie unterwegs, rund um den Erdball. Zum Essen ging sie in exotische Lokale, zum Bummeln schlenderte sie durch fremde Städte. Als sie schon über fünfzig war, besuchte sie uns auf der Farm. Sie selbst war kinderlos. Unsere Tochter war damals noch ein Krabbelkind. Die Tante saß auf dem Boden unseres Wohnzimmers und rollte der Kleinen einen roten Plastikball zu. Die Kleine lachte vor Vergnügen, während der Ball ihr immer näher kam. Ich habe noch den jubelnden Klang im Ohr, der das Zimmer erfüllte, das Kind war außer sich vor Freude. Wir Erwachsenen ließen uns anstecken, staunten und lachten mit ihr. Unsere Tochter streckte ihre kleinen Ärmchen aus, bekam den riesigen Ball zu fassen und hielt ihn mit ihren speckigen Händchen hoch über den Kopf. Das Gesicht im Nacken, bestaunten ihre großen Augen den noch größeren Ball. Auch meine Tante konnte nicht genug bekommen, immer wieder gab sie dem Ball einen Schubs und löste die reinste Freude aus. Das Kind quietschte vor Vergnügen, sobald der Ball wiederkam. Wir rangen nach Atem, so herzlich lachten wir.

Wochen später kam ein Brief von meiner Tante. Sie hatte ihn in einem weit entfernten Hotel aufgegeben, der Poststempel kam aus einem Land, das auf der anderen Seite des Ozeans lag. Es bewegte mich tief, als ich ihre überschäumenden Worte las: „Ich werde die große Begeisterung eurer Tochter über diesen Ball nie vergessen – eine Freude, die ich auf all meinen Reisen in all den Jahren nie erlebt habe, unbeschreiblicher Jubel über ein so einfaches Spiel." Auch mir hat sich beides tief eingeprägt, sowohl die Freude des Kindes … als auch die Worte meiner Tante.

Kinder haben diese überirdische Freude, *einfach so,* eine Freude, die man nirgendwo sonst auf der Welt findet, nur bei Kindern.

Ich ziehe das Kleid meiner Kleinsten aus der Wäsche, das mit den rosaroten Blumen, und halte es hoch.

Vielleicht, weil sie klein ist.

Ist es das? Das Geheimnis der kindlichen Freude und die Erklärung für das große Vergnügen an einfachen Dingen – ist die Perspektive.

Wenn die Größe unserer Freude von der Tiefe unserer Dankbarkeit abhängt und Dankbarkeit eine Frage unserer Perspektive ist, dann scheint eine kindliche Perspektive auf die Welt besonders hilfreich zu sein, auch im geistlichen Sinne.

Die Fotos eines Kindes, das Staunen, das ich durch seine Augen erlebt hatte, unterstreichen den folgenden Satz: „Wie viel großartiger wäre dein Leben, wenn du dich selber ein bisschen kleiner in ihm machen könntest."[1] Genau das hatte meine Tochter mir vor Augen geführt.

Freude am Kleinen macht das Leben groß.

Habe ich es nicht selbst schon erlebt, an jenem Aussichtspunkt, als ich mich so klein fühlte angesichts der Größe des Canyons? Ich sah hinab auf die zerklüftete Erde, die Weite des Grabens, die Schlucht, die in vielen Farbnuancen leuchtete, und fühlte mich so klein, dort am Rand des Grand Canyons. Auch in jener Juninacht auf dem Stoppelfeld, als sich die Weite des Himmels über mir wölbte, übersät mit Sternen, die Gott alle beim Namen nennt. Dort, auf dem Feld im Licht des vollen Mondes, wagte ich es nicht, die Unendlichkeit mit meiner feuchten, menschlichen Hand zu berühren.

Und doch versuche ich gleichzeitig so oft, der Enge meines kleinen Lebens zu entfliehen. Stehe ich jedoch wahrer Größe gegenüber, die meine Kleinheit überschattet, dann macht mich das nicht traurig, sondern erfüllt mich mit frohem Staunen. Vielleicht, weil in jedem sterblichen Menschen auch das Ebenbild des ewigen Gottes enthalten ist? In all den großen, erstaunlichen Dingen finden wir etwas wieder, das uns an unseren Vater im Himmel erinnert und an den Ort, von dem wir kommen und zu dem wir unterwegs sind. Das Große spricht den Teil in uns an, der uns mit dem großen Gott verbindet. Wollen wir dem engen, kleinen Leben entkommen und ein Leben in Weite und Herrlichkeit führen, weil das zu unserer Ebenbildlichkeit Gottes gehört?

Das Echo ruft das Echo, Tiefe die Tiefe.

Ehrfurcht ... Ehrfurcht weckt Freude. Sie lässt mich die Knie beugen, wie ich es in der Nacht getan habe, als der Mond mich mit seinem Licht beschien. In meiner Haltung dankbarer Anbetung war ich von tiefer Freude erfüllt. Meine Gottähnlichkeit, trotz aller Kleinheit, berührt den Vater in seiner Herrlichkeit. Dieser Gedanke hat mir damals, auf dem Feld im Mondlicht, noch gefehlt: Alles Staunen, alle Anbetung können aus mir nur dann entspringen, wenn ich weiß, wie klein ich bin.

Ich stehe in der Waschküche, sortiere verspritzte T-Shirts und Jeans mit Grasflecken. Es ist Jahre her, seit ich am Rand des Canyons stand, es ist Monate her, seit ich dem Mond entgegengelaufen bin. Mein Leben spielt sich zwischen schmutziger Wäsche ab. Wie kann ich das kleine Mädchen im „Hier-und-Jetzt"-Wunderland sein, im kommenden Reich der Herrlichkeit? Wie kann ich in einer Haltung der Ehrfurcht *leben*, wenn mein Alltag so banal und gewöhnlich ist? Manche Schichten des *eucharisteo*-Lebens habe ich schon enthüllt, manche Wunder erlebt ... aber es gibt immer noch Schichten, die ich nicht verstehe.

Das Licht fällt wie Goldbarren auf meine Wäsche.

Die Uhr an meinem Handgelenk klingelt zur vollen Stunde, sie ist meine Kirchenglocke, die mich zum Beten ruft. Ich unterbreche meine Gedanken, lege die schweren Fragen, lege die Wäsche zur Seite, denn für Gott sind Knie wichtiger als Hände. Wie Daniel will ich beten, pünktlich zur festgesetzten Zeit will ich meinem Gott danken.

Danke, Gott, für die Perspektive eines Kindes ...
Danke für die Türrahmen und die Türklinken ...
Danke für die hohe Zimmerdecke, für ein Bett wie eine Plattform und riesige Tische ...
für ihr Lachen und ihr Staunen und für ihre Augen, mit denen sie die Welt auf den Kopf stellt, alles groß und weit macht und mich so überrascht ... und mit Ehrfurcht erfüllt ...

Leise bringe ich meinen *eucharisteo*-Dank inmitten von schmutzigen Wäschebergen dar. Die Welt weitet sich, wird höher, tiefer, füllt sich mit göttlicher Herrlichkeit. Ich spüre, wie mein Körper kleiner wird und meine Seele sich erhebt. Freude füllt den Raum in mir. *Jetzt* bin ich wie ein Kind, das glücklich seine Bilder malt, jetzt bin ich wie ein Kind, das jubelnd nach dem Ball greift – eine niedrige Perspektive, in der das Staunen gelingt, die Dankbarkeit zunimmt und die Freude möglich wird. Die Ehrfurcht vor dem runden Mond, der mir zum Sehen verholfen hat, das Farbenspiel in der Seifenblase, das die Zeit angehalten hat, das ist das *eucharisteo*, das mein Leben verändert. Aber was ich hier erlebe, ist das nicht eine weitere, tiefere Schicht? *Eucharisteo* macht die Knie zum Dreh- und Angelpunkt des Lebens. Ich schüttle den Kopf, mein leises Lachen erinnert an die Freude meiner Tochter, ich nähere mich der Art, wie Kinder leben. Das Leben ist voller Überraschungen. Ein Kind erwartet von seiner viel gereisten Tante keine exotischen Geschenke aus fremden Ländern, keine Blumengebinde, nicht einmal eine schöne Postkarte. *Ein rollender Ball. Überraschung! Eine lachende Tante. Überraschung! Immer und immer wieder. Überraschung!*

Meine Mutter, die durch dunkle Täler und auf dem Weg des Kummers gegangen ist, hat immer gesagt: „Erwartungen töten Beziehungen." Und ich habe auch selbst erlebt, dass Erwartungen wie eine Krankheit sind, eine tödliche Gefahr, die sich leise anschleicht und mit ihrem Gewicht so lange auf die Schultern einer Beziehung drückt, bis die Seele zerplatzt und stirbt. Erwartungen töten Beziehungen – das gilt auch in

Bezug auf Gott. Ein Kind erwartet nichts. Ein Kind staunt grenzenlos über jede Überraschung, die das Leben bringt.

Hunderte von Male denke ich jedes Jahr daran, wie ich in jener Nacht am Bett meines Sohnes saß, mit weit geöffneten Augen, in der Kinderabteilung des städtischen Krankenhauses. Endlos reihte sich Stunde an Stunde, während ich das Wimmern der Babys hörte, das Schluchzen kranker Kinder und die leisen Sätze der Krankenschwestern, die bedrohliche Diagnosen auf den Lippen und Morphiumspritzen in ihren Händen hatten. An Schlaf war nicht zu denken, das Grauen dieses Ortes trieb mich ins Gebet. Als es meinem Sohn besser ging und wir die Entlassungspapiere unterschreiben konnten, da kam ich nach Hause zu Schlafzimmern und Badezimmern, zu Küche und Kühlschrank und Fenstern und dieser unverdienten, unendlich wertvollen Gesundheit – da hob ich meine Arme in jubelnder Dankbarkeit. *Hier darf ich sein? An diesem Ort? Überraschung!* Ich hatte einen Blick darauf geworfen, wie mein Leben auch hätte aussehen können. Ich musste nicht am Sterbebett sitzen, nicht im Flüchtlingslager leben, weder Krieg noch Erdbeben ertragen. Ich lachte vor Freude, als ich das Geschirr in der Spüle sah, den Herd, auf dem ich Wasser kochen konnte. Ich putzte Toiletten und war gesund, *ich durfte hier sein und das alles tun!* Nur achtundvierzig Stunden davor war mir das alles selbstverständlich vorgekommen, es hatte mich eher gelangweilt und unzufrieden gemacht. Jetzt sprang ich durch das gleiche Haus, war glücklich wie ein Kind und jubelte: *Das ist alles Gnade, überraschende, unverdiente Gnade!* Obwohl diese Erfahrung nahezu zehn Jahre zurückliegt, gab es seither kaum eine Nacht, in der mein Sohn und ich nicht in unseren Abendgebeten für die Kinder gebetet haben, die vor Schmerzen im Dunkeln weinen, denn wir haben es erlebt, wir haben es nicht vergessen und wir werden es in unseren Herzen tragen …

Erst wenn uns das gewohnte Leben genommen wird, erkennen wir, wie reich es vorher war.

Statt Erwartungen zu hegen, erwartet der Mensch, der in der Freude lebt, gar nichts – und wird immer neu erfüllt. Diese Atemluft! Diese Eiche! Dieses Gänseblümchen! Diese Aufgabe! Dieser Himmel! Diese Menschen! Dieser Ort! *Dieser Tag! Überraschung!*

C. S. Lewis sprach davon, „überrascht von Freude" zu sein. Vielleicht kann man Freude immer nur als Überraschung erleben?

So leben die Kleinen, an jedem Tag.

Für diese Kleinen gibt es sogar eine biblische Bezeichnung. Gott nennt sie die *Demütigen*.

Die *Demütigen* werden immer wieder überrascht. Die *Demütigen* leben aus der Freude.

Ich öffne mein Herz und Jesus flüstert mir eine Überraschung ins Ohr: „Freuen dürfen sich alle, die unterdrückt sind und auf Gewalt verzichten – Gott wird ihnen die Erde zum Besitz geben" (Matthäus 5,5). Die Unterdrückten, Gebeugten, die auf Gewalt verzichten, aber mit offenen Händen erwartungsvoll vor ihrem Gott stehen, das sind die Demütigen. Sie werden überrascht werden, wenn sie empfangen, was ER ihnen gibt.

Er gibt ihnen die Erde.

Die Erde.

Aber überrascht mich das wirklich? Das lateinische Wort für Demut heißt *humilitas*. Der Erdboden und das Ackerland heißen *humus*. Aus einem *humus*-Boden wächst die Saat und bringt Frucht. Gott gibt den *humilitas*-Leuten, den Demütigen, den *humus*-Erdboden, den fruchtbaren Acker, die Erde. Demut ist der gute Boden, auf dem Dankbarkeit wächst und der die Früchte der Freude trägt.

In Gottes Königreich ist alles anders, als wir es erwarten. Dort sind die Hohen erniedrigt und die Niedrigen erhöht. Wer hinaufsteigen will, muss sich klein machen. Jesus sagte: „Wer es auf sich nimmt, vor den Menschen so klein und unbedeutend dazustehen wie dieses Kind, ist in der neuen Welt Gottes

der Größte" (Matthäus 18,4). Später las ich die Worte von
F. B. Meyer und sie rüttelten mich auf. Ich musste an die Erde
denken, an gebeugte Knie und die Dinge, die ich nie verstanden habe:

Lange Zeit dachte ich, Gottes Gaben lägen auf Regalbrettern, die übereinander angebracht sind. Und je höher wir in unserem christlichen Charakter wachsen, desto besser könnten wir sie dort erreichen. Inzwischen weiß ich, dass Gottes Gaben auf Regalbrettern liegen, die nach unten angeordnet sind. Und um sie erreichen zu können, müssen wir nicht größer werden, sondern uns bücken. Wir müssen uns kleiner machen, immer kleiner, um seine besten Gaben zu ergreifen.[2]

Um Gottes Gaben zu bekommen, um voller Freude und mit seiner Gegenwart erfüllt zu leben, müssen wir nicht nach oben streben, uns mehr anstrengen, fleißiger sein und die schweren Lasten tragen, die die religiösen Führer uns aufbürden. Gottes Gaben bekommen wir auf eine sehr sanfte, freundliche Art. Wir müssen uns einfach nur bücken.

Liegt es daran, dass ich oft so ausgehungert nach Freude bin? Dass diese selbstverliebte, gefräßige Menschheit so ausgezehrt ist? Dass die Kleinen die größte Freude haben? Ich habe es selbst miterlebt. Und meine Tante fand nirgends auf der ganzen Welt eine größere Freude.

Ich fahre die Stiche nach, mit denen die Blumen auf das Kleid des kleinen Mädchens gestickt sind, und flüstere Worte, altbekannt, doch für mich mit einer neuen Bedeutung: „Sein Einfluss muss wachsen, meiner muss abnehmen" (Johannes 3,30). Ich weiß, dass meine Seele ihn erheben soll, aber wie soll ich an Einfluss verlieren? Während ich mich über Wäscheberge beuge, wird mir klar: Demut hat nichts damit zu tun, gedemütigt oder unterdrückt zu werden, sondern sie ist die einzige Haltung, in der ich die herrlichen Gnadengaben Gottes empfangen kann – so wie Gott sich selbst demütigte und in einem

Futtertrog zur Welt kam, so wie er darauf wartet, bis ich ihn in Türgriffen und Vasen, dem Mond und der Wäsche sehen kann. Ich schüttle meinen Kopf, lächle und lege das Kleidchen zur Seite. Es ist erstaunlich: Kaum versuche ich, Demut zu ergreifen, schon ist sie wieder weg. Wenn ich an Demut denke, sie mit einem Lichtstrahl erhelle, dann verschwindet sie wie ein Schatten im Dunkeln. „Demut ist so scheu", schreibt Tim Keller.[3] Konzentriere ich mich auf die Demut und erforsche mein Inneres, um herauszufinden, ob ich auch ausreichend demütig bin, dann flieht die Demut, und Stolz tritt an ihre Stelle. Doch nichts macht mich so demütig wie ein überwältigendes Geschenk. Habe ich diese staunende Freude eines kleinen Kindes nicht jedes Mal erlebt, wenn ich innegehalten und Gott gedankt habe?

Das leise Lied der Dankbarkeit, *eucharisteo*, lockt die Demut aus dem Schatten hervor, denn um eine Gabe zu empfangen, müssen die Knie sich willig und demütig beugen, die Hände offen und wehrlos sein und der Wille bereit, alles zu nehmen, was der Geber geben will.

Immer und immer wieder stimmt es: *Eucharisteo* geht dem Wunder voraus. Man sollte annehmen, dass ich es inzwischen weiß. Doch ich vergesse es immer wieder. Der Vater vergisst nie, dass sein Kind aus Staub gemacht ist. Der um unseretwillen Verwundete geht in unendlicher Zärtlichkeit mit seinen Kindern um und verbindet die verwundeten Herzen. Geduldig nimmt er sich Zeit, um alle, die suchen, vorsichtig auf den richtigen Weg zu bringen. Mich bringt er immer wieder zu *eucharisteo* zurück.

Werde ich, während ich *eucharisteo* lerne, immer mehr von Gnade erfüllt? Demütig danke ich meinem Gott für seine Gaben und beuge mich in *eucharisteo*. Dadurch erhöhe ich ihn und er schenkt mir mehr – mehr von seinen Gaben und mehr von sich selbst. Dankbare Demut nimmt zu, meine Seele liegt zu seinen Füßen. Darauf gibt mein guter Gott mir noch mehr seiner Gnadengaben und noch mehr von sich selbst. So reite ich auf der immer höher aufsteigenden Welle der Gnade, immer weiter hinauf. Freude hebt mich empor, ich beuge mich tief in demütiger Dankbarkeit und werde von der Gnade noch höher emporgetragen. So erlebe ich durch *eucharisteo* eine wahre Vergnügungsreise der Freude, Demut und Dank, Gnade und Freude wechseln sich ab wie Wellentäler und Wellenkämme, und ich möchte nie, nie wieder etwas anderes tun, als mich so von den Wellen tragen zu lassen. Wird das Öl der Freude nie im Krug versiegen, sondern immer weiterfließen? Er muss zunehmen, ich muss abnehmen – doch das ist keine Last für mich, sondern der Weg, wie meine Freude durch ihn zunehmen kann. Ich bücke mich, um die Wäsche in die Maschine zu stecken.

Ich wähle das Programm „Stark verschmutzt". Ich bleibe am Boden knien und beobachte, wie das Wasser in die Trommel fließt. Es spritzt gegen das runde Glasfenster der Tür, ich höre das Rauschen und Gurgeln, es fließt von oben herab, fließt nach unten, wie Wasser immer fließt. Das Wasser sucht stets nach Möglichkeiten, noch tiefer hinabzufließen. Ich beobachte das Wasser in der Waschmaschine und denke an das Wasser des Lebens, das auch immer zu den niedrigsten Orten fließt. Die Wäschetrommel beginnt sich zu drehen. Ich muss kleiner werden, sage ich mir selbst, während ich dem Wasser hinter der Scheibe zusehe. Wann immer ich mich trocken und leer fühle, ist es Zeit, mich nach unten zu begeben, kleiner zu werden, auf die Knie zu gehen und zu danken. Der Freudenfluss fließt nach unten, er überflutet die niedrigsten Plätze.

Ich erhebe mich.

Ich hänge Socken auf. Der ganze Wäscheständer ist voller weißer Flaggen der Kapitulation. Meine Gedanken hängen den Begriffen der Demut, der niedrigen Perspektive und dem Empfangen überraschender Gnadengaben nach. Auf dem *eucharisteo*-Weg dringe ich in immer tiefere Schichten vor, hinein in das Reich Gottes, hinein in mein verborgenes, inneres Wesen, und finde immer mehr heraus, wie ER mich geschaffen hat. Im Keller unter meiner häuslichen Choreografie spielen die Kinder, ihre Füße poltern, ihr ausgelassenes Lachen erklingt. Ich bücke mich, hebe etwas auf, bringe es an seinen Platz, sortiere, räume auf. Es ist mein wöchentliches Programm, den Wohlklang der Familie wiederherzustellen, zuverlässig und regelmäßig wie Sonnenaufgang und Sonnenuntergang, und Gottes Gegenwart füllt die ganz gewöhnlichen Momente. Da unterbricht ein Klirren diesen Rhythmus.

Ein Kind schreit.

Meine Augen verengen sich zu Schlitzen, die Arterien treten hervor, Mutter in Not.

„*Du* warst es!"

„Nein, *du* hast mich gestoßen! *Ich* habe gar nichts gemacht!"

„Mama! Maaaaaamaaaaaa?"

Ich atme aus. Langsam gehe ich Stufe um Stufe die Treppe hinunter, eine Bergsteigerin, die bedächtig einen Fuß vor den anderen setzt. Ich komme denen zu Hilfe, die am Rande des Abgrunds stehen. Bei dem Versuch, unser Haus in Ordnung zu bringen, sind heute schon Kritzeleien eines Textmarkers auf dem soliden Holzrahmen des Schlittenbettes zum Vorschein gekommen, ich habe eine zerbrochene CD und einen Farbfleck auf dem Schlafzimmerteppich gefunden, alle Entdeckungen waren begleitet vom ständigen Hintergrundgeräusch zankender Geschwister. Als ich die letzte Stufe erreicht habe, fällt mein Blick auf Scherben, ein Teppich aus Scherben hat sich vor der Stereoanlage ausgebreitet.

„In der Tür ist das Glas noch ganz." Die Tochter lässt die unversehrte Glastür aufschwingen. Sie erwartet wohl, dass ich mich jetzt freue. „Er hat nur die andere Tür kaputt gemacht."

„*Ich?*" Der Sohn legt empört die Hand auf die Brust, wirft seine Arme in die Luft. „Ich bin nur hinter dir hergerannt. Es war *deine* Schulter, du bist gegen die Tür gelaufen."

Ich spüre, wie die Anspannung in meinem Körper zunimmt. Meine Backenzähne beißen fest aufeinander, das Kiefergelenk ist angespannt, die Hände zu Fäusten geballt. Noch vor zehn Minuten war ich so beglückt und erfüllt von meiner Theologie der Freude. War all das nur Theorie? Jede Theologie und alle Theorien bleiben ein totes Gerippe, wenn sie nicht mit Muskeln und Haut des täglichen Lebens überzogen werden, die verunreinigte Luft des Alltags einatmen und sich bewähren. Meine Knie sind steif, und es ist erschreckend, dass mein innerer Friede schneller zu Bruch gehen kann als eine Tür aus Glas. Mit atemberaubender Geschwindigkeit kann ich fallen – und jede Bereitschaft, meine Knie zu beugen, ist dahin.

Bin ich wie David, der am Abend und am Morgen und am Mittag schreit und stöhnt vor seinem Gott – das Klagen und Jammern einer Mutter –, aber dabei die Gewissheit hat, dass Gott ihn hört und ihm helfen *wird* (Psalm 55,17–18)? Oder bin ich wie das Volk Israel, das mit seinem Undank, seinen bitteren Vorwürfen und seiner Unzufriedenheit den Zorn seines Gottes weckt (4. Mose 11,1)? Ich habe Angst, auch nur einen Satz zu sagen, denn ich glaube, ich weiß, in welche Kategorie ich falle. Doch es gelingt mir nicht, sie zurückzuhalten, diese Zunge, diesen Auswuchs meines Herzens, der voller Anklage ist.

„Was habt ihr euch denn dabei gedacht? Wie oft habe ich euch schon gesagt, dass ihr im Haus nicht rennen sollt? Ich kann es einfach nicht fassen …" Ich spucke es aus, all das Hässliche, das ich fühle, Worte voller Enttäuschung, kalte, bittere Vorwürfe. Meine Kehle ist eng, der Knoten steckt fest, ich kann kaum atmen … so viel Frust, widerliches Geheul … ein verwundetes, gefangenes Tier, rasend vor Wut und Schmerz. Das ist keine David-Klage, das vertrauensvolle Ausbreiten meiner Not vor meinem Gott, auf dessen Hilfe ich zähle. Aber ich habe mir auch andere Worte von David eingeprägt, die mir helfen, wenn ich die David-Klage nicht schaffe:

„Als ich verbittert war und innerlich zerrissen, da hatte ich den Verstand verloren, wie ein Stück Vieh stand ich vor dir" (Psalm 73,21–22).

Auch in diesen unkontrollierten Augenblicken hält er mich.

Ich hole Luft, schaue die Kinder an und erinnere mich: Klagen kann ein glaubensvoller Schrei aus der Not sein, der sich an einen Gott richtet, der gut ist, der Ohren hat und hört und der das Hässliche in Schönes verwandeln kann. Klagen kann aber auch ein murrender, kritischer Ausdruck des Unglaubens sein, verbittert und unfähig, in diesem Augenblick die Güte Gottes zu sehen und an das liebevoll schlagende Herz des Vaters im Himmel zu glauben. Gottes Zorn wird geweckt, wenn das Klagen aus Zweifel an seiner Liebe entspringt. Ich streiche mir über die Stirn, schüttle den Kopf. Klagen kann, wenn es aus der richtigen Herzenshaltung entspringt, ein Ausdruck von *eucharisteo* in schweren Zeiten sein. So sicher, wie ich weiß, dass ich Ann heiße, was „voller Gnade" bedeutet, so sicher bin ich mir in meinem Entschluss: Ich will *eucharisteo* immer besser lernen und seine Liebe dabei immer besser kennenlernen. Statt zu klagen wie die unzufriedenen Israeliten, will ich klagen im Vertrauen auf Gottes gütiges Herz.

Ich sehe den Schuldigen ins Gesicht. Ein Sohn zieht unberührt die Augenbrauen nach oben und zuckt gelangweilt die Schultern. Hat Gott selbst nicht auch seinen Ärger über sein ungehorsames Volk ausgelebt? War Gottes Herz nicht auch oft zerbrochen angesichts des Fehlverhaltens seiner Kinder? Hat er nicht auch Leid getragen, sich geärgert und Ablehnung gespürt (1. Mose 6,6; 2. Mose 4,14)? Ich lese es auf vielen Seiten der Bibel: Dem Gott, der voller Freude ist, wird Leid zugefügt. Ich will nicht wie Naaman sein, der sein Leiden nicht zeigen wollte. Der Heerführer Naaman litt an Aussatz, dieser schrecklichen Krankheit, die die Haut gefühllos macht. Auch Gefühllosigkeit kann dazu führen, dass man sich wie ein Tier verhält. Letzten Endes ist sie tödlich.

Ich lehne mich gegen die Wand neben der Treppe. Ich will echt sein, das Leben spüren und wie Naaman meine Knie beugen und in das trübe Wasser der Gefühle eintauchen. Echtes Klagen kommt aus einem glaubensstarken Herzen, das Gottes vollkommener Liebe genügend vertraut, um ehrlich fühlen und weinen zu können.

Ich stütze meinen Kopf in meine Hände und stelle die ehrliche Frage, vor Gott und den Kindern und den alltäglichen Herausforderungen: „Ist es möglich, sich immer zu freuen?"

Dieser Tag, der von wildem Toben zersplittert, von Gezänk überschattet ist, erfüllt mich mit Enttäuschung und die Verzweiflung möchte mich fortreißen. Aber *danken* ist eine Handlung, *sich freuen* ist ein Verb. Hier geht es nicht nur um Gefühle, die sich einstellen können oder auch nicht. Ich spüre die Freude nicht immer, deshalb fordert Gott mich auch auf, ihm in allen Lebenslagen zu danken, denn er weiß, dass ich die Freude dann wieder *spüre*, wenn ich anfange, ihm meinen Dank zu *bringen*.[4]

Wahre Heilige haben das verstanden. Freude kommt nicht aus der Ebene unserer Seele, in der Gefühle entstehen. Freude entsteht in der Gegenwart Gottes. Freude ist Gott, Gott ist Freude und Freude stellt sich nicht gegen alle anderen Emotionen – sondern sie dringt durch alle anderen Gefühle hindurch. Auch wenn meine Ehe keine Blüten trägt, wenn meine Kinder hinter meinen Erwartungen zurückbleiben und meine Arbeit nur wenig Gewinn abwirft, wenn kein Geld auf dem Konto ist und das Herz keine Träume mehr hat, auch wenn andere sich für andere Lebenswege und Lebensweisen entscheiden, so werde ich trotzdem und bis zu meinem letzten Atemzug daran festhalten und darum kämpfen: „Ich will in dem Herrn jubeln" (Habakuk 3,18; Elberfelder Bibel). Ich werde dieses Ziel verfolgen, solange ich bin: „Meine Brüder und Schwestern, nehmt es als Grund zur Freude, zur reinsten Freude, wenn ihr in vielfältiger Weise auf die Probe gestellt werdet" (Jakobus 1,2). Ich möchte zuhören, genau zuhören, und alles daransetzen, diesem Gebot Leben einzuhauchen: „*Freut euch immerzu,* mit der Freude, die vom Herrn kommt! Und noch einmal sage ich: *Freut euch!*" (Philipper 4,4; Hervorhebung der Autorin).

Ich kaue auf meiner Lippe. Der Körper ächzt, wenn die Freude versiegt, das Gesicht ist schmerzverzerrt, die Stimme überschlägt sich im Zorn. „Niemand kann ohne Freude leben", schrieb Thomas von Aquin.[5] Ich kann bestätigen, dass das wahr ist. Ich habe viele Tote gesehen, die auf ihr Sterben gewartet haben.

Überall liegen die Scherben. Aber hier geht es nicht um die Glasscheibe, es geht um altes Glas, es geht um mein gläsernes Leben vor Gott, um mein durchsichtiges Leben. Ich kann durch alle Schichten hindurchsehen, bis in mein wahres Selbst.

Nur ich selbst kann meine Freude trüben.

Ich tue mir das selbst an.

Die Theologie, mit der ich mich beschäftige, liegt jetzt klar und durchsichtig vor mir, und ich sehe, eine heilige Sicht.

Freude ist eine Kerze, die nur in der geöffneten, demütigen Hand brennen kann. In einer offen, demütigen Hand, die bereit ist, loszulassen und zu vertrauen, tanzt das Licht, brennt es fröhlich. Doch wenn die Hand sich zur Faust ballt, wenn alle Finger auf einen selbst zeigen, wenn Rechte eingefordert und Ansprüche gestellt werden, dann wird die Flamme erstickt. Ärger ist wie ein Deckel, der die Freude erstickt, bis sie immer schwächer wird und schließlich ganz erlischt. Plötzlich geht mir der große Zusammenhang auf, der weit über diesen alltäglichen Moment hinausgeht. Es betrifft mein ganzes Leben und diese Erkenntnis tut weh: Wenn ich meinen eigenen Willen durchsetze, lösche ich die Freude aus – es gibt keine andere Kraft, die dazu in der Lage ist.

Stolz, Besitzansprüche – das wilde Tier hinter der Maske des Zorns –, sie schließen die Hand und zerstören die Freude. Als ich später die Worte von Henry Ward Beecher lese, finde ich in ihnen meine eigene Geschichte wieder, diese Gedanken sind mir so vertraut: „Stolz vernichtet die Dankbarkeit ... Ein stolzer Mann ist selten dankbar, denn er bekommt nie so viel, wie er denkt, dass ihm zustünde."[6] Wie viel steht mir zu? Kann ich ehrlich genug sein, mir diese Frage zu beantworten? Habe ich meiner Meinung nach ein Leben im Wohlstand verdient? Steht mir ein Leben ohne Schwierigkeiten zu, ohne harte Zeiten, ohne Leid? Glaube ich, einen Anspruch auf ein bequemes Leben zu haben, ohne Unannehmlichkeiten? Gibt es Zeiten in meinem Leben, in denen meine Anspruchshaltung – meine *Erwartungen* – dazu führt, dass meiner Seele die Luft ausgeht, der Ärger explodiert, dass ich Gott kränke und die Freude auslösche?

Was verdiene ich wirklich? Gut, dass Gott mir nie das gibt, was ich verdient hätte, sondern mir in seiner Gnade und Zuwendung Gaben über Gaben schenkt, meinen Körper, meine Zeit, mein Leben. Gott gesteht mir keine Ansprüche zu, sondern er überträgt mir Verantwortung – die Fähigkeit, auf seine Erwartungen einzugehen –, um auf die Gaben seiner Liebe zu reagieren. Ich weiß es und spüre es voller Beklemmung: Meine Reaktion auf seine Gaben in diesem Augenblick ist kümmerlich. Ich weise seine Gabe zurück. Ich weigere mich, diesen Augenblick anzunehmen, ich lehne es ab, die Gabe auch nur wahrzunehmen, lehne Gott ab. Ich weise Gott zurück. *Warum ist dieses* eucharisteo *nur immer so schwer?*

Ich schaue auf die Scherben, Glas, in dem Erinnerungen stecken, Glas, das mir beim Sehen hilft. Plötzlich sehe ich es: Ich hatte geglaubt, ich müsste die Flamme der Freude schützen.

In all den Jahren, den vielen ärgerlichen Momenten, den schweren Zeiten, dem Bedürfnis, die Kontrolle zu behalten, hatte ich geglaubt, ich müsste meine Hand schließen, um die kleine Flamme der Freude vor dem Sturm zu schützen. In den tosenden Kämpfen habe ich versucht, die Elemente in Schach zu halten und die Faust zu schließen, um mich selbst und mein Glück zu bewahren. Aber in einer Faust, die sich zum

Selbstschutz zusammenkrümmt, herrscht Dunkelheit. Ich spüre die Dunkelheit, auch jetzt … und die bedrückende Erkenntnis lässt nur Leere zurück. Meine verzweifelten Versuche, die Freude zu *bewahren*, waren genau das, was meine Freude *zerstört* hat.

Flammen brauchen Sauerstoff zum Brennen.
Flammen brauchen auch ein bisschen Wind.
Meine Theologie bekommt Fleisch und Knochen.

Das Licht, das ich sehe, kommt aus der Vergangenheit, hat eine Geschichte, wurde von der Sonne ausgesandt, lange bevor es durch mein Fenster fällt und sich in den Glasscherben bricht. Zerbrochenes Glas spiegelt sich im Licht und hier finde ich das Geheimnis der Freudenflamme: *demütiges Loslassen*. Ich lasse meine Versuche los, etwas *tun* zu wollen, meine Versuche, alles im Griff zu haben … ich lasse meine eigenen Vorstellungen los, meine Ängste. Ich erlaube Gott, seinen Wind, seine Herausforderungen, seinen Sauerstoff für meine Freudenflamme in mein Leben zu blasen. Ich lasse die Hand geöffnet und *bin*. Ich bin im Frieden. Ich beuge meine Knie, bin klein und erlaube Gott, mir das zu geben, was er mir geben will, denn *er gibt immer aus Liebe*. Überrascht flüstere ich meinen Dank. So bleibt die Freudenflamme am Leben. Die Fülle der Freude stellt sich nur ein, wenn ich meinen eigenen Willen Gott überlasse. Wenn ich loslasse. Ich kann loslassen, denn seit ich seine Gnadengeschenke zähle, erkenne ich, wie sehr er mich liebt, wie fest er mich hält, wie kostbar ich ihm bin. Ich kann loslassen, weil ich *erfüllt* bin von seiner Liebe. Ich kann vertrauen.

Ich kann *loslassen*.

Ich wusste nicht, dass Freude Sterben bedeuten kann.

Was hatte ich gedacht, dass das schwere *eucharisteo* und das letzte Abendmahl bedeuten würden?

Wenn ich meine eigenen Erwartungen aufgebe und dankbar und demütig das Gute empfange, das ein guter Gott mir gibt, dann stirbt ein Teil von mir. Damit erkläre ich mein eigenes Selbst für nichtig angesichts eines Gottes, der alles hat, was meine Seele braucht, dann folge ich Jesus nach, der sich im Gehorsam gegen Gott so tief erniedrigte, „dass er sogar den Tod auf sich nahm" (Philipper 2,8). Dann bin ich mit Jesus zusammen bei diesem Mahl, Jesus und ich feiern *eucharisteo*, übergeben unseren Willen an Gott und danken ihm für das, was er uns gibt – das ist *Freude*! Wahre Demut erniedrigt sich selbst bis an den Punkt der gesegneten „Selbstvergessenheit". Was könnte mehr Freude hervorbringen als eine Haltung der völligen Aufgabe des eigenen Willens und ein völliges Eintauchen in den Willen Gottes in jedem einzelnen Augenblick? Freude – ist immer auch Gehorsam.

Nun verstehe ich es tiefer: Dieses *eucharisteo* ist kein Spiel eines unbeschwerten Lebens, es ist eher wie eine scharfe Messerklinge.

Nur mein Selbst kann meine Freude verhindern.

Ich hole tief Luft. Dann steige ich die letzte Treppenstufe hinunter, diese Treppe, die mich tief in das alles hineingeführt hat.

Ich knie mich nieder, mitten in den Scherbenhaufen.

Ich kenne diesen Ort. Ich erinnere mich an rote, salzige Tränen, an das Schneiden und den Schmerz. Während heute dieses Glas aus Sorglosigkeit zerbrochen wurde, habe ich damals das Glas auf der Suche nach einem Weg zerbrochen, um mit all meinen Sorgen umzugehen. Heute kenne ich den Weg der Heilung. Durch *eucharisteo* werden die Knie zum Dreh- und Angelpunkt des Lebens. Ich beuge meine Knie und mein Körper stimmt ein: „Dein Wille geschehe." *So* können Körper und Mund danken: *Dein Wille geschehe.* So stirbt mein eigenes Ich, so falle ich in die liebevollen Arme.

Das ist der Grund. Deshalb ist der Kampf um die Freude so schwer.

„Jeder, der schon einmal zu Gott sagte: ‚Dein Wille geschehe', und das auch wirklich so gemeint hat, hat die Freude gefunden – nicht erst im Himmel oder irgendwann in der Zukunft, sondern jetzt und hier, *in diesem Augenblick*", versichert Peter Kreeft. „Jeder Christ auf dieser Welt hat das schon selbst erlebt. Dieses Experiment wurde milliardenfach wiederholt und führte jedes Mal zu dem gleichen Ergebnis"[7] (Hervorhebung der Autorin).

Ich knie zwischen den Scherben und meinen Erinnerungen von zerbrochenem Glas und höre Jesu sanfte Stimme: „Dein Wille geschehe – das ist meine eigene Geschichte der Freude, von Anfang bis Ende."

Ich denke an Jesu Anfang, seine übernatürliche Empfängnis. Seine Mutter beugt ihre Knie und unterstellt Gott vertrauensvoll ihren Willen: „Es soll an mir geschehen, was du gesagt hast" (Lukas 1,38). Hier öffnet sich eine Frau, öffnet ihre Hand und ihren Leib für den vollkommenen Willen Gottes. Jesu Mutter jubelt über die göttlichen Zellen, die sich in ihrem Leib teilen: „Alles in mir jubelt vor Freude über Gott, meinen Retter! Ich bin nur seine geringste Dienerin, und doch hat er sich mir zugewandt ... Jetzt stürzt er die Mächtigen vom Thron und richtet die Unterdrückten auf. Den Hungernden gibt er reichlich zu essen" (Lukas 1,47–48.52–53). Marias Demut, ihre Bereitschaft, ihre eigenen Erwartungen und Pläne aufzugeben – ermöglichen es Gott, sie zu ehren. Während sie sich ihm unterstellt, füllt er ihre Leere mit seiner Fülle. Ihre demütige, ergebene Melodie der Dankbarkeit klingt durch alle Zeitalter.

Ich denke an das Ende seines irdischen Lebens. Jesus beugt seine Knie und weint vor Gott: „Vater, wenn es dein Wille ist, dann erspare mir, diesen Kelch trinken zu müssen. Aber dein Wille soll geschehen, nicht der meine!" (Lukas 22,42). Er öffnet seinen Mund weit und nimmt an, was der Vater ihm gibt: den Kelch des Leidens. Warum trinkt er ihn? Um der Freude willen, gegenwärtige Freude, zukünftige und ewige Freude. Jesus wurde in dankbarer Demut empfangen und in derselben dankbaren Demut geht er auch in den Tod. Ich vernehme die leise, aber klare Botschaft, die aus seinem ganzen Leben spricht: Freude kommt aus Ergebenheit.

Die Kinder stehen um mich herum, beobachten mich und warten. Lange durchsichtige Splitter liegen vor mir, scharfe Klingen fangen das Licht ein.

Demütig öffne ich meine Hand.

Ohne ein Wort zu sagen, kommt eines nach dem anderen und kniet sich neben mich.

Und demütig öffne ich meine Hand, lasse meinen Willen los und empfange seinen, lasse mich von seinem Wind entfachen. Ich nehme den Augenblick aus seiner Hand, als Geschenk von ihm – *ich öffne mich für Gott* –, denn wie kann ich für ihn offen sein, ohne seine Gaben anzunehmen? Das Licht der Freude flackert, atmet, wird entfacht von seinem Willen, entfacht von IHM.

Die Nachmittagssonne fällt durchs Fenster, das Licht fließt über die alten Dielen und füllt die Risse im Holz, als wolle es die Bretter zu neuem Leben erwecken.

Ich bete.

Ich lasse los. Meine Hände sind offen. Die Sonne streicht über alte, feine Narben.

Meine Handflächen halten das Licht.

KAPITEL ZEHN

leer sein, um gefüllt zu werden

> Gebrauche mich, mein Retter, wozu du willst und wie du willst. Hier ist mein armes Herz, ein leeres Gefäß, fülle es mit deiner Gnade.
>
> D. L. Moody

Als ich wach werde, strömt Oktoberregen über die Scheiben.

Ganz leise ist der Herbst gekommen und hat begonnen, das Land zu befeuchten. Die Ahornbäume entlang der Straße färben sich rot und verlieren allmählich ihr Gewand. Ich mache die Betten und streiche die Laken glatt.

In der Küche zünde ich eine Kerze an, der Docht verbeugt sich, zum Brennen bereit. Im Herd brennt das Feuer, langsam breitet sich die Wärme aus. Alles verlangsamt sich, es ist Herbst.

Ich stehe in diesem Haus, am Rand der Welt, am Rand des goldenen Maisfeldes und höre dem Regen zu, der leise trommelnd auf unser Dach fällt und in den Maisblättern raschelt, Blätter abgestorbener Pflanzen, die immer noch auf dem Feld stehen. Tote Blätter der Maisstängel, Tausende, die sich berühren und einen riesigen Bogen über den Stängelsaiten bilden, ihre Wassermusik klingt wie das Geräusch fließenden Wassers. Feld und Himmel musizieren gemeinsam. Das durstige Land hat nach Wasser gerufen und die Tropfen rinnen wie ein kleiner Bach über die Scheibe. Tief hängen die grauen Wolken am Himmel, treiben nach Osten. Ich stelle das Frühstücksgeschirr auf den Tisch.

Bald werden die Kinder, der wunderbare Mann hereinkommen, hungrig von der Arbeit im Stall. Ich hole silberne Löffel, rostfreie Stahlbecher, einen Keramikkrug mit Milch, Honig aus eigener Imkerei. Einen Augenblick lang stehe ich am Tisch und schaue durch das nasse Fenster Richtung Süden. Da entdecke ich schon jemanden, einen Sohn, die Kapuze, die ihn vor dem morgendlichen Regen schützt, tief ins Gesicht gezogen. Ich beobachte ihn, Kind unserer Liebe, wie er den Weg hinter dem Haus entlangschlendert. Sein Kopf ist gesenkt, er hüpft von Pfütze zu Pfütze. Das Wasser, in das er hineinspringt, ist alt, uralt. Seit Anbeginn der Zeit bewegt es sich in einem ewigen Kreislauf, Tausende von Jungs sind über die Jahrhunderte in seinen Pfützen gehüpft, vielleicht ist unser Regen auch schon auf Adam gefallen.

Die Wäscheleine spannt sich über den Weg hinter dem Haus. Wassertropfen sind daran aufgereiht, ich sehe genau hin, erkenne eine Diamantenkette. An einer vergessenen Wäscheklammer hängt ein einzelner, dicker Tropfen. Die Wäscheleine sieht aus wie ein Strahl, die hölzerne Klammer ist ein aufragender Pfahl. Ich erkenne ein Kreuz. Der Sohn hebt den Blick, entdeckt mich am Fenster, winkt und lächelt.

Da fällt der Tropfen vom Kreuz, von der Wäscheklammer, Gnade fällt herab.

Und für einen Moment, länger, lodert etwas in mir auf. Dieses Kind, dieser Augenblick, dieser Tag, wir alle hier zusammen – und die Gnade fällt auf uns. Alles ist Gnade. Wie aus einem großen Springbrunnen regnet Gnade herab, kann durch uns fließen, in die Welt. Mit Atem, der mir geliehen wurde, werde ich entzündet, eine Fackel im Oktoberregen.

Ich bin gesegnet.

Ich *kann* segnen.

Das ist Glück.[1]

Ich stelle den Honig auf den Frühstückstisch und winke meinem Sohn, der lachend durch den Regen geht. In meiner Seele brennt ein helles Feuer, bereit, andere anzuzünden.

Mitten im dunstigen, trüben Oktoberlicht öffnet *eucharisteo* mir Augen und Herz für die Gnade, die auf mich fällt, als Tropfen, als Fluss, als Wasserfall des Segens, der meine Leere erfüllt. Gnade sammelt sich in der geöffneten Hand und führt mich zurück ins Paradies. Ich frage mich: Nachdem *eucharisteo* mich gelehrt hat, loszulassen und meine Hand zu öffnen, um von IHM diesen schimmernden Strom der Geschenke zu empfangen, wie könnte ich da meine Hände jemals wieder schließen?

Wenn ich die Finger krümme und versuche, den Fluss festzuhalten, die Gnade zu horten, kommt der Strom da nicht zum Stillstand? Es ist schon lange her, seit die Kinder und ich uns Bilder vom Toten Meer angesehen haben. Wir haben gelesen, dass der Jordan zwar in das Tote Meer hineinfließt, das Meer jedoch keinen Abfluss hat. Deshalb steigt der Salzgehalt des Wassers ständig an und alles stirbt. Daran muss ich denken. Fülle kann auch schlecht werden. Gnade lebt, sie ist lebendiges Wasser. Wenn ich sie aufstaue und die Segnungen festhalte, dann stirbt die Freude in mir … das Wasser wird leblos und stinkt.

Ich drehe meine Handflächen nach oben, spreize meine Finger auseinander, empfange Gnade. Durch mich kann Gnade fließen. Wie das Wasser einen ständigen Kreislauf beschreibt, so soll auch Gnade fallen, regnen, immer und immer wieder. Ich kann Gnade weitergeben, kann die Freude vermehren, die Festtafel erweitern und andere mit hineinnehmen in das Paradies von Gottes Gegenwart. <u>Ich bin gesegnet. Ich *kann* segnen.</u> Ein Leben, das den Segen Christi *empfängt*, ist ein Leben, das in seiner Liebe *geführt* wird.

Ich höre auf den Wind im Maisfeld, höre den Regen auf den Fensterscheiben, und ich weiß, wo mein Platz ist. Alle verlorenen Einzelteile meines Lebens finden ihren Platz.

Mein Name – Ann, voller Gnade –, dessen Bedeutung ich gleich zu Beginn meines Lebens verloren hatte, ist doch ein Teil von mir, Teil meiner Bestimmung. *Eucharisteo* hat mein tiefstes Innerstes offenbart und mir mein wahres Geburtsrecht gezeigt – *die unendlichen Reichtümer seiner Gnade.* Wie unendlich groß ist seine Gnade. Ich nenne Gnade beim Namen, entdecke dabei die Bedeutung meines eigenen Namens, und über Monate und Jahre hinweg finde ich mich selbst – finde zurück zu der Frau, als die ich geschaffen wurde. Ich bin Ann, voller Gnade, ich bin gesegnet. Ich kann andere segnen, die Fülle kann weiterfließen, weiter und weiter – und so finde ich das Glück. Habe ich hier die verlorenen Teile meines dreibuchstabigen Namens gefunden?

Der Himmel wird hell.

Es ist Donnerstagmorgen, ich wende Pfannkuchen, als das Telefon klingelt. Es ist unser Jugendpastor. Meine Kinder sind noch zu jung, um seine Gruppe zu besuchen. Er fragt mich, ob ich bereit wäre, die Jugendlichen der Gemeinde an einem Wochenende auf einem Einsatz zu begleiten, nach Toronto. Ich erinnere mich an die Straßen der Stadt. Dort hatte ich meine erste Panikattacke. Diese Stadt hätte mich fast erwürgt. Damals war ich so alt wie viele der Jugendlichen, die ich begleiten und beaufsichtigen soll. Kann ich dorthin zurückkehren? Kann ich auf diesen Straßen mein Leben der Fülle leben, erfüllt von der neu gefundenen Gnade? Kann ich dort ein Segen sein? Wollte ich nicht jede sich bietende Möglichkeit ergreifen, um die Fülle der Gnade weiterfließen zu lassen? Der Auftrag liegt ausgebreitet vor mir, bereit, ergriffen und ausgeführt zu werden. Er scheint von Gott zu sein. Ich sage Ja. *Ja!*

Dies ist meine Aufgabe, ich öffne meine Hände.

Wer hätte ahnen können, in welcher Weise und auf welche Person die Gnade fällt?

Die Jugendgruppe geht durch die Yonge Street, eine der Hauptschlagadern Torontos, zur Yonge Street Mission. Ein Hauch von November stiehlt sich in diesen Oktoberabend. Das letzte Gold sickert von den Bäumen. Ich trotte frierend hinter der Gruppe her, habe die Hände tief in den Taschen vergraben, suche nach einem Rest von Wärme. Graue Kälte steigt von dem nassen Gehweg hoch. Autoscheinwerfer sind vom Nebel verzerrt. Wir haben eine lange Nacht vor uns, hier auf den Straßen Torontos.

Heute Abend wollen wir das tun, wofür wir gekommen sind, wir wollen ein Segen sein. Wir wollen die Augen nicht vor dem Schmerz verschließen, wollen nicht zur Seite schauen, wie wir es sonst so oft tun. Heute soll es einmal nicht um uns gehen, nicht um unsere Pläne, unsere Ziele. Denn ist es nicht das, wonach wir uns wirklich sehnen: Gottes Gegenwart wahrzunehmen? Und dann hätte ich ihn beinahe übersehen, wie er da im Schatten der Hauswand steht, ein ungepflegter Mann mit ergrautem Haar. Er steht mit dem Rücken zu mir und schaut zum Eingang des Gemeindezentrums. Meine Aufmerksamkeit gilt den Jugendlichen, die jetzt vor dem Eingang unseres Treffpunktes stehen. Gleichzeitig versuche ich, die Kälte zu ertragen. So schnell vergesse ich den Grund meiner Freude, schalte um, konzentriere mich auf anderes und trete heraus aus dem Strom der Gnade. Aber für Leute wie ihn sind wir hier, um ihn und seinesgleichen zu segnen, um dabei selbst gesegnet zu werden. Kurz bevor ich die Gruppe erreiche, tritt er aus dem Schatten heraus, geht vor mir her, auf die Jugendlichen zu. Er hat noch einen Kumpel bei sich, der schwankend im Schatten stehen bleibt, eine große Flasche in der Hand. In mir krampft sich etwas zusammen, Angst, die wehtut.

Marisa, Hadassah und Erica sind ihm am nächsten, einfache Kinder vom Land, die sich unsicher zusammendrängen. Ihre kalten Hände haben sie in die Jackenärmel gesteckt. Sie stehen hier und warten, bis noch mehr Erwachsene aus dem Haus kommen, die ihnen sagen, wie es weitergeht. Tyler, Dan und J. D. stehen etwas abseits am Straßenrand und schauen sich die vorbeifahrenden Autos an. Ich höre Dans Stimme, die allen Lärm übertönt: „Habt ihr den kleinen Flitzer gesehen? Echt süß!" Die Jugendlichen bilden einen Kreis, lachen, machen Witze und warten.

Ich bin noch ein paar Schritte von der Gruppe aus Rucksäcken und zerzausten Haaren entfernt, als ich sehe, wie der Mann seinen Arm hebt. Er fasst sich ins Gesicht, hat eine Maske in der Hand. Nun hat er sich maskiert und tritt näher zu der Gruppe. Ich beeile mich, um dazuzukommen.

Von hinten sehe ich, wie der Mann heftig gestikuliert. Anscheinend redet er, aber ich kann ihn nicht verstehen, seine Worte dringen nur unklar hinter der Maske hervor. Als er kurz zur Seite schaut, sehe ich, dass er ein Clownsgesicht trägt. Über seine Schulter hinweg beobachte ich unsere Gruppe, die sich sichtlich unwohlfühlt. Marisas Augen suchen nach Hilfe, Hadassahs Gesicht ist blass. Mein Herz schlägt schneller, und ich versuche, mich zu erinnern: Vertraue! *Was auch immer jetzt gleich hier passieren wird, ER ist immer gut und er liebt uns immer. Loslassen!*

Ich kann einen Satz verstehen.

„Was glaubt ihr, warum ich diese %#$& Maske trage? Na? Was denkt ihr?"

Hadassah weicht einen Schritt zurück. Die raue Stimme wird lauter und bedrängt die Farmerkinder.

Erica kickt mit ihrem Schuh gegen den Bordstein. Keiner von uns weiß, was er jetzt machen soll. Das steht nicht auf unserem Programm. Man kann nie wissen, was es einen kostet, ein Segen zu sein.

Da reißt der Mann die Maske vom Gesicht. Seine Stimme ist schrill. Wir sind starr vor Entsetzen, keiner bewegt sich.

„Ich trage diese %#$& Maske, um meine Gefühle zu verstecken."

Er fuchtelt mit dem bunten Plastikgesicht herum. „Ich verstecke mein wahres Ich! Wisst ihr, wovon ich rede?"

Mein Herz bebt. Nie zuvor habe ich erlebt, dass jemand das ganze Elend der Menschheit so schonungslos und präzise zusammengefasst hat. Von ihm hätte ich das am wenigsten erwartet. Fast möchte meine Hand mein Gesicht betasten, ob sich meine Maske auch abziehen lässt.

Er redet weiter, verschwommene Worte, die ich nicht verstehe. Aber ich sehe, wie seine breiten Schultern zucken. Erica schaut auf. Tyler kaut auf seiner Lippe. Und die kalte Nachtluft dort auf der Yonge Street ist erfüllt von jämmerlichem Klagen, einem Schmerz, der ganz aus der Tiefe kommt.

Hier entblößt sich eine Seele.

Er weint. Schluchzt. Ich schnappe Satzfetzen auf ... „Ich bin so %#$& drauf ... Jesus ... Retter ... brauche ... versteht ihr mich? ... bin so ... Jesus ... Herr ... versteht ihr mich?"

Da fährt er herum und zeigt offen sein Gesicht, ein Wirbel von Tränen, Haaren und Händen stürmt an mir vorbei. Eine Betreuerin aus unserer Gruppe ruft sanft hinter ihm her: „Jesus liebt Sie ..."

Er hält inne, dreht sich halb um, versucht, das Schluchzen zu unterdrücken und mit fester Stimme zu antworten, versucht, auch seinem Gesicht einen klaren Ausdruck zu geben. „Ja, das tut er. Und Sie liebt er auch, gnädige Frau."

Ich verstehe nicht, was hier gerade geschieht. Der Wind zerzaust seine Haare. Er stolpert davon.

Haben wir gerade eben erlebt, dass Gnade von uns ausgegangen ist?

Als die Mitarbeiter aus dem Haus treten, ist unser Grüppchen aufgewühlt und eingeschüchtert. Wir sollen ins Haus kommen, meinen die Erwachsenen. Doch der Mann steht wieder an der Tür, mit der Maske in der Hand.

Er ist noch nicht fertig.

Seine Augen fliegen gehetzt hin und her, verzweifelt, gejagt. Sein Kumpel nimmt tiefe Züge aus der Flasche, spült den Schmerz hinunter. Doch der Mann mit dem Clownsgesicht will uns noch mehr sagen, wir sollen ihn besser verstehen. Ich schaue in sein Gesicht, in seine Augen, die wortlos flehen, bitten, wie nur Augen das können: „Habt ihr Zeit, mir wirklich zuzuhören?" Der Verkehr rauscht vorbei. Doch, wir haben Zeit. Wir sind hier, weil wir uns Zeit genommen haben, um Segen weiterzugeben.

„Hey, wisst ihr, es tut mir echt leid!", fängt er mit bellender Stimme an. „Ich habe ein paar Probleme, wisst ihr, was ich meine? Es ist so, als ob ich manisch-depressiv wäre."

Sein Kumpel spuckt prustend den letzten Schluck aus und spottet: „Du bist doch nicht manisch-depressiv!" Wie mit einer Spraydose schmiert er die spöttischen Worte über die heraufziehende Nacht. Aber der andere lässt sich nicht stören. Ihm ist es wichtig, uns etwas zu sagen, was auch immer *das* sein mag.

„Hey, wisst ihr, ich bin total %#$&. Schaut mich doch an!" Er tritt mitten in die Gruppe der jungen Leute. Einige schauen zur Seite. „Schaut mich ruhig an!", wiederholt er. Wir erschrecken, sind erschüttert, er ist so aufgebracht. Er zerschlägt unsere Behaglichkeit, die Schläfrigkeit und unser Verlangen wegzusehen. Doch genau deshalb sind wir hier, wir wollen der Not ins Gesicht sehen, wir wollen unsere Herzen weit öffnen, um wirklich zu *sehen*. Gleichzeitig macht uns das, was wir sehen, Angst.

Seine Nase ist krumm, wahrscheinlich von einer Schlägerei gebrochen und falsch zusammengewachsen. Aus seinem Mund ragen ein paar einzelne, braune Zähne. Seine Haut ist fleckig und gerötet. Doch seine Augen erinnern mich an einen Freund aus der Schulzeit. Er könnte in meinem Alter sein.

„Ich bin %#$& verblödet. Ich hab mir das Hirn mit Crack zerschossen. Wisst ihr, was ich meine? Einen Schrittmacher habe ich auch." Er schlägt sich gegen die Brust. „Ich lag da unten", er zeigt in eine Seitenstraße, „fünf Stunden lag ich da, bis sie mich gefunden haben. Lasst die Finger vom Crack, wisst ihr, was ich meine?" Seine Blicke gehen wild hin und her, von einem Gesicht zum anderen, er mustert die Kinder vom Land. „Passt auf, dass ihr nicht so %#$& drauf kommt wie ich. Es ist besser, ihr liebt eure Mama und euren Papa, weil die euch auch lieben, wisst ihr, was ich meine?" Er schluckt schwer, Gefühle steigen auf. Ich schlucke auch.

Ich frage mich, wo seine Eltern sind. Ob sie wissen, dass er hier ist? Ob es sie interessiert, in welcher Not ihr Sohn ist?

Mich bewegt seine Not. Mir ist er nicht egal. Aber was kann man gegen so viel aufgestauten Schmerz tun? Wie kann man diese eiternden, alten Wunden versorgen? Wie kann man einem Menschen heilsame Gnade bringen, dessen Leben so zerstört und dessen Verstand so verwirrt ist? Ich schiebe meine Hände noch tiefer in meine Taschen und fühle mich vollkommen hilflos angesichts dieses obdachlosen Mannes. Ich gebe ihm das Einzige, das ich geben kann. Ich bete. Er wühlt in seinem Seesack herum, sucht etwas. Was hat er vor? Was hat ER vor?

Meine Ellbogen sind durchgedrückt, meine Hosentaschen sind nicht tief genug. Die Jugendlichen sehen sich ratlos an. Keiner weiß, was als Nächstes passieren wird, in dieser Nacht, in einem Leben, das nicht den vorgeschriebenen Regeln folgt.

Er richtet sich auf. Nun hält er etwas in seiner Hand. Er streckt es Erica entgegen.

Es ist eine Bibel mit zerfledderten Ecken, eine Gideon-Bibel.

„Lies mal Römer sieben und acht." Seine Finger, die den schmierigen Einband umklammern, zittern.

Der Verkehr ist so laut, Geräusche der Stadt, ich verstehe Erica kaum.

„Lauter, sie sollen dich hören!"

Dann übertönt Ericas Stimme den Lärm. Die vertrauten Worte geben ihr Sicherheit, sie kennt den Gott, der sie gesagt hat.

„… denn ich tue nicht, was ich will, sondern …"

Eine tiefe Stimme fällt mit ein.

Seine Stimme. Er kennt die Worte auswendig. Sein Blick geht in die Ferne, seine Hände zittern bei jedem Wort, das Erica liest: „… was ich hasse, das tue ich."

Es sieht aus, als würden seine bebenden Hände ein Orchester dirigieren, die Melodie seines Lebens, er kennt den Rhythmus der Worte, die sein zerbrochenes Leben beschreiben. Der Verkehr donnert unbeachtet an uns vorbei, es wird dunkel und kalt. Ich bin ganz ruhig, andächtig höre ich zu und versuche, mir diesen Augenblick einzuprägen. Ich will diese Szene auf der Bühne des Lebens nicht vergessen. Vor mir steht ein Mann, dessen Kleinhirn unter den kurzfristigen Wohltaten der trügerischen Droge gelitten hat, der aber die Worte Gottes kennt, die tief in seinem Gedächtnis verankert sind. Seine Fingernägel sind schrecklich schmutzig.

„… ich weiß, dass in mir, das heißt in meinem Fleisch, nichts Gutes wohnt." Schleppend spricht er einige der Worte mit, gerät dabei ins Stolpern. Erica liest weiter und er unterstreicht jedes Wort mit der Bewegung seiner Hand, seine Stimme klingt wie das Echo von Erica: „… Den Willen habe ich wohl, aber das Gute zu vollbringen, schaffe ich nicht."

Sein ganzer Körper bewegt sich im Takt dieser uralten Worte, es ist sein Text, der Schrei seines Herzens. Er wendet sich mir zu. Ich sehe in Augen voller Tränen, flehend schaut er mich an, während er mit Erica sagt: „… *Ich elender Mensch!*"

Er hat sie heruntergerissen, die Maske. Die Worte verraten, wer er wirklich ist – wer wir alle sind. Eine nackte Seele steht vor uns. Kann ich das ertragen? Kann ich auch nur seinen Blick ertragen?

Ich kenne diese Zeilen. Es ist auch mein Text, ich spreche ihn laut mit: „Wer wird mich von diesem Leib des Todes erlösen? Ich danke Gott durch Jesus Christus, unseren Herrn."

Gnade.

Mitarbeiter der Straßenmission reden leise mit ihm. Unser Grüppchen geht an ihm vorbei, verdrückt sich ins Innere des Hauses. Er hält uns die Tür auf. Ich bin die Letzte, die hindurchgeht.

Doch ich kann mich nicht an ihm vorbeischieben, ohne ihn anzusehen. Ich wende mich ihm zu, wir schauen uns an. Ich spüre weder Panik noch Angst. Seine Augen mustern forschend mein Gesicht, seine raue Stimme fragt leise bittend: „Habe ich das richtig gemacht?"

Mein Herz bricht auf, stimmt in die Frage mit ein.

Gelingt es mir, irgendetwas von all dem Guten zu tun, das ich so gerne tun würde?

Konnte ich ein Segen sein?
Bin ich ein Segen?
Wir sehen uns gegenseitig tief ins Herz. Alles andere verblasst. Ich weiß es. *Das ist es, das ist Glück.*
Ich spreche mein *eucharisteo*, die einzigen Worte, die ich denken kann.
„Danke."
Ich sage es langsam, hoffend, dass mein Dank den Mann erreicht, der so gebrochen ist und trotzdem ein Segen sein will. Ich bin wie er, er ist wie ich, hinter den Masken unterscheiden wir uns nicht. Wir empfangen Freude, während wir den Segen nehmen, brechen und einander geben.
Ich nicke, lächle und finde den Mut, es noch einmal zu sagen, damit er es ganz sicher weiß.
Er ist zerbrochen und er hat gegeben.
„Danke."
Wir sehen uns tief in die Augen.
Dort auf der Yonge Street feiern wir unser *eucharisteo*.
An einer Straßenecke in Toronto hat er um Gnade gefleht.
Er hat um die Gnade gefleht, ein Segen zu sein.
An jener Straßenecke konnte ich erleben, was mein Name wirklich bedeutet.

Sein Gesicht, seine Stimme, seine Geschichte – füllen mich. Als ich später meine Bibel öffne und die Geschichte von Jesu letztem Mahl lese, bin ich in Gedanken wieder bei ihm, dem entwurzelten Mann in der Yonge Street. Er hat uns allen die Masken heruntergerissen und unserer Sehnsucht eine Stimme verliehen. Jeder von uns will nicht nur Segen empfangen, sondern auch ein *Segen sein*.
Schnee fällt. Die Amaryllis blüht auf der Fensterbank. Leben sprosst in dicken Knospen, mitten im Winter. Ich lese:

Jesus aß mit seinen Jüngern zu Abend ... Da stand er vom Tisch auf, legte sein Obergewand ab, band sich ein Tuch um und goss Wasser in eine Schüssel. Dann fing er an, seinen Jüngern die Füße zu waschen und sie mit dem Tuch abzutrocknen ...

Nachdem Jesus ihnen die Füße gewaschen hatte, zog er sein Oberkleid wieder an und kehrte zu seinem Platz am Tisch zurück. „Begreift ihr, was ich eben getan habe?", fragte er sie. „Ihr nennt mich Lehrer und Herr. Ihr habt recht, das bin ich. Ich bin euer Herr und Lehrer, und doch habe ich euch soeben die Füße gewaschen. So sollt auch ihr euch gegenseitig die Füße waschen. Ich habe euch ein Beispiel gegeben, damit auch ihr so handelt, wie ich an euch gehandelt habe" (Johannes 13,2.4–5.12–15).

Jesus wird schon bald von Nägeln durchbohrt werden, sein Herz wird unter der Ablehnung brechen, Ketten werden von blutender Liebe gesprengt. Es sind seine letzten Stunden vor dem Tod. Er will sich nicht schnell noch einen Wunsch erfüllen, eine Reise buchen, etwas Besonderes sehen, sondern er bindet sich ein Handtuch um, kniet nieder und nimmt die Füße derer, die ihn schon bald verlassen werden. Zart berührt er ihre Haut und wäscht den Schmutz der Straße ab.

Das ist *eucharisteo* in vollendeter Form, das Körper und Seele umfasst: Hände und Knie und Füße werden in der Gnade gewaschen.

Hier entscheidet sich, ob ein Leben erfüllt ist und seiner Bestimmung entspricht. Wer Dankbarkeit für empfangene Segnungen auslebt, indem er *selbst ein Segen wird*, der findet das Leben, nach dem sich jeder von uns sehnt.

Eucharisteo bedeutet, dankbar zu sein für empfangenen Segen. Doch als er das Brot brach, es weitergab und den Jüngern die Füße wusch, da machte Jesus klar, dass *eucharisteo* mehr ist als das. *Eucharisteo* heißt auch, Gnade weiterzugeben. Mit offener Hand empfange ich Gnade, dankend breche ich das Brot, das weitergegeben wird, dann wasche ich die Füße der Welt, mit Gnade. Ohne Brechen und Geben, ohne das Waschen der Füße ist *eucharisteo* nicht vollkommen. Das Abendmahl zu feiern, ohne es gemeinsam zu feiern, das geht nicht. Ein Abendmahl ohne Gemeinschaft gibt es nicht.

Erst nach jenem Abend auf der Yonge Street verstehe ich: *Eucharisteo* heißt „Danke sagen". Das ist ein Verb, ich muss es tun. Gott will, dass ich ihm meinen Dank *bringe. Mein Dank soll weitergegeben werden.* Aus Dank-*Sagen* soll Dank-*Leben* werden. Mein Leben soll zu dem Segen werden, den er mir gegeben hat.

Ich bin gesegnet. Ich *kann* segnen. *Erstaunlich!* Wenn ich es zulasse, lässt er *mich* eine Gabe für andere sein!

Ich kann die Freude *sein*!

Während ich Töpfe schrubbe, lächle ich still vor mich hin: Ich kann ihre Füße waschen, indem ich ihr Geschirr spüle. Mein Herz kann in jeder Situation Abendmahl feiern und meine Hände können überall *eucharisteo* leben! Das Wasser fließt heiß über meine Hände, ich spüle den Schaum vom glänzenden Metall ab. Die Welt leuchtet. Jesu Dienst begann damit, dass er Wasser in Wein verwandelte, bei der Hochzeit in Kana. Beim letzten festlichen Mahl vor seinem Tod verwandelte er Wein zu Wasser. Aus dem Wein im Kelch wurde das Wasser in der Schüssel, mit dem er die Füße wusch.

Immer und immer wieder bewahrheitet sich: *Eucharisteo* geht dem Wunder voraus.

Und das ist eines seiner Wunder: Er nimmt ein Leben und macht daraus einen Segen.

Mit der Drahtbürste bearbeite ich energisch einen Topf und erinnere mich an etwas, das ich vor einiger Zeit gelesen habe. Das Wort *Liturgie* hat seine Wurzeln in dem griechischen Wort *leitourgia*, was so viel heißt wie „öffentliche Arbeit" oder „Diener der Allgemeinheit". Was für eine Bedeutung! Dieser Alltag mit dem schmutzigen Geschirr und der häuslichen Routine kann auch etwas ganz anderes sein. Es ist ein Dienst an der Allgemeinheit, ein öffentlicher Dienst. Auch wenn ich Pfannen sauber kratze – wenn ich es für Gott tue, dann wird alles zu einer lebendigen Liturgie, zur Umsetzung des letzten Abendmahls. *Ich kann selbst der Segen sein, in der Liturgie leben.* Ich putze Töpfe und singe leise: „Ich danke dir, Herr, denn du bist gut, unendlich ist deine Liebe …"

Während ich ein Danklied singe und IHM meine Arbeit weihe, geschieht das Wunder, wie immer, wenn ich danke. Arbeite ich für Menschen, dann kann das sehr ermüdend und freudlos sein. So wie Dorothy Sayers schreibt: „Immer wenn der Mensch ins Zentrum gerückt wird, so wird er zum Kern aller Probleme. Kaum beginnt er, anderen Menschen zu dienen, schon ist der Gedanke da, dass die anderen ihm nun etwas schuldig sind für seine Mühe … er fängt an, um seine Belohnung zu feilschen und sich nach Lob auszustrecken."[2]

Wenn ich die Wäsche für ein Dutzend Arme und Beine der Kinder wasche, dann erwarte ich ihre Wertschätzung. Doch meine Erwartung wird nicht erfüllt und die Freude stirbt. Steht aber Jesus im Zentrum und der Abwasch, die Wäsche, die Arbeit sind mein Lied der Dankbarkeit für ihn, dann bin ich von Freude erfüllt. Wenn ich Jesus aus vollem Herzen diene, dann bin ich allen anderen eine liebevolle Dienerin. Wenn ich meinen Blick auf Jesus richte und meine Hände beständig seine Füße wasche – dann singe ich vor Freude, und meine einfache Arbeit ist *eucharisteo* in seiner reinsten Form. Meine Arbeit wird zur Anbetung und zu einer Liturgie der Dankbarkeit.

„Die Arbeit, die wir tun, ist unsere tätig gewordene Liebe zu Jesus", schreibt Mutter Teresa. „Wenn wir die Arbeit beten … *wenn wir sie an Jesus tun, wenn wir sie für Jesus tun, wenn wir sie mit Jesus tun* … dann sind wir zufrieden."[3]

Dann sind wir zufrieden – die zufrieden machende, tiefe Freude entsteht immer aus der Berührung mit Jesus – egal, in welcher Person er uns entgegentritt.

Ich will diese Zufriedenheit, die echte Freude, die Begegnung mit Jesus bei der Arbeit. Ich suche ihn. Wir nehmen eine junge Frau, die in einer von Missbrauch geprägten Beziehung lebt, eine Zeit lang bei uns auf. Ich schreibe Worte, die sich zu Büchern aneinanderreihen. Viermal jährlich geben wir die Erlöse aus diesen Projekten nach Afrika, um dort ein Krankenhaus auszustatten, einen Stall mit Tieren zu füllen, einen Brunnen zu graben und mehr. Den alten Menschen im Pflegeheim bringen wir den Segen unserer Zeit und unseres Besuches. Seit zehn Jahren schenken wir uns gegenseitig als achtköpfige Familie nichts zu Weihnachten, sondern spenden Nähmaschinen, Hühner, Wintermäntel, Lebensmittel und Hoffnung an Menschen, die zu unserer weltweiten Familie gehören und in Not sind. Wir haben über Hilfsorganisationen Kontakt zu Patenkindern, schreiben Briefe und teilen unser Leben mit ihnen. Ich bin zu einer Sprecherin für *Compassion International* geworden, einem großen christlichen Kinderhilfswerk, und setze mich dafür ein, dass noch viele Patenkinder vermittelt werden können. Wir schwingen uns auf unsere Fahrräder und nehmen als ganze Familie an dem *Ride for Refugees* teil. Damit wird auf die Not heimatloser Familien weltweit aufmerksam gemacht und es werden Spenden für sie gesammelt. Unsere Kinder haben große Freude an diesem Einsatz, sie lachen und keuchen und investieren ihre Zeit, und ich sehe ein Lächeln, das auf diesem Leben liegt.

Hände von Christen halten nie etwas fest,
seine Gaben sind nicht nur für uns gedacht.
Ein Geschenk ist immer ein Geschenk,
um weitergereicht zu werden, dazu ist es gemacht.

In einem unendlichen Kreislauf der Gnade gibt er uns Geschenke, damit wir sie an die Welt weitergeben sollen. So wird ein Leben bedeutungsvoll und *eucharisteo* kommt an Bord: „Wer unter euch groß sein will, soll euer Diener sein, und wer an erster Stelle stehen will, soll euch Sklavendienste leisten" (Matthäus 20,26–27).

Draußen vor meinem Fenster geschieht genau das, die ganze Schöpfung verhält sich so. Die Blätter der Ahornbäume produzieren ständig Sauerstoff, die Wolken sind mit Regen gefüllt, der Boden unserer Äcker bringt hohen Ertrag. Die ganze Schöpfung freut sich, lebt dankbar *eucharisteo,* und jeder Teil der Schöpfung gibt, was er kann: „Auf dem Geben liegt mehr Segen als auf dem Nehmen" (Apostelgeschichte 20,35).

Jesus selbst hat diesen Weg beschritten: „Auch der Menschensohn ist nicht gekommen, um sich bedienen zu lassen, sondern um zu dienen und sein Leben als Lösegeld für alle Menschen hinzugeben" (Matthäus 20,28).

Es ist erstaunlich, wie Jesus mir dient, während ich ihm diene. Er hat das Handtuch immer noch umgebunden, er ist auf den Knien, um mir zu dienen … er dient mir, während ich diene, deshalb muss ich nie aus eigener Kraft dienen. Jesus Christus, der in diese Welt kam, um zu dienen, wird eines Tages wiederkommen. Dann wird er „sich die Schürze umbinden, sie zu Tisch bitten und sie selber bedienen" (Lukas 12,37). Doch auch heute dient er mir und zuversichtlich stelle ich fest, „der Herr steht mir bei" (Hebräer 13,6).

Einen Monat lang lesen wir als Familie jeden Tag zusammen das 58. Kapitel des Buches Jesaja. Es wird uns nicht langweilig, sondern wir dringen immer tiefer in diese Wahrheiten ein:

Wenn ihr den Hungernden zu essen gebt
und euch den Notleidenden zuwendet,
dann wird eure Dunkelheit hell werden,
rings um euch her wird das Licht strahlen wie am Mittag.
Ich, der Herr, werde euch immer und überall führen,
auch im dürren Land werde ich euch satt machen
und euch meine Kraft geben.
Ihr werdet wie ein Garten sein, der immer genug Wasser hat,
und wie eine Quelle, die niemals versiegt (Jesaja 58,10–11).

Das ist das elementare, übersprudelnde Wesen Gottes, der alles menschliche Denken auf den Kopf stellt.

Leer sein, um gefüllt zu werden.

Immer wieder will der Verführer unser Denken in die entgegengesetzte Richtung lenken. Doch weil wir nach Gottes Ebenbild geschaffen und Jesus vom Wesen her gleich sind, bereitet Besitz uns keine anhaltende Freude, sondern das Loslassen und Weitergeben bedeuten wahres Glück. Ich will mein eigenes Leben einsetzen, damit viele andere leben können, ich will meinen Segen weitergeben, damit Gott ihn vervielfältigen kann, ich gebe, damit viele empfangen – das alles will ich um SEINER Liebe willen tun. Ich kann andere segnen, austeilen, nichts mehr haben, unser Haus und die ganze Welt verlieren – trotzdem muss ich nie fürchten, dass ich nicht genug zu geben habe.

Ich habe Vertrauen gelernt, *eucharisteo* hat mich gelehrt, dass ich immer genug von Gott haben werde. Er ist ohne Ende. Er hat uns aufgefordert zu dienen. Wir dienen ihm. Gleichzeitig bückt er sich zu uns herab und dient uns. Wer ein dienendes Herz hat, dient nie allein. Selbst wenn ich mein ganzes wildes, schönes Leben in andere Menschen investiere, wird Gott mich immer übertreffen. Was immer ich gebe, er zahlt es mir vielfältig zurück. Er zahlt es in einer Währung, die diese Welt nicht kennt, nach der ich mich aber so sehr sehne: *Freude an ihm.*

Es ist Frühling. Die Bäume, die damals ihre Blätter verloren haben, als ich zur Yonge Street gefahren bin, zeigen jetzt neues, zartes Grün. Es regnet. Ich fahre in die Stadt. Die Scheibenwischer schwingen wiegend hin und her. Ich treffe mich mit einer kleinen Gruppe von Frauen im Haus von Roberta Fryers. Auf ihrem Briefkasten steht: „Das thailändische Trio". In diesem Haus wohnen drei ältere Damen, die ihr ganzes Leben damit verbracht haben, ein Segen zu sein. Sie haben als Missionarinnen in Thailand gedient. Die Frauen treffen sich in Robertas Hauseingang und umarmen sich. Jahrelang hat

Nancy Martin für mich gebetet. Kein Wunder, dass sie mich ihre Tochter nennt. Sie backt ihre Donuts nach einem uralten Rezept, honigtropfend und köstlich. Anne Peterson und Ann van den Boogaard, die gemeinsam achtzehn Kinder haben, lächeln und nicken mir zu. Ich nehme an dem Tisch Platz, nun sind wir komplett. Drei Anns, die alle voller Gnade sein wollen. Der Regen prasselt jetzt heftig gegen die Fensterscheiben. Auch Effie Struyk und Mary Cook gehören zu unserem Kreis. Wir feiern gemeinsam Abendmahl. Ich senke den Kopf und bete über dem Brot. Während ich es breche, denke ich an den gebrochenen Leib, an das aufgerissene Herz, auch mein Herz wird weit. Seine Liebe fließt, dazu meine Tränen. Ich reiche das Brot weiter. Lange Zeit sind wir still, gesättigt und tief bewegt.

Dann fülle ich leise warmes Wasser in die Schüsseln.

Wir sitzen im Kreis, bilden eine Gemeinschaft und feiern Abendmahl. Dann entblößen wir unsere Füße, Zehen, unsere Fußsohlen, und zusammen mit meinen geistlichen Schwestern bücke ich mich, tauche meine Hände ins Wasser, berühre scheue Haut. Wir waschen Füße, reihum waschen wir einander die Füße. Mit der hohlen Hand gießen wir Wasser über Knöchel, ich halte die Ferse einer Frau, sanft bade ich ihren Fuß. Als Leiterin der Gruppe fordere ich uns heraus, das Waschen der Füße als wichtigen abschließenden Teil des Abendmahls zu sehen. Dienen wir einander wirklich so, wie Jesus es uns aufgetragen hat? Ich hebe meinen Kopf und sehe der Frau, deren Füße ich wasche, ins Gesicht. Es ist ganz still im Raum, während ich sie leise frage: „Erlebst du in deinem alltäglichen Leben, dass dir gedient wird? Wie könnten wir als Gemeinschaft dir besser dienen?"

Sie ist Mutter von acht Kindern, Ehefrau eines Gemeindeältesten, leitet den Kinderdienst in der Gemeinde und investiert ihr Leben unermüdlich in andere. Doch jetzt flüstert sie mit fast erstickter Stimme: „Ich muss doch euch fragen, ob ich für euch ein Segen bin."

Ich höre das Echo der Stimme, die mir auf der Yonge Street die gleiche Frage gestellt hat.

„Du – *du bist so ein großer Segen.*" Ich wasche ihre Füße mit lauwarmem Wasser, ihre Zehen sind wie Perlen zwischen meinen Fingern. Dann zähle ich die lange Kette von Segnungen auf, die ich von ihr empfangen habe: „Einmal bist du mit mir im Wald spazieren gegangen und hast mir zugehört, als mein Glaube fast am Erlöschen war. Du hast mir immer wieder Worte der Ermutigung geschickt und mir freundschaftlich die Hand gereicht." Ich nehme den Waschlappen und wasche ihre Ferse. „Du warst ehrlich zu mir, hast mich sehen lassen, wie es dir wirklich geht, du hast mir nichts vorgespielt. Wir waren als Mütter zusammen und als Schwestern. Wir konnten zusammen weinen." Ich sehe zu ihr auf, ihren nassen Fuß in meiner Hand, wieder zittert ihr Kinn, so viele Gefühle. In diesem Raum, in dem Frauen einander die Füße waschen, fließen sie über. Wir erinnern einander daran, wie wir uns gegenseitig zum Segen geworden sind. Ohne Scham baden wir unsere Gesichter in Tränen der Freude. Hände streichen über nasse Füße, jede von uns ist froh über die andere, jede ist im Leben der anderen ein Segen durch ihr bloßes Sein. Es ist unser *Sein*, nicht unser *Tun*, das uns zu Gottes Geliebten macht. So *sind* wir die Liebe Gottes, ein Segen für die, die er liebt.

Der Gott Abrahams ist der Gott der Yonge Street, und er ist der Gott der Frauen, die sich über Waschschüsseln beugen. Er ist der Gott, der uns hört, wenn wir um ein erfülltes Leben bitten: „Ich will dich segnen … und *du sollst ein Segen sein*" (1. Mose 12,2; Elberfelder Bibel; Hervorhebung der Autorin).

Im Regen gehe ich auf die Straße hinaus, Gnade regnet auf mich herab. Meine Gedanken wandern zu John, meinem Schwager, der zwei Söhne beerdigt hat. Er hat mir gezeigt, wie er mit Trauer umgeht, und er hat mir verraten: „Der Schmerz lässt nach, während man sich um andere kümmert, die auch in Not sind." Ich kenne den Schmerz, und ich weiß, dass es ein

Segen für mich ist, ein Segen für andere zu sein, und dadurch verbindet ER unsere Wunden.

Leer sein, um gefüllt zu werden.

Als ich unser Haus durch die Hintertür betrete, brennt die Kerze noch. Ich hänge die Schlüssel an den Haken, betrachte den hohen Wäscheberg in der Waschküche, die durcheinandergeworfenen Schuhe, den Mantel, der auf dem Boden liegt. Das Waschbecken ist voller Matsch. Fingerabdrücke bedecken den Spiegel. Ich lache, staune, bin glücklich. Mitten im Nachmittagsnieseln danke ich voller Freude für das tägliche Chaos, ich lächle von einem Ohr zum anderen. Hier bietet sich mir wieder die Gelegenheit, Gott zu dienen, mit vollem Körpereinsatz kann ich *eucharisteo* praktizieren, mit meinen Händen, meinem Herzen, meinen Lippen. Jede Aufgabe kann ich als Geschenk annehmen, reines *eucharisteo. Gnade!* Diese Arbeit – tausend kleine Aufgaben –, jede von ihnen hat das Potenzial, eine Gabe zu *werden, Tausende von Geschenken* warten auf mich! Jede dieser unzähligen Aufgaben ermöglicht mir, ein Geschenk für Gott und für andere zu werden, denn hier verrichte ich meinen alltäglichen Gottesdienst, die Liturgie des Danks im täglichen Leben, die Vollendung des Abendmahls, indem ich diene.

Mit staunenden Augen erfasse ich den Sinn der Worte von Rabindranath Tagore, pflichte ihnen bei, *eucharisteo* hat sie mir, einer Mutter von sechs Kindern, aufgeschlossen: „Ich schlief und träumte, das Leben wäre Freude. Ich erwachte und sah, das Leben war Pflicht. Ich handelte, und siehe, die *Pflicht war Freude.*"[4]

Ich berühre die Abdrücke auf dem fleckigen Spiegel über dem Waschbecken. Dabei flüstere ich den Augen im Spiegel zu: Ja, heute, *wieder*, ja, *du kannst segnen!* Hier kannst du *eucharisteo* leben, hier bist du eine Strömung im Strom der Gnade, der die Welt erlöst!

Hier kann ich ein Segen sein, ein kleines Leben, das Freude vervielfältigt und die Welt ein bisschen schöner macht.

Gott kann in mir leben, selbst in mir, kann diese Hände, diese Füße gebrauchen, um seine Liebe weiterzugeben.

Eine Liebe, die weiter- und weiter- und weiterfließt, ein unendlicher Kreislauf der Gnade.

Ich komme dem Wunder des Abendmahls immer näher.

KAPITEL ELF

vertraute Nähe

> Wir reden gerne über das, was uns Freude macht, nicht nur, weil wir dabei unsere Freude zum Ausdruck bringen, sondern weil wir sie dabei auch noch vermehren. Indem wir über unsere Freude reden, bringen wir sie zur Vollendung.
>
> C. S. Lewis

Ich fliege nach Paris und lerne, Gott zu lieben.

Schließlich ist es Juni – Paris im Juni. Schon lange habe ich geahnt, dass es noch mehr geben muss, doch ich hatte keine Vorstellung davon, wie tief diese Liebe gehen würde. Es ist Juni, und die Weizenähren erstrecken sich, so weit das Auge reicht.

Meine Freundin Linda, die mich vor über achtzehn Monaten auf die Idee gebracht hatte, tausend Geschenke aufzuschreiben, hat sich in Paris eine Wohnung gemietet. Sechs Wochen lang wohnt sie direkt an der Seine, gegenüber vom Louvre, nicht weit von Notre-Dame. Sie fragt, ob ich eine Woche lang zu ihr kommen will.

Die Hinterwäldlerin von der Farm, die schon ihr ganzes Leben lang gegen die Angst kämpft – die soll nach Paris? Ich soll allein fliegen, in ein fremdes Land, um dort eine Woche mit einer Frau zu verbringen, die ich nur als Stimme vom Telefon kenne? Meine Schwester lacht, unsicher, meine Mama hebt die Augenbrauen: „Du wirst vielleicht nie wieder die Chance haben, Paris zu sehen, Ann. Wir kommen hier klar. Geh nur!" Er lächelt, zwinkert mir zu, ein Farmer, der seine Frau zum Fliegen ermutigt. Aber was ist, wenn ich eine Panikattacke bekomme? Oder wenn ich einen Anschlussflug verpasse, irgendwo auf der sechstausend Kilometer langen Strecke? Das Flugzeug könnte auch abstürzen! Ich habe keine Ahnung, was in diesen sieben Tagen in Paris auf mich wartet. Das verunsichert mich am meisten.

Andererseits – will ich nicht anfangen, ein Leben der Fülle zu leben?

Hat das Zählen der tausend Gaben, das unendliche Zählen, das *eucharisteo*-Zählen, nicht geholfen, die Löcher meiner Seele zu heilen? Damit ich nun gelassen meine Schwingen ausbreiten und fliegen kann? Damit ich nun alle seine Gaben genießen kann, wo immer ich sie finde?

Der Wind streicht über das Weizenfeld und die vollen Ähren murmeln, wie die flüsternden Stimmen alter Frauen: *Geh, geh.* Ich gehe.

Als ich gehe, stehen sie im Schatten des Ahorns, alle sechs Kinder der Liebe, dahinter dieser kantige, holländische Mann. Er überragt sie alle. Die Hand, die mich gehalten hat, hält nun unsere Jüngste. Alle winken, wie Fahnen im Wind. Ich werde die Erinnerung an die ozeanblauen Augen mit mir nehmen, quer über den Atlantik. Ich sehe sie im Rückspiegel, noch lange. Ich bin eine Geheilte, und ich erinnere mich, dass *eucharisteo* mich vertrauen lehrt. Ich lasse den Weizen auf dem Feld zurück, dazu den Ehemann mit dem halben Dutzend Kindern. Es gibt tausend Möglichkeiten, demütig loszulassen.

Am Flughafen warte ich darauf, dass der Flug Nummer TS788 aufgerufen wird, mit der Taschenbibel in der Hand. Dieses Flugzeug wird mich wegtragen von ihren Gesichtern mit den Sommersprossen, umrahmt von Haaren mit lustigen Locken über den Ohren und Wirbeln am Haaransatz. *Bitte, Jesus, könntest du mir ein paar gute Bibelverse geben, an denen ich mich festhalten kann?* Ich brauche beruhigende Worte für meine flatternden Nerven, für den Magen, der sich nach oben stülpt, gegen diese verrückte Panik, die mein Herz rasen lässt und mir das Gefühl gibt, ich müsste schreien. „Was habe ich mir bloß dabei gedacht?" Flugzeuge explodieren und Menschen sterben. Der Mann neben mir mit seinem Zweitagebart und den langen Haaren, die ihm in die Augen fallen, er hat eine Gitarre, er spielt. *Ach so, Herr, soll ich einen Psalm lesen?* Ist dieser Mann hier für mich wie David, der für Saul spielte, wenn der böse Geist ihn quälte? Wunderbar. Ich lese einen Psalm, dazu meine Notizen, lehne mich zurück und freue mich über Gottes Humor. Als der etwas zerlumpte Hirtenjunge, David, sich erhebt, die Gitarre in die Hülle steckt und wie einen Rucksack über die Schulter hängt, da begegnen sich unsere Augen. Ich flüstere: „Danke." Er nimmt meine Gabe an.

Ich gehe zum Flugzeug, atme, bücke mich, ziehe meinen Kopf ein und richte leise meinen Dank an ihn, der mich nie verlässt. Es ist nicht möglich, gleichzeitig zu danken und Angst zu haben. Das ist meine Medizin gegen Angst, die ich jeden Tag in meine weit geöffnete Handfläche lege. *Danke, Gott, du hast mich mit Gitarrenliedern überrascht.*

Das Flugzeug hebt ab, ich tauche in Gottes Gegenwart ein.

Für ein oder zwei Stunden fliegen wir im Dunkeln, dann kommt eine kurze Zwischenlandung, dann wieder eine lange Phase der Dunkelheit, ehe ich es durch das runde Fenster neben mir sehen kann: Eine rote Sonne geht über Grönland auf. Die Erde wird in Purpur getaucht. Wir fliegen mitten hinein in das Licht. Die Finsternis weicht zurück. Ich presse meine Wangen gegen die eisige Fensterscheibe, will so viel wie möglich sehen von diesem Horizont, der plötzlich hervorbricht. Glück erfüllt mich und brennt in mir voller Sehnsucht. Über der Tragfläche und den Triebwerken, zwölf Kilometer über der Erde, höre ich IHN. Mit seinem Jubel weckt er die Erde. Er jauchzt über mich! Nie konnte ich mir das vorstellen: „… er freut sich über dich in Fröhlichkeit, … er jauchzt über dich mit Jubel" (Zefanja 3,17; Elberfelder Bibel).

Ich höre seinen Jubel. Dort oben, hoch über der Erde, *sehe* ich sein Jubellied, heiße, pulsierende Töne, Farbtöne des Himmels. Die Krümmung der Erde leuchtet rot, wie ein

Rubin bricht der neue Tag an. Ich kann es sehen: Liebe ist das Gesicht im Zentrum des Universums. Ein heiliges Lächeln, eine Heiligkeit, die bereit ist, zu sterben, um mir nahe zu sein. Licht und Wellen, Erde und Himmel, alles bebt in Leidenschaft und Gott jauchzt über mich: „Wie sehr liebe ich dich!"
Ich zähle die Zeichen seiner Liebe.

die Erinnerung an ihre mit Sommersprossen übersäten Nasen, die sich beim Lachen in Falten legen

Flug durch die Dunkelheit (wir fliegen!) in das Licht göttlicher Herrlichkeit

ein Fensterplatz und Augen, mit denen ich das alles sehen kann

Ich lebe *eucharisteo*, zähle und zähle, Gnade um Gnade, ich zähle im Rhythmus des Liedes, das er für mich singt, das Lied der Sehnsucht Gottes – *nach mir*. Er jubelt vor Liebe zu mir.

Was sonst sollte der Grund für diese unzähligen Geschenke sein?

Es ist verrückt, ich weiß, aber ich weiß das alles erst, seit ich *eucharisteo* lebe, seit ich die Gnadengaben benenne und eigenhändig auf Papier schreibe, seit ich bewusst auf die gnadenvollen Kleinigkeiten meines eigenen Lebens achte. Mit jedem Geschenk, das er macht, jubelt er: „Weil du teuer bist in meinen Augen und wertvoll bist und ich dich lieb habe ..." (Jesaja 43,4; Elberfelder Bibel). „Ihr aber seid das erwählte Volk ... das Gott selbst gehört" (1. Petrus 2,9).

Ich hatte Angst? Angst davor, er könnte nicht bei mir sein, ich wäre ihm nicht wichtig und er würde mich nicht liebevoll behüten? Beinahe hätte die Angst mich davon abgehalten, diesen Sonnenaufgang zu erleben, der sich in Liebe blutend über die ganze Erde ergießt. Wie froh bin ich, der Angst nicht gefolgt zu sein. Denn nun sehe ich diese Liebe, die der Morgenröte befiehlt, aus dem Wasser zu steigen, die das Licht anweist, Muster auf das Meer zu zeichnen, und die den Himmel in unendlichen, brillanten Farbabstufungen erstrahlen lässt. Das alles für uns – für diesen Augenblick! Er hat mich ausgewählt – uns –, seine Braut zu sein! Jesus der Bräutigam, wir seine Braut, das sind vertraute, christliche Begriffe für mich. Doch nur dort, wo ich seine Gaben erlebe, nicht um der Gaben willen, sondern als Ausdruck seines Herzens, kann das Bild persönlich werden: Gott wählt uns, aus Leidenschaft. *Das ist Liebe in Fülle, das ist Erfüllung.*

Ich höre eine neue Stimme, den nie endenden Strom der Gnade, an dem ich mich nicht satt hören kann. Sein Jubellied der Liebe steht im krassen Gegensatz zu dem Lied, das bisher mein Leben begleitet hat und dessen Refrain der Ablehnung ständig über mir erklungen ist. Ein endloses Lied in meinem Kopf, der Verdammnis und Selbstkritik. Ich hatte die Texte schon früh gelernt, von den Jungs aus der dritten Klasse, die auf dem Eis zusammenstanden und schallend über mich lachten, weil jeder Schlittschuh in eine andere Richtung lief und ich hilflos zu Boden fiel. Von dem modischen Stadtmädchen, das zu uns aufs Land gezogen war und über meine Blusen kicherte, die aus dem Secondhandladen stammten. Von den kritischen Blicken derer, die mich beurteilten, richteten, begutachteten und einstuften. Dieser tiefe Klang des Versagens, der hämmernde Bass der Enttäuschung, zog sich durch meine Tage, und ich sang ihn mit, sang ihn mir vor, hässliche Zeilen, bis ich sie auswendig konnte. Sie wurden mir zum Herzschlag. Jahrelang nahm ich Medikamente, griff zu scharfen Klingen, flüchtete mich in die Arbeit oder zog mich zurück, um diesen unaufhörlichen Rhythmus der Selbstablehnung nicht mehr hören zu müssen. Nichts half, die brennende Leere blieb.

Aber hier im Flugzeug, hoch über dem schwarzen Wasser, da höre ich es hell und klar: Das Einzige, das die Klänge der Ablehnung übertönen kann, ist sein Lied, das Lied der Liebe meines Gottes. Eintausend Geschenke haben mich so gestimmt, dass ich seine Liebe hören kann. Genau wie C. S. Lewis sagt, kommt es nicht darauf an, *was ich über Gott denke*, entscheidend ist, *was Gott über mich denkt*: „Was Gott über uns denkt, ist unendlich viel wichtiger."[1] Jahrelang habe ich versucht, als Jüngerin Jesu zu leben, habe meine Bibel gelesen und bin zu den Gottesdiensten gegangen, doch immer ging es nur darum, was ich *über* Gott dachte. Erst durch *eucharisteo* habe ich angefangen, mir darüber Gedanken zu machen, was Gott *über mich denkt* – ich habe angefangen, seine unerklärliche, unermüdliche, meine Nähe suchende Liebe zu sehen – überall, alles, seine Liebe!

Indem ich danke, denke ich an den Gott, der sich selbst gab, nackt, ohne Scham, voller Leidenschaft, Gott hat sich selbst *mir gegeben* – er gab sich für mich – er gab sich aus Liebe. „Die Dankbarkeit ist die fruchtbarste Weise, dein Bewusstsein dafür zu vertiefen, dass du … die Frucht einer göttlichen Wahl" bist, schrieb Henri Nouwen.[2] Ich bin Gottes Wahl! Er hat für mich, sein Kind, ein Leben im *Überfluss* vorgesehen. Ich soll das erfüllte Leben mit voller Kraft leben: staunende Dankbarkeit, ehrfürchtige Freude, fliegen und frei sein. Durch die Übung des Dankens und das Auspacken von tausend Geschenken entdecke ich den Herzschlag Gottes: *Ich habe dich erwählt. Lebe!* Während wir über Grönland fliegen, höre ich seine Jubelfreude, klar und hell: „Ich liebe euch", sagt er (Maleachi 1,2). „Mit ewiger Liebe habe ich dich geliebt, darum habe ich dir meine Güte bewahrt" (Jeremia 31,3).

Auf tausenderlei Weisen wirbt er um mich.

Auf tausenderlei Weisen liebe ich ihn.

Ihn zu lieben macht mein Leben erfüllt und reich.

Werde ich die Tiefe dieser Liebe jemals erfassen?

Das Flugzeug verliert an Höhe, ich kann Getreidefelder erkennen. Ähren winken mir zu, heißen mich willkommen. *Ich bin willkommen.* Ich atme tief ein und lächle. Wieder empfange ich ein *Geschenk.*

Wir landen, ich finde die Gepäckausgabe, warte. Ein einziger Gedanke erfüllt mich: Ich liebe ihn. Meine Seele ist erfüllt davon. Ich stecke eine Strähne hinters Ohr, das Herz schlägt mir bis zum Hals.

Fremde Stimmen umgeben mich, im Flughafen, auf den Straßen, alles ist ungewohnt, wogender Verkehr, weite Wege, ich verstehe nichts, kann nicht antworten. Menschen strömen an mir vorbei, schieben mich voran, aber wohin ich auch gehe, immer begleitet mich diese Stimme, neue Worte in meinem Ohr, neue Liebe – die mich drängt: *Erwidere meine Liebe, liebe zurück.*

Linda steckt in einem schwarzen Pulli und lächelt, dass es mich im Innersten wärmt. Sie findet mich in dem Gewühl und geht mir voran, sie kennt den Weg und leitet uns sicher nach Hause. Meine Augen sind rot, ich habe den Atlantik überquert und den Sonnenaufgang gesehen. Ich bin seit sechsunddreißig Stunden wach. Aber als sie mich fragt, ob ich die Innenstadt sehen will, da nicke ich ein klares Ja. *Ja!* Wir stellen die Taschen aufs Hochbett und ziehen los, ins Herz Frankreichs. Vor Notre-Dame, von Pflastersteinen umgeben, zeigt Linda mir den Stein, der Kilometer null markiert, Referenzpunkt für Entfernungen. Die Wasserspeier, die überall auf der Fassade der Kirche sitzen, beäugen uns aus sicherer Höhe. Vor dem Dom, im Schatten der Türme, sitzen die alten Männer der Stadt und beobachten das Leben, das als ewiger Strom vor ihren Füßen vorbeifließt. Vor ihnen steht Karl der Große, hoch zu Ross. Unter der Kathedrale sind Überreste eines römischen Hauses und der Stadtmauer aus dem fünften Jahrhundert ausgestellt, dazu der Abschnitt einer mittelalterlichen Straße. Damen in schwarzen Lacklederpumps mischen sich mit jungen Leuten in Nike-Turnschuhen, steigen die Treppe hinunter und besuchen die archäologische Krypta, die hundert Meter tiefer geöffnet ist. Doch mich zieht es zu den weit offenen, mit kunstvollen Schnitzereien beladenen Portalen. Wie ausgebreitete Arme heißen sie die Mühseligen und Beladenen willkommen. Ich zähle mich dazu. Trotz dem Lärmen der Touristen höre ich schon im Innenhof den Gesang. Es ist das Lied, das ich den ganzen Tag vernommen habe, überall. Wir fließen mit der Menge, lassen uns ziehen.

Im Tympanon, dem Giebelfeld über dem Hauptportal, ist Christus als Weltenrichter auf dem Thron dargestellt. Ich mache meinen Hals lang und versuche, über die Besucher hinweg einen Blick ins Innere zu erhaschen. Dort steht ein Chor in weißen Gewändern, fast unwirklich klingt ihr Gesang, im Hauptschiff von Notre-Dame. Die Luft ist alt, wir stehen auf heiligem Grund. Das Dunkel hinter dem Chor ist von drei bunten Glasfenstern durchbrochen, die dunkles Rot, bewegtes Blau und ein Kaleidoskop aus sich ständig verändernden Schatten auf den Innenraum werfen, alles strahlt, schimmert. Ich kann das Lied *sehen*, es füllt den gewölbten Raum.

In ihren Stimmen erkenne ich SEINEN Jubel wieder.

Irgendwo in der Höhe vermischen sich irdische Töne mit himmlischen Noten.

Die Melodie hebt, senkt und verbeugt sich, während Linda und ich uns immer weiter nach vorne arbeiten. Wir wollen besser sehen und kommen in den hellen Teil der Kathedrale. Straßenlärm der Touristenbusse dringt von draußen herein und Teenager sprechen in ihre Handys. Um uns herum leuchten Displays mit kurzen Nachrichten, verpixelte Bilder. Blitzlichter zucken auf. Doch dort, wo Mittelschiff und Querschiff sich kreuzen, im Zentrum von Notre-Dame, im Zentrum des kreuzförmigen Gotteshauses, im Herzen von Paris – in meiner Mitte –, auf dem Altar, da sehe ich es, und mir stockt der Atem.

Brot und Wein.

Auf dem Tisch, ganz in Gold, warten Teller und Kelch, alles strahlt im goldenen Glanz, *eucharisteo* – das Abendmahl.

„Während der Mahlzeit nahm Jesus ein Brot, sprach das Segensgebet darüber, brach es in Stücke ..." (Matthäus 26,26).

Wie weit bin ich gereist, ich habe einen Teil des Planeten umrundet, nur um wieder von Gott zu hören, was er mir unaufhörlich sagt. Wieder zeigt er mir, was ihm am wichtigsten ist, weist mir den Weg hinein zu ihm, ins Allerheiligste. Ich habe unsere Farm verlassen, meine kleine Welt, ein Flugzeug bestiegen, bin die ganze Nacht über tiefe Meere geflogen, in Paris gelandet, der Stadt der Liebe und der Mitte Frankreichs, besuche hier nur eine von tausend Sehenswürdigkeiten, die man unbedingt besucht haben muss, bevor man stirbt – nur um von Gott genau das Gleiche zu hören, was er mir auch zu Hause auf der Farm gesagt hat. Er sagt es mir seit Monaten, seit eineinhalb Jahren – er sagt es überall.

Eucharisteo.

Im Hauptschiff wird der Kelch hoch erhoben. Mit meinem eingerosteten Französisch verstehe ich die Worte nicht, aber ich kenne den Tonfall, ich weiß, um was es geht. Es ist die ewige Sprache, die wir auch im Himmel sprechen werden und die wir hier schon lernen können: Dankbarkeit, Dankbarkeit, *immer wieder: eucharisteo.*

Kann ich ahnen, wie tief diese Liebe ist?

Mit meinen Augen folge ich dem Gewölbe aus Stein, das sich über uns erhebt, gemeißelte Hände falten sich segnend über Knienden. Ich denke an die vielen, die vor mir gewesen sind, an mittelalterliche Bauern, deren Hände diese Steine bearbeitet haben. Ich fühle mich verbunden mit den Gläubigen vergangener Jahrhunderte, die einen Weg gesucht haben, um in Gottes Fülle einzutauchen, die den Zugang zu Gott und dem Leben gefunden haben. Ich lege meinen Kopf in den Nacken, um die Decke zu betrachten. Wie viel Leben wurde investiert, wie viele Generationen gaben sich hin, um dieses Gotteshaus zu bauen, um Gottes Nähe zu finden? Die Gläubigen früherer Jahrhunderte sprachen von drei Schritten, die man gehen müsse, um sich Gott zu nahen: Reinigung, Erleuchtung und Vereinigung. Führt mich mein eigener Weg der inneren Veränderung, der Weg zum erfüllten Leben, an den gleichen Stationen entlang? Befinde ich mich auf der gleichen Reise wie meine geistlichen Vorfahren, die dieses Haus gebaut und unter diesem Gewölbe gegangen sind?

Reinigung sei der erste Schritt auf dem Weg zu einem Leben in der Gemeinschaft mit Gott, so wurde es in der frühen Christenheit gelehrt. Wurde ein Mensch sich der Kluft, die ihn von Gott trennte, schmerzlich bewusst, so betete er zu

Gott, dass er ihn vom eigenen Willen reinigte. Auch ich habe erlebt, wie *eucharisteo* mich sanft geführt hat, wie Gott meine Hände geöffnet, meine klammernden Finger der Kontrolle gelöst hat. Mit jeder Gabe, die ich dankend empfangen habe, konnte ich ein weiteres Stück meines eigenen Willens loslassen, seinen Willen geschehen lassen. Aber meine Reinigung, das Loslassen der Sünde, die Hingabe meines Willens, ist nicht durch Willenskraft und Anstrengung geschehen, sondern *Christus* hat es mir geschenkt in seiner alles umfassenden Gnade. Überwältigende Gnade hat mich zu dem Christus gezogen, der voller Herrlichkeit ist, damit ich selbst leer werde von meinem alten Wesen.

Ich bin leer geworden, um gefüllt zu werden, gefüllt mit Gnade … um *in Fülle leben* zu können.

Erleuchtung sei der zweite Schritt auf dem Weg in die Fülle Gottes, so lehrten es die alten Heiligen. Wer ein Suchender ist, der sucht. Früher sprach man von einer Vision, einer Art zu sehen, die einen näher in Gottes Gegenwart zieht. *Genau das* ist *eucharisteo* für mich. Es öffnet mir die Augen, um auf eine neue Art zu sehen. Ich erlebe, dass Glaube eng mit Sehen verbunden ist. Tausend Geschenke haben mir Gottes Gegenwart gezeigt – doch *eucharisteo* ist noch mehr für mich geworden, ein Lebensstil des Dankens, ein Leben, das sich ständig seiner Nähe bewusst ist. Ich habe gelernt, dass letztlich nichts von Bedeutung ist, was mit mir zu tun hat, während alles, was ich von ihm empfange, zähle und benenne, von ewigem Wert ist. Mit sehenden Augen kann ich die *Herrlichkeit Gottes erleben, in allem.*

Ich bin sehend, ich kann durch das Leben hindurchsehen, als wäre es aus Glas, ich sehe hindurch, hinein zu Gott.

Im Denken mittelalterlicher Theologie war die Vereinigung die letzte und höchste Stufe, die man auf der Suche nach erfülltem Leben erreichen konnte. Nur wenige, besonders Hingegebene kamen jemals zu diesem Ort mystischer Versenkung. *Vereinigung.* Kennen nicht alle wahren Gläubigen, alle, die sehen können, diese Gemeinschaft mit Gott? Sie beginnt an dem Tag, im Augenblick der Buße, an dem man *eins mit Christus* wird in seinem Tod, seinem Begräbnis und seiner Auferstehung von den Toten. Das christliche Leben beginnt mit dieser Vereinigung. Und doch werden wir – während wir Gnade um Gnade empfangen – in eine immer innigere Gemeinschaft mit ihm hineingezogen, die wir auf der Haut spüren, die in den Adern pocht, die im Bauch zu fühlen ist – eine immer tiefere Einheit mit Christus.

Endloses Danken – *eucharisteo* – hat mich innerlich geöffnet, hat mir den Weg zum erfüllten Leben gezeigt. Von der ersten Hinwendung zu Gott bis zum tiefen Erleben im Abendmahl – Vereinigung ist nicht das Vorrecht einiger weniger, Einsiedler, Asketen, Pastoren und Missionare. Auch ich, Hausfrau und Mutter, die ich einen großen Teil meines Lebens, wie Bruder Lorenz, bei der Küchenarbeit verbringe, habe diesen ungehinderten Zugang zur Gemeinschaft mit ihm, zum erfüllten Leben, zur Erfüllung in Gott. „Einen Heiligen erkennt man daran, dass er von Dankbarkeit angetrieben wird, nicht mehr und nicht weniger", schreibt Ronald Rolheiser.[3]

Ich hatte nicht damit gerechnet, dass ich durch das Zählen von tausend Gaben auf eine jahrtausendalte Reise der Verwandlung geschickt werden würde. Ist es möglich, dass aus der Frau mit den leeren Händen, mit den geballten Fäusten, eine Frau wird, die im Inneren lebendig und mit sich selbst im Reinen ist? Ahne ich überhaupt, was das bedeutet?

Taubenflügel schlagen in der Luft, landen über unseren Köpfen, sie fürchten sich nicht vor den offenen Mäulern der Wasserspeier. Mein Blick fällt auf die Türpfeiler rechts und links des zentralen Westportals. Die fünf törichten und die fünf klugen Jungfrauen sind hier als Relief zu sehen. Werde ich zur Gruppe derer gehören, die warten, Ausschau halten … erfüllt sind von der Sehnsucht nach dem Bräutigam? Bin ich voller Vorfreude auf die Hochzeit mit ihm? Ich stehe unter den gotischen Portalen und fühle etwas … Dieses Gefühl.

Ich kenne es. Meine Schürze flattert vom Rennen, die Luft ist so rein, das Licht so weiß. Der Mond über dem herbstlichen Feld. Ich erinnere mich. Dieses Verlangen. Diese Sehnsucht nach Schönheit, nach IHM. Aber hier … jetzt? Passt das? Er ist so vollkommen heilig, ich bin voller Straßenstaub. Ist meine Seele bereit, ihm zu begegnen? Meine Finger krallen sich in die Seitennaht meines Rockes, angespannt gehe ich neben Linda her, am Ufer der Seine entlang, im warmen Junilicht.

Ich bin mir gar nicht sicher, ob ich diese Vereinigung will.

Wir schlendern an den Verkaufsständen vorbei, die das Flussufer säumen. Touristen wühlen durch alte Bücher, Bleistiftzeichnungen stehen aufgereiht, vergilbte Werke werden feilgeboten, wir sind in der größten Freiluft-Buchhandlung der Welt, bei den berühmten Pariser Bouquinisten. Liebende gehen Hand in Hand. Überall sehe ich Paare. Ich habe Angst, Angst vor der Vereinigung mit Gott. Es ist bedrohlich, dem unendlich Heiligen so nahe zu kommen. Als ich die Zeilen von Walter Brueggemann las, nickte ich eifrig, er drückt genau das aus, was ich empfinde: „Das Erschrecken über einen solchen Partner bringt uns völlig aus dem Gleichgewicht. Die Gefahr ist zu groß, die Herausforderung zu unbequem. Wir geben uns lieber mit weniger zufrieden, lassen uns lieber auf eine weniger dramatische Begegnung ein. Gleichzeitig werden wir das Wissen nicht los, dass genau diese überwältigende Begegnung mit ihm uns Leben geben wird."⁴ Ja, es ist erschreckend, sich Gott als Partner vorzustellen. Ich fühle mich geistlich und körperlich viel zu hässlich, zu schmutzig, zu … *gering*, um von Gott umworben und von seiner Liebe umfangen zu werden. Der mich beschenkt, ist der Besitzer aller Reichtümer, seiner Liebe könnte ich mich getrost anvertrauen – und möchte mich doch am liebsten verbergen vor ihm. Gleichzeitig *zieht* es mich zu ihm. *Nirgends als* in dieser unaussprechlichen Begegnung finde ich das Leben, in der heiligen Vereinigung, der Gemeinschaft, dem Einssein mit ihm. Verstehe ich, was er mir sagen will?

Es ist Montagmorgen. Gleichmäßig klappern Absätze auf den Pflastersteinen der Rue Mazarine. Kirchenglocken läuten den Morgen ein. Das Läuten kommt vermutlich vom Glockenturm der Pfarrkirche Saint-Séverin im Quartier Latin. Diese Glocken wurden schon im Jahr 1412 gegossen. Das Läuten begleitet SEIN Lied, er kann einfach nicht aufhören zu jubeln. Ich bin bewegt, greife nach meiner kleinen Bibel.

„Aber wer sich mit dem Herrn verbindet, ist mit ihm ein Geist" (1. Korinther 6,17), lese ich. Nachdenklich streiche ich über die Balken meines Hochbettes, Holz, das schon vor Hunderten von Jahren bearbeitet wurde. Ich höre ihn. Er bittet mich um eine Antwort, er ruft mich in die Gemeinschaft mit ihm. *Vereinigung.*

Auch Jesus hat gesagt, dass man den Glauben nur annehmen kann, indem man sich auf die Einheit mit Gott einlässt: „… dass ich in meinem Vater lebe und dass ihr in mir lebt und ich in euch" (Johannes 14,20). Ich werde ruhig und denke darüber nach, dass ich in Jesus bin und er in mir ist. Er ist der Wind, der mir ins Ohr flüstert, ich bin das Blatt, das er bewegt. Ich zittere: „Bleibt mit mir vereint, dann werde ich auch mit euch vereint bleiben" (Johannes 15,4). Ich soll in ihn eingepfropft sein, eine Einheit mit dem wahren Weinstock bilden. Der Weinstock als Bild – Freude, Feiern … *Fülle.* Er ruft mich in die Vereinigung, zum *Fest* der Einheit. In ihm und durch ihn bringe ich die runde Frucht eines erfüllten Lebens hervor.

Ich ahne die Zusammenhänge. Durchs offene Fenster dringt morgendliche, frische Juniluft herein. Außerhalb der Liebesbeziehung mit IHM gibt es keine beständige Realität und kein erfülltes Leben. Er selbst ist in Ewigkeit das Zentrum aller Beziehungen. Gott der Vater, Gott der Sohn und Gott der Heilige Geist leben Beziehung, sie tanzen einen zeitlosen, ewigen Tanz der lieblichsten, innigsten Vereinigung. Gott ist Liebe – *überall! in allem!* –, und er kann nichts anderes, als Liebe zu sein, weil er selbst in einer vollkommenen *Liebes-*

beziehung existiert. Lange bevor ich geboren wurde, ehe die Welt sich drehte, seit Ewigkeit ist die Gottheit in Liebe vereint. Der Vater liebte den Sohn schon, „bevor die Welt geschaffen wurde" (Johannes 17,24). Wenn ich eins bin mit Christus, dann tauche auch ich in die Liebe ein, die der Vater für den Sohn hat. *In der Vereinigung werde ich mit der Liebe des Vaters für den Sohn geliebt – es ist meine Liebe, unsere!* Er unterbricht sein Jubellied nicht, nur weil ich unsicher bin, mich unwohlfühle, kein Interesse empfinde oder denke, dass ich ohnehin schon zu Jesus gehöre. Gott *ist* Beziehung, und er wirbt darum, dass auch ich in die Beziehung zu ihm eintrete. Ohne Beziehung kann es keine Nähe mit Gott geben.

Ich höre, wie die Stadt Paris erwacht.

Autos brummen auf dem Quai de Conti, der alten Uferstraße nicht weit von hier, Fahrräder surren unter meinem Fenster vorbei, Autotüren werden zugeschlagen. Ich liege in meinem Bett und denke nach. Diese Aufforderung zur Vereinigung mit Gott – meinte Paulus das damit, als er von dem Geheimnis sprach? „Deshalb verlässt ein Mann Vater und Mutter, um mit seiner Frau zu leben. Die zwei sind dann eins, mit Leib und Seele.' In diesem Wort liegt ein tiefes Geheimnis. Ich beziehe die Aussage auf Christus und die Gemeinde" (Epheser 5,31–32). Christus und die Gemeinde werden eins – das tiefe Geheimnis der Liebe. Ein Geist berührt den anderen, die innige Umarmung, die Einheit – ist es das, was Gott will? Mit jedem von uns?

Ist dies der Gipfel meiner Suche nach erfülltem Leben?

Später würde ich die Worte von Johannes Calvin lesen, dem protestantischen Reformator, und erneut über die Tiefe des Geheimnisses staunen: „Gott vergleicht sich uns gegenüber oft mit einem Ehegatten; denn die Verbindung, die er mit uns durch unsere Aufnahme in den Schoß der Kirche eingegangen ist, ähnelt dem heiligen Ehestande."[5] Weiter schreibt er: „Bei uns steht also jene Verbindung des Hauptes mit den Gliedern, jene Einwohnung Christi in unseren Herzen, kurz, jene verborgene Einung (mystica unio) an höchster Stelle, dass also Christus unser Eigen wird und uns der Güter, die er selber innehat, teilhaftig macht!"⁶

Die mystische Vereinigung sollte für uns von höchster Bedeutung sein. Gott präsentiert sich als Ehemann, spricht vom heiligen Ehebund, verbindet sich mit uns, mit Körper und Seele. Sein Leid ist unsere Speise, sein Blut stillt unseren Durst – dorthin führt mich *eucharisteo*. Der Liebende überschüttet die Geliebte mit Geschenken, die Geliebte schenkt ihm ihren Dank, beide kommen in Liebe zusammen, vereinigen sich im Geist. Wenn Gott, dem jede Form des Lebens offensteht, seine größte Freude an der Einheit innerhalb der Dreieinigkeit hat, wie viel mehr werde ich meine Freude darin finden?

Ich weiß und weiß auch wieder nicht, warum ich Angst habe.

Wie weit möchte ich mich für Gott öffnen?

„Guten Morgen ..." Lindas Stimme dringt zu mir herauf aufs Hochbett. Sie faltet das Laken ihres Futons. Morgenlicht fällt durch das Balkonfester, das vom Boden bis zur Decke reicht. „Was steht heute auf deinem Plan?"

Linda beschreibt mir die schönsten Orte in Paris, und während der nächsten Tage hake ich eine Sehenswürdigkeit nach der anderen ab, die ich mit Bleistift in meinem Notizbuch aufgelistet habe. Wir bestaunen Sainte-Chapelle, die gotische Palastkapelle auf der Ile de la Cité, die im dreizehnten Jahrhundert erbaut wurde. Der größte Teil ihrer Wände besteht aus Buntglasfenstern, die Millionen von Farbflecken wie einen kostbaren Teppich mitten in der Luft über das Kirchenschiff breiten und alles in überirdisches Licht tauchen. (Niemand wagt, sich zu unterhalten, so bezaubernd ist das Licht.) Einen Tag verbringen wir in den spiegelverkleideten Gemächern und den herrlichen Gärten von Versailles, das Gold glänzt in der Sonne. (An meinen Fersen bilden sich blutige Blasen, so weite Wege gehen wir.) Der Eiffelturm ragt in den Nachthimmel wie ein elektrisch beleuchteter Blitzableiter, ich mache viel zu viele Fotos. (Überall werden Kameras gezückt, der Turm bildet den perfekten Hintergrund für Liebespaare, die sich im Dämmerlicht dieser Juninacht küssen.) Wir gehen an den Auslagen der Parfümerien vorbei, passieren Boutiquen und Bücherläden, Restaurants, in deren Schaufenster ganze Schweine am Spieß gebraten werden. Überall erheben sich Kirchtürme zum Himmel. Jeden Abend, wenn ich in meinem Hochbett liege, nehme ich mein Dankes-Notizbuch zur Hand, das mich überallhin begleitet, und schreibe auf die engen, blauen Linien, unter dem Titel „Geschenke im Juni", noch ein paar …

weißhaarige Frauen, die vor der Bäckerei Schlange stehen, Baguettes, die aus den Taschen lugen

französische Kellner

Tauben auf den grünen Kupferdächern

rostige Fahrräder mit Drahtkörben, die durch enge Straßen gefahren werden

Jungs in blauen Hosen, die im Schatten von Notre-Dame im Sandkasten spielen

ein Schlüsselbund, der in der Tasche des Hausmeisters rasselt, während er sich in Saint-Germain-des-Prés betend vor dem Altar verbeugt

blühendes Unkraut in den Fugen zwischen den Pflastersteinen

läutende Kirchenglocken

Ich denke über Vereinigung nach, vor der ich zurückschrecke und zu der ich mich hingezogen fühle … Ich lösche das Licht, liege im Dunkeln, warte auf den Schlaf. Ich warte darauf, dass ich verstehe, was das alles bedeuten soll.

Spät am Freitagnachmittag gehen Linda und ich zum Louvre, lassen uns von der Vielzahl an Absperrungen nicht abhalten und erhaschen einen Blick auf Mona Lisas Lächeln. Aber die Atmosphäre in dem Raum, in dem Mona Lisa hängt, ist nicht das, was mir vom Louvre in Erinnerung bleiben wird. In den oberen Sälen tauchen wir in den geheimnisvollen, schweren Duft göttlicher Gegenwart ein.

Verhaltene Klänge ziehen uns an. Überall in den Räumen des zweiten Stocks hören wir sanfte Musik, die mit zarten, beschwingten, hohen Tönen wie Parfüm in der Luft liegt. Müssen Galerien nicht leise sein? Woher kommt die Musik? Meine Neugier ist geweckt, ich schaue um viele Ecken, suche nach des Rätsels Lösung. Der Rhythmus wird kräftiger, der Klang schwillt an, die Worte werden verständlicher und dann bin ich plötzlich, unerwartet, im Zentrum des Gesangs. Im letzten, großen Saal hat sich ein Chor aufgebaut, in einheitlichen, strengen Gewändern, unten schwarz, oben weiß, ihre Münder bewegen sich im Gleichklang, sie tragen Mozarts Nocturne 1 und 2 vor.

Viele Leute haben sich in den Raum gedrängt, der Mann, der neben uns am Eingang steht, bewegt Kopf und Schultern sanft zur Musik. Hinter dem Chor hängt *La Pentecôte* („Die Ausgießung des Heiligen Geistes"), ein großes Bild von Jean Restout, einem französischen Maler des achtzehnten Jahrhunderts. Die Dirigentin hebt die Hände und die Stimmen schwingen sich hinauf in hohe Lagen. Ich lasse die Harmonien auf mich wirken, dann gehe ich zu dem Bild. Der Heilige Geist lässt sich als Flamme auf den Köpfen der lebensgroß gemalten Apostel nieder. Es ist eine lebendige, dramatische Darstellung der Worte, die mir aus der Apostelgeschichte vertraut sind: „Und sie wurden alle mit Heiligem Geist erfüllt" (Apostelgeschichte 2,4). Gott fiel auf sie. Gott erfüllte sie. *Vereinigung. Erfüllung.* Die Töne werden immer höher und die Saiten meines Herzens schwingen mit.

Wage ich es, mich auf ihn einzulassen?

Die intensiven Klänge des Chors erfüllen mich, nur zögernd gehe ich weiter und betrete den sich anschließenden Raum. Ich stehe vor einem vergoldeten Rahmen, der ein kleines, bescheidenes Bild hält, direkt auf Augenhöhe. Es ist ein Rembrandt. Der Chor hält eine lange Note. Diese Pinselstriche, das goldene Licht, das die Leinwand getränkt hat, diese herrliche Kunst, es ist „Das Abendmahl in Emmaus" (1648),

Rembrandts Darstellung der Jünger von Emmaus, die sich mit Jesus zu Tisch gesetzt haben. Stehe ich nicht da im Schatten hinter dem jungen Diener, um das Wunder wahrzunehmen, das sich vor meinen Augen ereignet? Erkenne ich Christus, der nach Emmaus gekommen ist und sich gleich den Jüngern zu erkennen geben wird? „Als er dann mit ihnen zu Tisch saß, nahm er das Brot, sprach das Segensgebet darüber, brach es in Stücke und gab es ihnen. Da gingen ihnen die Augen auf und sie erkannten ihn" (Lukas 24,30–31).

Eucharisteo – Abendmahl –, das himmlische Verlangen nach Gemeinschaft, nach offenen Augen, die Gott erkennen, *immer, überall, eucharisteo.*

Die Melodie, das Lied, seine werbende Liebe, unaufhörlich zieht er mich mit dieser Liebe, dieser Leidenschaft. Ich wage die Erwiderung, ein fast unmerkliches Beben hat mich erfasst, leise antworte ich mit einem Lied: „Auf mein Herz, preise den Herrn! Alles in mir soll den heiligen Gott rühmen!" (Psalm 103,1).

Ich schaue auf seine Hände, die das Brot halten. Der Gesang im Nebenraum schwillt an, auch meine Antwort an IHN.

„Tag für Tag sei der Herr gepriesen" (Psalm 68,20). „Den Herrn will ich preisen zu jeder Zeit, nie will ich aufhören, ihm zu danken" (Psalm 34,2). „Geht durch die Tempeltore mit einem Danklied, betretet den Festplatz mit Lobgesang! Preist ihn, dankt ihm für seine Taten!" (Psalm 100,4).

Ich kann dem allmächtigen Gott mein Lob bringen.

Ich muss nicht immer nur von ihm nehmen, ihn bitten, etwas fordern, um etwas flehen. *Ich kann Gott etwas geben.* Ich kann ihm ein Geschenk machen! Ich beschenke ihn, so wie er auch mich mit Tausenden, unzählbar vielen Gaben beschenkt. Das kann und will ich tun! Ich schaue in das gemalte Gesicht und betrachte Jesus, wie er das Brot bricht und dankt.

Gott segnet – und liebt.

Ich kann Gott segnen mit meinem Lobpreis – und ihn lieben mit meinem Dank.

So sind wir in Liebe vereint.

Gott liebt mich, indem er mir Gnade um Gnade schenkt, in jedem Augenblick zeigt er mir seine Liebe. Er lädt mich ein, die Hand zu öffnen und seine Gaben mit einem dankbaren Ja anzunehmen. Dann kann er seine ganze Fülle in meine große Leere legen. Ich bin in ihm. Er ist in mir. Ich umarme Gott in jedem Moment. Ich gebe ihm meinen Dank, *ich segne ihn*, beschenke ihn, wir begegnen uns in Liebe. Jeder Augenblick soll erfüllt von dieser Liebe zwischen uns sein.

Das ist die Bedeutung seiner Liebe. Ich bin bereit, ich will sie – die *Vereinigung* mit ihm. Das ist das eine, einzige Geschenk, das er sich wünscht, von mir, als Erwiderung all seiner unzählbaren Gaben. Es ist nicht schwer, ihm das zu geben, ich kann es tun, egal, wo ich bin. *Überall*, ob ich in der Küche Kartoffeln schäle oder in einer riesigen Kathedrale bin, ob ich in der Routine von Wäsche, Kindern und Toilettenputzen stecke – in jeder Situation kann ich in der innigen Gemeinschaft mit meinem Gott, dem Schöpfer des Universums, sein. Ich kann nicht mehr an mich halten, stehe ganz dicht an dem Bild. Umgeben von Mozarts Harmonien, flüstere ich mein *eucharisteo*:

Danke, Gott, für das Brot des Augenblicks …
für deinen Sohn, für das Opfer …
für deinen fortwährenden Jubel über mich, dass du dich selbst gibst, immer wieder neu …
danke, für das Wunder, gerade jetzt, in diesem Augenblick.

Mein kaltes Herz wird warm (Lukas 24,32). Wir gehören zusammen, wir sind von Liebe erfüllt, am liebsten würde ich das Bild berühren. Ich möchte mit den Fingerspitzen über die Ölfarbe streichen, die Farben sollen meine Haut berühren, sollen in mein Blut eindringen. Ich will in das Bild eintauchen, „Abendmahl in Emmaus", das Bild soll in mir sein. Ich will in Gott sein, Gott soll in mir sein, wir wollen unsere Liebe spüren, Segen und Zärtlichkeit austauschen. Wie die Jünger in Emmaus will ich ihn mit offenen Augen betrachten, ihm so nahe sein. Mein Herz brennt in mir, und ich weiß, ich erlebe einen Augenblick der göttlichen Vereinigung. Ich hebe vorsichtig meine Hand, meine Finger nähern sich dem Bild, nur noch wenig Luft ist zwischen uns. Wir kommen uns nahe, rein und unverfälscht – Bräutigam und Braut begegnen sich, erfreuen sich aneinander.

Die Gemeinschaft der Seele mit Gott ist der Gipfel aller Freude.

Dieser goldene Rahmen enthält, wonach ich mich sehne. Ich spüre das gleiche Brennen, das diese Männer erlebt haben müssen, mein Gesicht rötet sich vor Verlegenheit. Doch … wir sind dazu geschaffen, nicht nur an Gott zu *glauben*, wir sollen in Gott *leben*. Wir sollen in Christus sein, er will in uns sein – wir sollen in Liebe verbunden und vereint sein. Ist das der Grund, warum wir in jeder Lebenslage danken sollen – als Ausdruck unserer ununterbrochenen Gemeinschaft mit ihm (1. Thessalonicher 5,18)?

Der Chor singt, an einer lilafarbenen Wand hängt Rembrandts Jesus, bricht das Brot, feiert Abendmahl – und in meinen Gedanken höre ich die Worte von Teresa von Ávila, einen lockenden Refrain:

*Zwei Worte, die er zu mir sprach,
die änderten mein Leben tief:
„Freue dich an mir."*

*Sollte ich nicht schwere Lasten tragen –
ein Kreuz, wie er es tat?*

*Einst fragte seine Liebe mich: „Ich hab ein Lied,
willst du es hör'n?"*

*Und Lachen brach aus jedem Pflasterstein,
es regnete auf mich herab,
Lachen fiel vom Himmel, überall.*

*Ich betete in der Nacht,
am Morgen veränderte er alles für mich.
Er sang sein Lied:
„Freue dich an mir."*⁷

Das ist Gottes Jubellied! *Ich freue mich über dich. Komm und freue dich auch über mich.* Damit hat er die Welt geweckt, damit gießt er die Freude in mein Herz: *Freue dich an mir. Freue dich an mir!*

Gibt es eine schönere Art, den Geber zu lieben, als sich von Herzen über seine Gaben zu freuen?

Ich gebe Linda meine Kamera. Kann sie diesen Augenblick für mich festhalten, wie ich vor Rembrandts „Abendmahl in Emmaus" stehe? Ich werde es mit nach Hause nehmen, über den Atlantik, das Bild von mir in dem langen, schwarzen Kleid, mit dem leicht zur Seite geneigten Kopf und dem schüchternen Lächeln. Ich möchte die Erinnerung an diesen heiligen Moment mitnehmen, in dem ich die Wärme der Vereinigung mit Christus gespürt habe, die nicht nur gedanklich, sondern als *Erfahrung* mit allen Sinnen geschehen ist. Ich bin eine Feiernde! Die Amtierende des endlosen *eucharisteo*-Dankesfestes ist nun eine Feiernde, die Christus feiert. Wo immer ich bin, kann ich die Elemente des Augenblicks ergreifen, *eucharisteo* feiern, Christus erleben und genießen! (Würde die Erde vor Freude bersten, wenn alle Menschen ständig diese Vereinigung mit Christus feiern würden?)

„Würde eine Seele ständig seine ewige Zärtlichkeit und Barmherzigkeit sehen ... dann würde sie nicht eine Stunde von ihm entfernt verbringen wollen; so jedoch kann sie kaum eine Stunde mit ihm wachen", schreibt John Owen, der puritanische Theologe.⁸ „Wer Gott anders kennenlernt, ohne ihn so zu sehen, wird vor ihm fliehen wollen. Doch wenn das Herz erfasst wird von der Liebe des Vaters, dann kann es nicht anders, als überwunden, überwältigt und ihm ergeben zu sein."⁹

Linda gibt mir die Kamera zurück. Mit dieser Kamera habe ich meine ersten, zaghaften Versuche des Dankens gemacht, jetzt ist sie Zeuge geworden, wie ich mit aller Kraft in seine Arme gesprungen bin. Dankbar lächle ich Linda an und wende mich wieder diesen gemalten Händen zu, die das Brot halten, die auch mich halten. Werde ich diese Erfahrung festhalten, werde ich auch nicht eine einzige Stunde mehr von ihm getrennt sein wollen?

Mein letzter Tag in Paris ist gekommen. Wir tun, was wir jeden Tag getan haben: wir tauchen ein in die Vergangenheit der Stadt, essen ihr Brot und ihren Käse, lauschen ihren Geräuschen an den Straßenecken, wo Geigen, Gitarren und Cellos spielen, beobachten die unterschiedlichen Gesichter und Farben aus vielen Ländern und genießen die ganze Vielfalt dieser Stadt. Ich rieche SEINEN Duft, der mich belebt.

Unweit der Rue de Rivoli, gegenüber der Kirche Saint-Gervais-Saint-Protais, entdecke ich im klösterlichen Buchladen eine Insel der Ruhe. Ein kräftiger Zweig rot blühender Rosen rankt sich an den sonnenbeschienenen Steinen der hinteren Mauer empor. Handgemeißelte Steinbögen halten die niedrige Decke und durch eine Reihe von Fenstern, die auf die leere Straße blicken, fließt helles Sonnenlicht in den alten Klosterraum. Eine junge Nonne im langen blauen Kleid bedient die Vorbeikommenden. Leise und melodiös klingt ihre Stimme, ihre Augen heißen jeden herzlich willkommen. Auch ich stöbere in den langen Reihen der Bibeln, französischen Bücher und der Sammlung von Kreuzen. Hinten im Laden, wo alte Holzstufen sich an einer Steinwand emporwinden, mitten in einer Insel der Nachmittagssonne, finde ich eine CD. Ich lese den Titel und schüttle fassungslos den Kopf. Kann das möglich sein?

Eucharistique.

Ich lege meine Hand auf das Wort. Eigentlich sollte ich nicht mehr überrascht sein. Ich lese den Titel erneut, kann es kaum glauben. Tatsächlich, *eucharisteo* – immer, überall, *immer da, wo ich gerade bin.* Und ich kann die Frage nicht abschütteln: Wie sehr begehre ich die tiefe Gemeinschaft mit ihm? Lichtflecken bewegen sich auf der Steinwand. Ich zeichne die Buchstaben nach: „e-u-c-h…". Vereinigung mit Gott – was damals im Garten zerbrochen ist, wird vollständig wiederhergestellt, wenn ich mich nach der Gemeinschaft mit IHM mehr sehne als nach den Verlockungen dieser Welt. Was diese erste und schreckliche Sünde der Undankbarkeit zerstört hat, was dieser Bissen der verbotenen Frucht denen gestohlen hat, die das Leben in Fülle hatten – nämlich *Einheit* –, kann wiederhergestellt werden durch die Umkehrung dessen, was im Garten geschah: einen Lebensstil der Dankbarkeit und die Bereitschaft, das Brot zu essen, das er in jedem Augenblick gibt. Meine Sehnsucht nach dem Paradies ist unbeschreiblich groß, ich will mit Gott in der Kühle des Abends durch den Garten gehen, ich will *das Leben in Fülle.*

„O meine Seele, du bist fähig, Gott zu genießen, wehe dir, wenn du dich an Geringerem als Gott erfreust", schreibt Franz von Sales eindringlich.[10] Gibt es auf der Erde irgendetwas, das ich mehr begehre als ihn? Ich muss mir diese Frage stellen. Doch ich kenne die Antwort bereits: Wenn ich an seine Gaben denke, an seine Liebe zu mir … dann zieht es mich zu ihm wie die Motte zur heißen Flamme.

Mein Finger streicht über den Titel der CD, flüsternd lese ich ihn vor: *eucharisteo*. Das Wort steht über meinem Leben, ich habe die *eucharisteo*-Sprache tausend Mal gesprochen, ich kenne das Lied. Ich trete hinaus auf die Straße, ich bin bereit zurückzukehren, das Lied zu hören, ein Bild von Rembrandts „Abendmahl in Emmaus" auf die Fensterbank in meiner Farmküche zu stellen und in der Fülle zu leben, mit weit geöffneten Händen. Ich kann es bezeugen: Das dankbare Zählen seiner Gaben verwandelt jeden Augenblick in einen heiligen Kuss der Verbindung mit ihm, und die Vereinigung mit ihm vollzieht sich im alltäglichen Leben. Er wird das Brot brechen und ich werde es nehmen und die ganze Welt ist unser Fest! Er ist die Liebe und nichts außer ihm soll meine Hände füllen.

Ich fliege der Sonne entgegen, nach Hause.

Ich fliege in Gottes Herz.

NACHWORT

Es ist Frühling, Frühling auf der Farm. Der Wind wirbelt Staubwolken über die bestellten Felder, und eine einzelne Krähe sitzt hoch oben im Apfelbaum, der in unserem Obstgarten blüht. Ihr schillerndes schwarzes Federkleid hebt sich scharf von dem zarten Weiß des Blütenmeeres ab. Eine Taube brütet wie jeden Morgen auf ihrem Gelege blauer Eier unter den Blättern des sonnenbeschienenen Johannisbrotbaums neben der Veranda. Ich nehme die von der Sonne getrocknete Wäsche von der Leine.

Mit dem Wäschekorb voller frischer Handtücher auf der Hüfte schiebe ich mich durch die Hintertüre in die Waschküche, wo ein Berg schmutziger Jeans zu immer größerer Höhe anwächst. Die Kinder haben in diesen Jeans Steine aus den Feldern aufgelesen. Ihre Schuhe sind über den ganzen Raum verstreut, dazwischen liegen Legosteine. Im Waschbecken sind die Reste eines unvollendeten Experimentes aus grüner Farbe und Sand. Die Spüle in der Küche steht voller Geschirr, die Speisekammer ist wieder einmal fast leer. Auf dem Küchenboden sind die Spuren schmutziger Schuhe zu erkennen, die eine Herde Kinder hinterlassen hat. Die Waschmaschine ächzt. Die Zeituhr am Herd piepst unaufhörlich. Wo ist eigentlich das halbe Dutzend Kinder?

Ich steige über die helle und die dunkle Wäsche, die ich schon sortiert habe. Wie konnte ich nur an einem erfüllten Leben zweifeln? Jetzt und hier. Warum sollte nicht mein ganzes

Leben von Gnade, Dankbarkeit und Freude durchdrungen sein? Nur so kann ich das Reich Gottes auf dieser Welt leben.

Ich stelle den Wäschekorb auf das hölzerne Bügelbrett in der Waschküche und gehe zum Herd. Jeder Atemzug ist ein Kampf zwischen Frust und Dankbarkeit. Nur wenn ich beständigen Dank auf meinen Lippen habe, kann ich aus der heiligen Quelle der Freude trinken. Nirgendwo in der ganzen bunten Vielfalt des Universums gibt es diese göttliche Freude, nur ein einziges Wort öffnet den Zugang zu ihr. Ich bringe die Zeituhr am Herd zum Schweigen und meine Seele auch.

Vor dem Küchenfenster breitet sich der blaue Himmel aus. Der Obstgarten ist voller Apfelblüten. Die Taube wärmt ihre Hoffnung, in blauen Schalen verborgen. Ich kann IHN hören. Was er sagt, gilt der ganzen Welt – und mir –: Das habe ich für dich gemacht. Das Lächeln des Geliebten am Morgen, das Lachen der Kinder auf der Rutsche, der gelassene Blick des alten Menschen zur Abendzeit: Das habe ich alles für dich gemacht. Auch die Erde unter deinen Füßen, den Regen, der auf das zum Himmel erhobene Gesicht fällt, die Sterne, die sich rund um den Planeten drehen: Das habe ich alles für dich, für dich, für dich gemacht! Das sind meine *Geschenke* für dich, meine *Gnade* für dich, ich bin *dein Gott*. Ich zähle die Zeichen seiner Liebe, Tausende, *unendlich* viele, *seine Liebe hört niemals auf.* Wenn ich am Morgen erwache, kann ich mich in Demut gen Osten wenden, meine Hände dem Himmel entgegenhalten, und trotz allem Zittern, trotz allem Fragen und auch wenn es Hässliches in der Welt gibt, ist sie doch wunderschön. Ich kann zur Ruhe kommen, vertrauen und jeden Moment als ein neues Geschenk seiner Gnade empfangen. *Eucharisteo, eucharisteo, eucharisteo.*

Höre ich da nicht Musik? Sie kommt aus der Stereoanlage, erfüllt die Welt mit Leben. Es ist die Musik aus Paris, *Eucharistique*. Hat meine Tochter sie eingelegt, während sie die Badezimmer putzt? Es ist ihre Lieblings-CD, seit sie ein eigenes, neues Notizbuch angefangen hat, um ihre eigene Liste der tausend Geschenke zu notieren, am Tag nach ihrer Taufe, am Tag nachdem sie das volle Leben für sich selbst in Anspruch genommen hat. Die CD-Hülle liegt geöffnet auf dem Schrank.

Ich nehme sie, streiche wieder mit den Fingern über die Buchstaben. Ganz unerwartet öffnet sich dieser Augenblick für mich. Ich bin auf dem Friedhof, knie, streiche mit meinen Fingern über die fünf Buchstaben, die einzige Inschrift auf dem Stein aus Granit, der auf die Erde gelegt wurde.

„A-I-M-E-E." Geliebte.

Ich erinnere mich an ihr seidiges Haar. Warum er sie genommen hat, verstehe ich immer noch nicht. Wie schön wäre es, wenn ihre Kinder an diesem Frühlingstag zusammen mit meinen Kindern spielen, rennen und lachen würden. Ich verstehe nicht, warum meine Eltern diese Trauer erleben mussten, warum ihnen der Boden unter den Füßen weggerissen wurde. Ich weine, aber eines weiß ich: *Gott ist immer gut, ich bin immer geliebt,* und *eucharisteo* hat mir geholfen, meine Identität zu finden, „voller Gnade" zu sein. Bekommen nicht alle, die zu Gott gehören und *eucharisteo* leben, diesen neuen Namen von Gott?

„Geliebte, Geliebter."

Gott ruft uns bei diesem Namen, mich, meinen Vater, meine Mutter, alle Kinder, alle Trauernden, die ganze Welt. Jeder von uns ist Gottes Geliebter, das ist der Name, den er uns gibt.

Im Fenster neben dem Herd schwingt die Porzellantaube im Wind. Auf der Fensterbank steht ein gerahmtes Bild von Rembrandts „Abendmahl in Emmaus" und lädt mich ein. Wie so oft am Tag schaue ich auf dieses Bild in meiner Küche und kehre innerlich zu diesem heiligen Augenblick zurück, als ich in der großen Galerie mit Gott vereint war. Wie so oft am Tag strecke ich die Hand aus, um ihn zu berühren, um bewusst in seiner Nähe zu sein. Wie jeden Tag denke ich auch jetzt an die Worte, die ich gelesen habe, nachdem ich die ersten tausend Gaben aufgelistet hatte. Diese geistliche Übung, das Zählen der Gnadengaben, ist so alt wie Gottes Volk. Bis heute ist es

unter den religiösen Juden üblich, Gott hundert Mal am Tag
zu danken. Die Worte des Rabbiners, die ich gelesen habe,
haben sich mir tief eingeprägt, sie haben mein Denken geprägt
und mir den Weg zur Freude gewiesen:

*Segnungen tragen dazu bei, dass wir uns beständig bewusst sind,
welche göttlichen Möglichkeiten unser Leben unablässig umgeben.*
Segnungen wecken unser Bewusstsein für das Leben … *Mit
jedem Segen, den wir aussprechen, erweitern wir die Grenzen
des Heiligtums und erneuern unsere Liebe zum Leben.* Hundert
Mal am Tag, wohin wir auch gehen, was wir auch berühren,
wen auch immer wir sehen. *Der Segen kann geflüstert werden.
Niemand muss ihn hören. Niemand außer dem Heiligen.* „Heiliger, Segnender, deine Gegenwart erfüllt das Universum. Deine
Gegenwart erfüllt auch mich."[1]

Mein Dankes-Notizbuch liegt offen auf seinem Platz auf der
Arbeitsplatte, bereit, Augenblicke festzuhalten, ein Kassenbuch
seiner Liebe. Chesterton hat die Wahrheit meines Zählens in
knappen Worten zusammengefasst: „Das größte aller Gedichte
ist eine Inventarliste."[2] Ich muss grinsen. Nein, ich werde nicht
aufhören zu zählen, ich werde weiter die Verse dieses Gedichtes aufschreiben und den Rhythmus seines Herzens erspüren.
ER und ich, wir gehören zusammen. Ich zähle seine tausend
Geschenke, danke ihm hundert Mal am Tag. Ich genieße
seine Gegenwart zwischen den Wäschebergen, in der Küche, im Krankenhaus, auf dem Friedhof, der Autobahn, den
Nebenstraßen, Arbeitswegen und auf allen Umlaufbahnen der
Sterne. Seine Gegenwart erfüllt mich.

Das ist ein erfülltes Leben.

Am nächsten Morgen, noch ehe die Sonne aufgeht, erhalte
ich eine eilig geschriebene E-Mail von Shelly, dass ihre siebenjährige Tochter gerade im Aufwachraum liegt. Ihr Ellbogen
ist so verletzt, dass sie ihre rechte Hand möglicherweise nicht
mehr wird gebrauchen können. Shelly, der zuerst aufgefallen

ist, wie das Schreiben der Dankes-Liste mich verändert hat. Shelly, die sich mit mir zusammen auf die *eucharisteo*-Reise begeben und ähnliche Erfahrungen gemacht hat wie ich. Sie schreibt: *„Gott ist gut. Immer."* Ich nicke zustimmend, denke an Aimees Namen auf dem Grabstein, an alle unsere Namen, an uns alle – die Geliebten. Meine Finger ruhen auf der Tastatur, während ich an den Brief meines Schwiegervaters denke, der gefragt hat, ob wir bereit sind zu gehen. Ich denke auch an die Mutter, deren Tochter Krebs hat und die viele schwere Fragen bewegen. Und ich glaube, dass ich jetzt zumindest den Anfang einer Antwort gefunden habe. Ich schreibe Shelly, dass ich für ihr Kind bete, schicke ihr liebe Grüße und unterschreibe mit meinem Namen, den ich nun endlich im Glauben annehmen kann. Das bin ich und bin ich immer gewesen.

Alles ist Gnade
Ann

Ich schicke die Nachricht ab. Meine angespannten Finger öffnen sich, ich ergreife den Glauben und lasse mich von der aufgehenden Sonne wärmen. Im Obstgarten weht der erste Wind dieses Tages die Apfelblüten vom Baum. Eine weiße Decke legt sich zart über die nackte, braune Erde.

Ich beobachte die fliegenden Blüten. Schönheit, die wie Schneeflocken vom Himmel fällt.

Und ich fühle seine Zärtlichkeit.

SO GEHT ES WEITER

Wer sich mit einer wachsenden (englischsprachigen) Lesergemeinde zusammen auf den *eucharisteo*-Weg begeben möchte, kann das online tun.

www.onethousandgifts.com und www.aholyexperience.com

sind Internetplattformen, die dazu einladen, sich mit anderen auszutauschen. Hier besteht auch die Möglichkeit, Apps herunterzuladen, eigene Bilder und Erfahrungen mitzuteilen und zu lesen, was andere auf ihrem Weg erlebt haben. Zusätzlich finden sich hier auch Fotos zu den Geschichten, die in diesem Buch erzählt werden.

Jeder ist eingeladen, dort anderen Menschen zu begegnen, die täglich versuchen, dem von Freude erfüllten Leben in der Verbindung mit Gott etwas näher zu kommen. Gemeinsam geht es besser!

ANMERKUNGEN

Kapitel zwei: ein Wort zum Leben ... und zum Sterben

1. „How Much Oxygen Does a Person Consume in a Day", *How Stuff Works*, http://health.howstuffworks.com/humanbody/systems/respiratory/question98.htm (Zugriff am 27.5.13).
2. Augustinus: „Bekenntnisse", 10. Buch, 21. Kapitel, elektronische Bibliothek der Kirchenväter, http://www.unifr.ch/bkv/kapitel72-20.htm (Zugriff am 27.5.13).
3. Albert Schweitzer: *Reverence for Life,* übersetzt von Reginald H. Fuller (New York: Harper, 1969), S. 41.
4. Alexander Schmemann: „Aus der Freude leben. Ein Glaubensbuch der orthodoxen Christen" (Olten: Walter-Verlag AG, 1974), S. 19.
5. Ebd, S. 73.

Kapitel drei: erste Schritte

1. Jean-Pierre de Caussade: „Abandonment to Divine Providence", Buch 1, Kapitel 1, Abschnitt 4, Christian Classics Ethereal Library, http://www.ccel.org/ccel/decaussade/abandonment.ii_1.i.i.iv.html (Zugriff am 28.5.13).
2. Martin Luther, zitiert in Bob Kelly: *Worth Repeating: More than 5.000 Classic and Contemporary Quotes* (Grand Rapids: Kregel, 2003), S. 379.

3. John Piper: *When I Don't Desire God: How to Fight for Joy* (Wheaton, Ill.: Crossway, 2004), S. 124.
4. Erasmus, zitiert in Andy Zubko: *Treasure of Spiritual Wisdom* (New Delhi, India: Motilal Banarsidass, 2003), S. 219.
5. Alexander Schmemann: „Aus der Freude leben. Ein Glaubensbuch der orthodoxen Christen" (Olten: Walter-Verlag AG, 1974), S. 14.
6. C. S. Lewis: *God in the Dock* (Grand Rapids: Eerdmans, 1994), S. 52.
7. Juliana von Norwich, zitiert in Richard Foster (Hg.): *Devotional Classics* (San Francisco: HarperSanFrancisco, 1993), S. 71.

Kapitel vier: eine heilige Zeit

1. Mark Buchanan: *The Rest of God: Restoring Your Soul by Restoring Your Sabbath* (Nashville: Nelson, 2007), S. 45.
2. Evelyn Underhill, zitiert in Martin H. Manser (Hrsg.): *The Westminster Collection of Christian Quotations* (Louisville: Westminster, 2001), S. 270.
3. Elisabeth Elliot: „Durchs Tor der Herrlichkeit" (Konstanz: Christliche Verlagsanstalt GmbH, 1959), S. 18.
4. Abraham Joshua Heschel: *The Sabbath* (New York: Farrar, Straus and Giroux, 2005).

Kapitel fünf: was – um alles in der Welt – ist eigentlich Gnade?

1. Gilbert Keith Chesterton: „Orthodoxie. Eine Handreichung für die Ungläubigen" (Kißlegg: Fe-Medienverlags GmbH, 2011), S. 295.
2. Augustinus: „Bekenntnisse", 7. Buch, 12. Kapitel, elektronische Bibliothek der Kirchenväter, http://www.unifr.ch/bkv/kapitel69-11.htm (Zugriff am 13.6.13).

3. Juliana von Norwich: *Revelations of Divine Love,* übersetzt von Elizabeth Spearing (London: Penguin, 1998) S. 59.
4. G. K. Chesterton: *Collected Works of G. K. Chesterton: Collected Poetry: Part 1,* Hg. Aidan Mackey (Fort Collins, Co.: Ignatius, 1994), S. 38.
5. Teresa de Jesús, eigentlich Teresa de Cepeda y Ahumada, genannt Teresa die Große, (1515–1582): http://www.aphorismen.de/zitat/83199 (Zugriff am 14.6.2013).
6. Gregory Wolfe: „The Wound of Beauty", *Image 56* (Winter 2007–2008), http://imagejournal.org/page/journal/editorial-statements/the-wound-of-beauty (Zugriff am 14.6.13).

Kapitel sechs: was willst du? der Ort, an dem Gott zu sehen ist

1. Amy Carmichael: „Immanence", in: *Mountain Breezes: The Collected Poems of Amy Carmichael* (Fort Washington, Pa.: Christian Literature Crusade, 1999), S. 19.
2. J. I. Packer: *Rediscovering Holiness: Know the Fullness of Life with God* (Venture, Kalif.: Regal, 2009), S. 69.
3. Gerard Manley Hopkins, „As Kingfishers Catch Fire", in: *Gerard Manley Hopkins: The Major Works,* Catherine Phillips, Hrsg. (New York: Oxford University Press, 2001), S. 129.
4. A. W. Tozer: *The Pursuit of God* (Camp Hill, Pa.: Christian Publications, 1982), S. 73.
5. C. S. Lewis: „Die große Scheidung" (Einsiedeln, Freiburg: Johannes Verlag, 2008), S. 86.
6. Irenäus: „Gegen die Häresien", 4. Buch, 20. Kapitel, elektronische Bibliothek der Kirchenväter, http://www.unifr.ch/bkv/kapitel694-4.htm (Zugriff am 15.6.13).
7. C. S. Lewis: „Das Gewicht der Herrlichkeit" (Basel und Gießen: Brunnen Verlag, 2005), S. 105.

Kapitel sieben: der Blick durch Glas

1. Jean-Pierre de Caussade, zitiert in: *A Guide to Prayer for All God's People,* Rueben Job und Norman Shawchuck, Hrsg. (Nashville: Upper Room, 1990), S. 244.
2. Annie Dillard: „Der freie Fall der Spottdrossel" (Stuttgart: Klett-Cotta, 1996), S. 41–42.
3. John Piper: „From His Fullness We Have All Received, Grace Upon Grace", auf: Desiring God, http://www.desiringgod.org/resource-library/sermons/from-his-fullness-we-have-all-received-grace-upon-grace--2 (Zugriff am 16.6.2013).
4. G. K. Chesterton, zitiert in James M. Houston: *Joyful Exiles: Life in Christ on the Dangerous Edge of Things* (Downers Grove, Ill.: InterVarsity, 2006), S. 140.
5. „Im Allgemeinen versuchen die Menschen nicht, ihrem alltäglichen Leben eine bessere Gefühlsqualität hinzuzufügen", schreibt der Wissenschaftler, Forscher und Professor Rollin McCraty. „Obwohl viele Menschen klar behaupten, zu lieben, sich um andere zu kümmern und Wertschätzung für andere zu empfinden, so werden viele von ihnen doch überrascht feststellen, dass diese Gefühle nur *vom Verstand her* angenommen, aber nicht *wirklich gefühlt* werden. Wenn wir uns nicht bewusst darum bemühen, positive Gefühle zu entfalten, aufzubauen und zu erhalten, werden wir leicht zum Opfer negativer Gefühle wie Verwirrung, Angst, Sorge, Frustration, Selbstzweifel und Scham." (Rollin McCraty, „The Grateful Heart", *The Psychology of Gratitude,* Hrsg. Robert A. Emmons [New York: Oxford University Press, 2004], S. 241, Hervorhebung der Autorin).
6. James H. McConkey: *Life Talks* (Harrisburg, Pa.: Fred Kelker, 1911), S. 103.

Kapitel acht: wie viel mehr wird er …?

1. http://www.paradisi.de/Health_und_Ernaehrung/Erkrankungen/Platzangst (Zugriff am 19.6.13).
2. *The Strongest NIV Exhaustive Concordance,* 2. Ausgabe (Grand Rapids: Zondervan, 1999), S. 1583.
3. Zitiert aus Robert A. Emmons: „Vom Glück, dankbar zu sein. Eine Anleitung für den Alltag" (Frankfurt/Main: Campus Verlag GmbH, 2008), S. 93.
4. Brennan Manning: *Ruthless Trust* (New York: HarperCollins, 2002), S. 24.
5. Dennis Linn, Sheila Fabricant Linn und Matthew Linn: *Sleeping with Bread: Holding What Gives You Life* (Mahwah N. J.: Paulist, 1995), S. 1.

Kapitel neun: kleiner werden

1. Gilbert Keith Chesterton: „Orthodoxie. Eine Handreichung für die Ungläubigen" (Kißlegg: Fe-Medienverlags GmbH, 2011), S. 49–50.
2. G. B. F. Hallock: „The Cultivation of Humility", in: *Herald and Presbyter 90,* 24. Dezember 1919, S. 8.
3. Timothy Keller: „The Advent of Humility", in: *Christianity Today,* 22. Dezember 2008, http://www.christianitytoday.com/ct/2008/december/20.51.html (Zugriff am 22.6.13).
4. An dieser Stelle bin ich Tonia Peckover für ihre wertvollen Einsichten zu Dank verpflichtet.
5. Thomas von Aquin, zitiert in Peter Kreeft: *Catholic Christianity* (Fort Collins, Co.: Ignatius, 2001), S. 357.
6. Henry Ward Beecher: *Life Thoughts, Gathered from the Extemporaneous Discourses of Henry Ward Beecher* (New York: Sheldon, 1860), S. 115.
7. Peter Kreeft: „Joy", http://www.peterkreeft.com/topics/joy.htm (Zugriff am 24.6.13).

Kapitel zehn: leer sein, um gefüllt zu werden

1. *My body of a sudden blazed;*
   And twenty minutes more or less
   It seemed, so great my happiness,
   That I was blessed and could bless.
   (W. B. Yeats: „Vacillation")
   Richard J. Finneran, *Yeats: An Annual of Critical and Textual Studies,* Band 6 (Ann Arbor: University of Michigan Press, 1998), S. 147.
2. Dorothy Sayers: *Letters to a Diminished Church* (Nashville: Nelson, 2004), S. 143.
3. Mutter Teresa, zitiert in Rueben Job und Norman Shawchuck, Hrsg.: *A Guide to Prayer for All God's People* (Nashville: Upper Room, 1990), S. 228.
4. http://natune.net/zitate/autor/Rabindranath%20Tagore (Zugriff am 27.6.13).

Kapitel elf: vertraute Nähe

1. C. S. Lewis: „Das Gewicht der Herrlichkeit" (Basel und Gießen: Brunnen Verlag, 2005), S. 102.
2. Henri Nouwen: „Du bist der geliebte Mensch. Religiös leben in einer säkularen Welt" (Freiburg im Breisgau 1993: Verlag Herder GmbH, 2007), S. 51.
3. Ronald Rolheiser, *The Holy Longing: The Search for a Christian Spirituality* (New York: Random House, 1999), S. 66.
4. Walter Brueggemann: *Finally Comes the Poet* (Minneapolis: Fortress, 1989), S. 45.
5. John Calvin: „Unterricht in der christlichen Religion" (Neukirchen-Vluyn, Neukirchener Verlag, foedus-verlag, 2008) II,8,18, S. 202.
6. Ebd. III,11,10, S. 402.
7. Teresa von Ávila: *Laughter Came from Every Brick,* aus „Love Poems from God", Hrsg. Daniel James Ladinsky

(New York: Penguin, 2002), S. 276. Copyright 2002 bei Daniel Ladinsky. Abdruck mit freundlicher Genehmigung von Daniel Ladinsky.
8. John Owen: *Communion with the Triune God* (Wheaton, Ill.: Crossway, 2007), S. 124.
9. Ebd., S. 128.
10. Franz von Sales: *Introduction to the Devout Life* (New York: Kessinger, 1997), S. 299.

Nachwort

1. Dennis Lennon: *Fuelling the Fire: Fresh Thinking on Prayer* (Queensway, UK: Scripture Union, 2005), S. 43; Hervorhebung der Autorin.
2. G. K. Chesterton: *Orthodoxy* (Rockville, Md.: Serenity, 2009), S. 55.

die Schätze des Alltags entdecken

Die Schätze des Alltags entdecken. Diese Botschaft greift der Kalender zum Buch auf. Erhältlich als Wand- und Aufstellkalender, verleiht er den tiefen Gedanken Voskamps eine bildhafte Note. Kostbarkeiten des Alltags, traumhaft in Szene gesetzt. Und untermalt mit Zitaten aus dem Buch. Ein Schmuck für Wand und Seele.

Das Textkartenset enthält 32 Karten mit wunderbaren Auszügen aus dem Buch. Es handelt sich um Zitate, die unmittelbar das Herz berühren und die Seele weit machen. Ergänzt werden die Texte durch beeindruckende Fotografien, die das scheinbar Kleine und Unbedeutende in den Blick nehmen und zu etwas Kostbarem erheben.

Ann Voskamp · Tausend Geschenke 2015
Wandkalender mit Spiralbindung · ISBN 978-3-86591-963-2
Postkartenkalender mit Spiralbindung · ISBN 978-3-86591-964-9
32 Textkarten mit farbigen Fotos · EAN 4029856840178

Verlagsgruppe Random House FSC® N001967
Das für dieses Buch verwendete FSC®-zertifizierte Papier
Munken Premium Cream liefert Arctic Paper Munkedals AB, Schweden.

Originally published in the U.S.A. under the title: „One Thousand Gifts"
Published by permission of Zondervan, Grand Rapids,
Michigan 49530, U.S.A.
www.zondervan.com
Copyright © 2010 by Ann Morton Voskamp
Copyright der Übersetzung © 2014 by Ann Morton Voskamp
© 2014 der deutschen Ausgabe by Gerth Medien GmbH, Asslar,
in der Verlagsgruppe Random House GmbH, München.

Wenn nicht anders angegeben, wurden die Bibelzitate der folgenden Bibelübersetzung entnommen: *Gute Nachricht*, © 1997 Deutsche Bibelgesellschaft, Stuttgart.

1. Auflage Januar 2014
2. Auflage Mai 2014
Bestell-Nr. 816795
ISBN 978-3-86591-795-9

Bearbeitung: Saskia Barthelmeß
Umschlaggestaltung: Hanni Plato, Michelle Lenger
Umschlagfoto: Masterfile®, iStockphoto®
Satz: DTP Verlagsservice Apel, Wietze
Druck und Verarbeitung: GGP Media GmbH, Pößneck
Printed in Germany

Nachdruck, auch auszugsweise, nur mit Genehmigung des Verlages.